少年科学家

化学与生物学小百科

人体

[美]世界图书出版公司 编著

燃 点 时 光 工 作 室 译

清華大學出版社

北 京

北京市版权局著作权合同登记号　图字：01-2022-1885

图书在版编目（CIP）数据

少年科学家．化学与生物学小百科 / 美国世界图书出版公司编著；燃点时光工作室译．—北京：清华大学出版社，2023.2

书名原文：Young Scientist

ISBN 978-7-302-60584-3

Ⅰ．①少…　Ⅱ．①美…　②燃…　Ⅲ．①科学知识－少年读物　②化学－少年读物　③生物学－少年读物　Ⅳ．① Z228.1　② O6-49　③ Q-49

中国版本图书馆 CIP 数据核字 (2022) 第 064550 号

责任编辑：陈凌云
封面设计：燃点时光工作室
责任校对：刘　静
责任印制：杨　艳

出版发行：清华大学出版社

网　　址：http://www.tup.com.cn, http://www.wqbook.com
地　　址：北京清华大学学研大厦 A 座　　**邮　　编：**100084
社 总 机：010-83470000　　**邮　　购：**010-62786544
投稿与读者服务：010-62776969, c-service@tup.tsinghua.edu.cn
质量反馈：010-62772015, zhiliang@tup.tsinghua.edu.cn

印 装 者：当纳利（广东）印务有限公司
经　　销：全国新华书店
开　　本：212mm×272mm　　**印　　张：**15　　**字　　数：**324 千字
版　　次：2023 年 2 月第 1 版　　**印　　次：**2023 年 2 月第 1 次印刷
定　　价：152.00 元（全四册）

产品编号：095760-01

目录 CONTENTS

人体

人的外貌各不相同：有的人高，有的人矮；有的人是卷发，有的人是直发；人的肤色，有的是深棕色或浅棕色，有的是黄色或粉白色；人的眼睛也有不同的颜色，比如棕色、蓝色、绿色或灰色。有些人看起来长得很像，特别是同一家族的人。如果他们是同卵双胞胎，看起来就更像了。但是，没有两个人是完全一样的，每个人都有自己独特的体形，以及独一无二的指纹、脚印和声音。

身体内部

在很多方面，身体就像一台奇妙的机器，每个部位都有特殊的工作要做。骨骼和肌肉一起工作，让我们可以运动；心脏将血液输送到全身；肺从空气中吸收氧气；大脑是身体最复杂的器官，它控制着身体的所有部位。大脑和神经系统连在一起，让我们的身体保持工作状态。

机器需要燃料才能运转，例如汽车需要汽油。人体这台机器的燃料是食物。我们需要有规律的饮食，来保持身体正常运转。当然，我们不是真正的机器，每个人都是有生命的个体，像其他生物一样生长。但是没有任何动物能像我们一样思考、感觉和交谈。每个人都是独一无二的个体。

身体就像一台机器，例如上图中的体操运动员，她需要身体各个部位的默契配合，才能完成表演。

人体由什么组成

像所有生物一样，人体是由微小的细胞组成的。大多数细胞都很小，只有借助显微镜才能看到。人体里有几十万亿个细胞，皮肤、血液、肌肉和人体的其他部位都是由细胞构成的。

细胞由一种叫细胞质的胶状物和一个细胞核组成。细胞是有生命的，它们通过一分为二来产生新细胞。每天，身体会产生大约20亿个新细胞，同时也会有大约20亿个老细胞死亡。这有助于让我们的身体保持良好的生理状态。

下图显示的是人类胃部的细胞。长长的胃部细胞是肌肉细胞，它将食物运送到身体的其他部位。

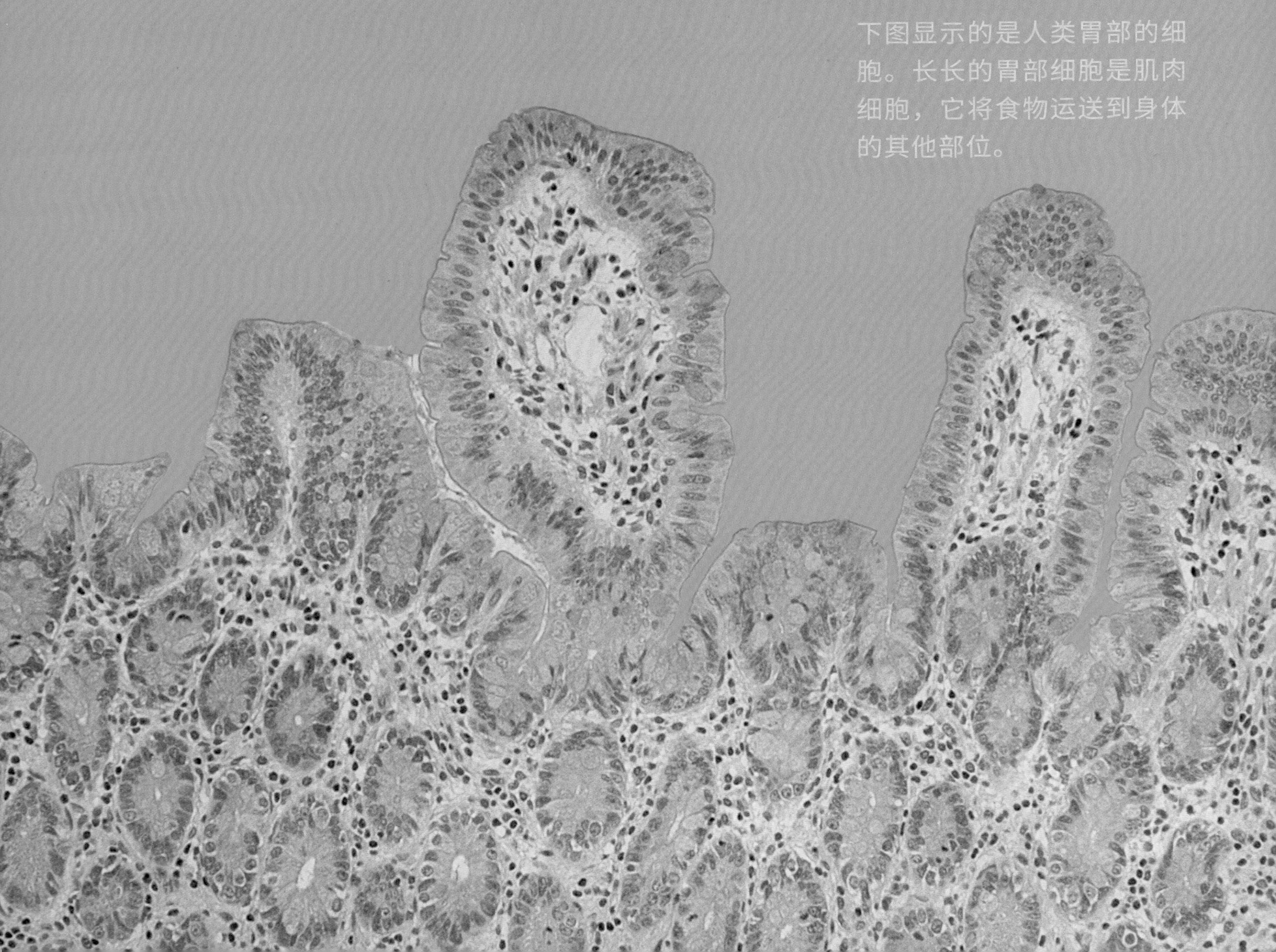

不同的细胞有不同的分工

细胞有不同的形状和大小。肌肉中的细胞长而有弹性，而血液中的许多细胞是圆形的。神经细胞又细又长，有许多像树枝一样的分支，它向大脑传递信息。

相同种类和功能的细胞结合在一起，形成一种物质，叫作组织。不同种类的组织结合在一起，构成身体的器官。身体有许多不同的器官，比如眼睛、心脏和大脑。

1 长而有弹性的肌细胞聚集在一起。

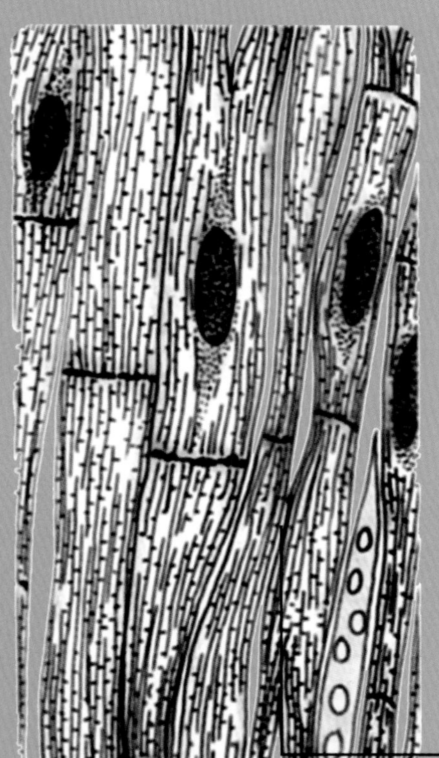

2 肌细胞结合在一起形成肌组织，这是由成束的线状纤维组成的。

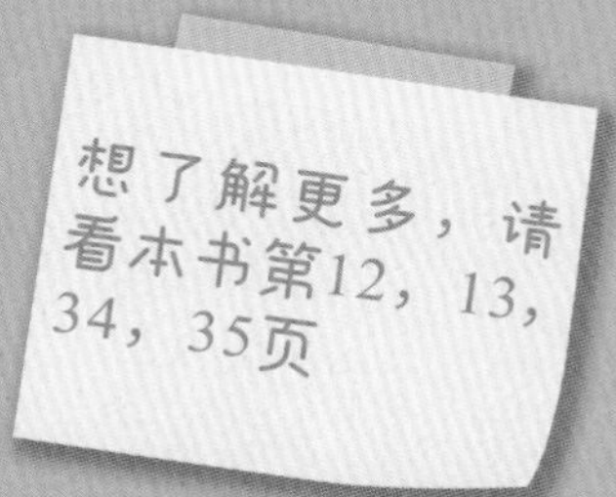
想了解更多，请看本书第12，13，34，35页

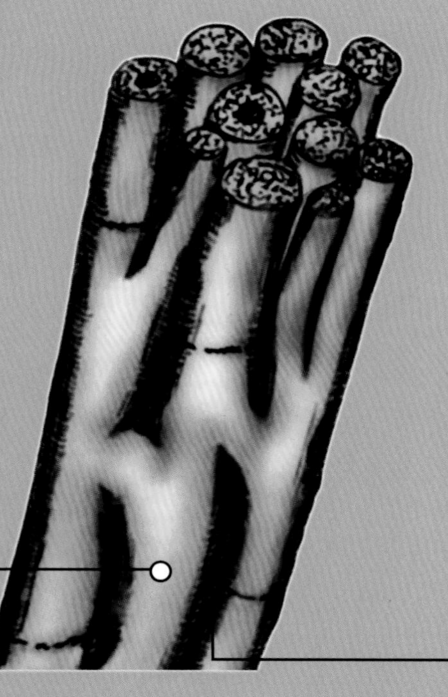

3 这些肌组织构成了心脏壁，心脏把血液输送到全身。

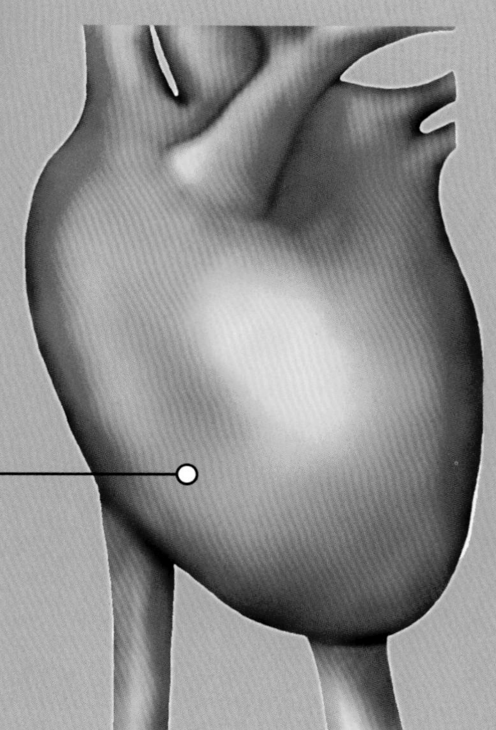

身体里有多少水

我们身体的55%～65%（约有三分之二）是由水组成的，水分布于人体各个组织和器官的内部及周围。

骨骼

人体内大约有200块骨头，它们连接在一起组成骨骼。骨骼帮助我们塑造身体的形状，比如，颅骨决定头部的形状；长骨支撑着塑造手臂和腿部的肌肉；肋骨弯曲形成胸部两侧。骨骼是身体的框架，它支撑着我们的身体，使我们能够四处走动。

有些骨骼能够保护我们的内脏器官。例如，颅骨保护大脑；肋骨如同一个笼子，把心肺保护起来。

骨头是由什么组成的

骨头是坚硬的组织，也是身体重要的活体部分。骨细胞不断分裂和繁殖，促使我们生长。这些骨细胞也会经常重建骨组织，以保持其强壮。随着人们年龄的增长，骨重建会越来越少。因此，儿童骨折后愈合的速度通常比成人快得多。

骨头储存着身体需要的矿物质。钙是一种矿物质，它使骨头变得坚硬。在骨头表面，有一层坚韧的覆盖物，叫作骨膜。在骨膜里面，有一层坚硬的骨密质。长骨，例如大腿骨，其骨头末端有海绵组织，被称为骨松质。骨头内部是空的，里面有柔软的骨髓。

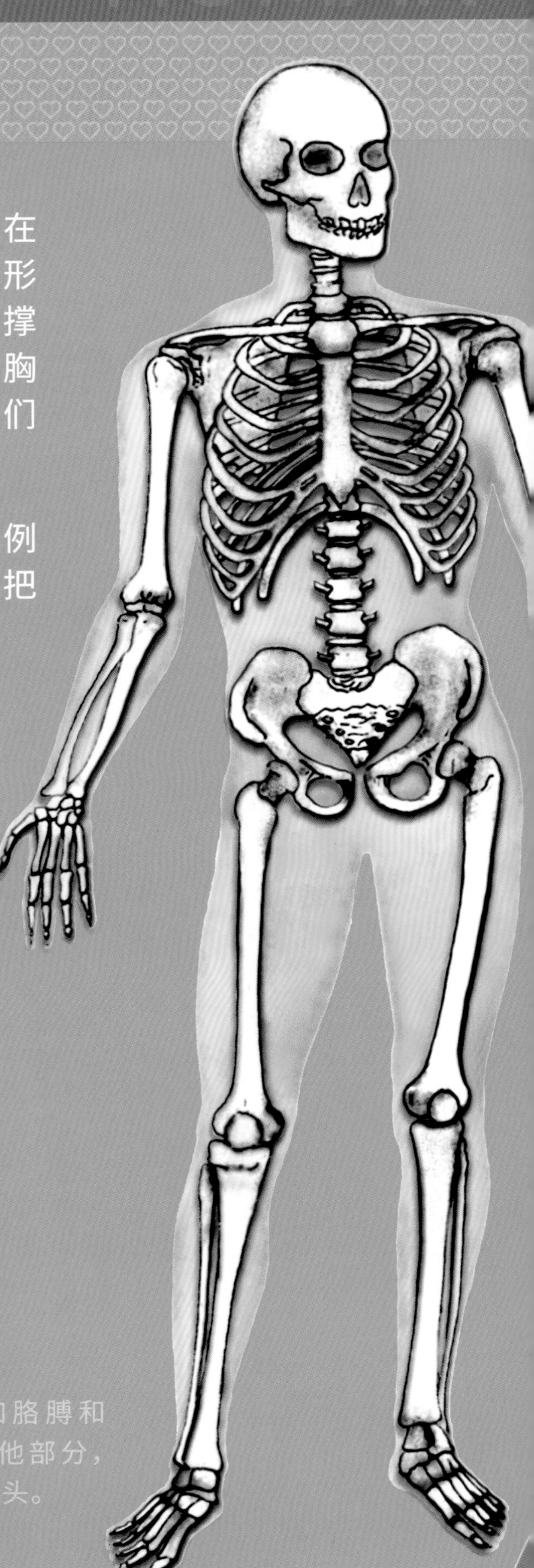

骨骼的某些部分，比如胳膊和腿，只有几根长骨；其他部分，比如手和脚，有许多小骨头。

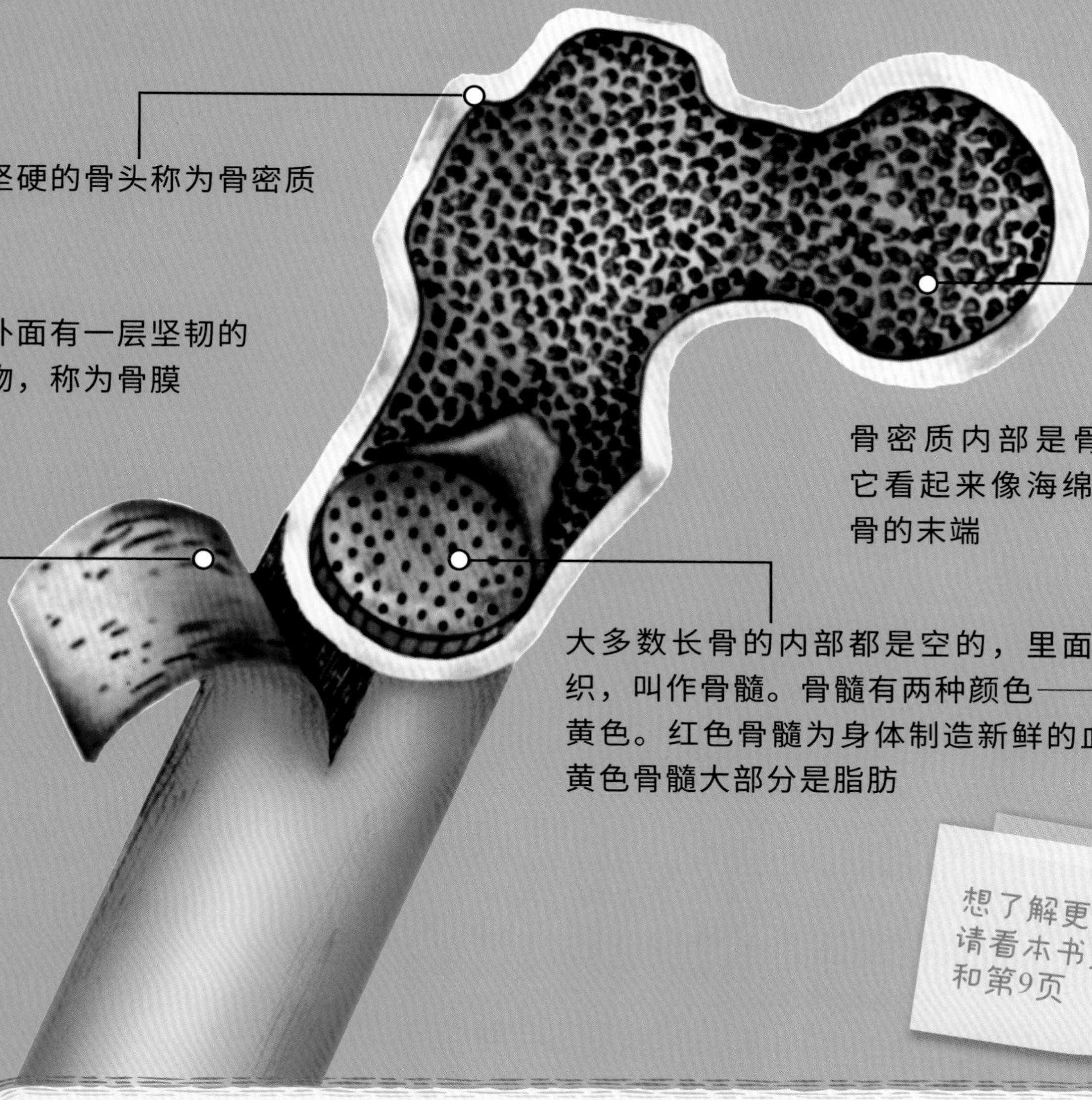

这层坚硬的骨头称为骨密质
骨头外面有一层坚韧的覆盖物，称为骨膜
骨密质内部是骨松质，它看起来像海绵，在长骨的末端
大多数长骨的内部都是空的，里面有软组织，叫作骨髓。骨髓有两种颜色——红色和黄色。红色骨髓为身体制造新鲜的血细胞，黄色骨髓大部分是脂肪

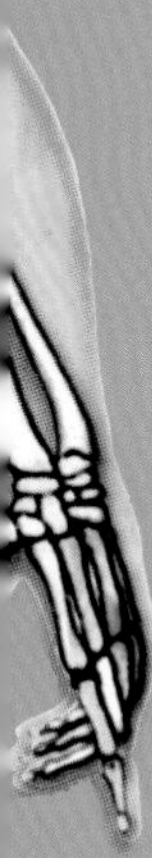

想了解更多，请看本书第8和第9页

骨头是如何连接在一起的

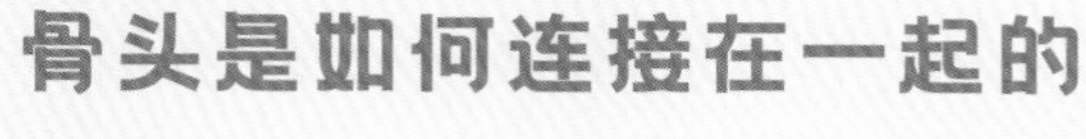

骨头是由坚固而灵活的韧带连接在一起的。骨头的末端覆盖着一种光滑坚韧的物质，叫作软骨。软骨的作用就像一个垫子，这样骨头就不会互相磨损。软骨被一种叫作滑膜液的液体所覆盖，这样就能保持骨骼运动顺畅，就像机器零件的润滑油一样。

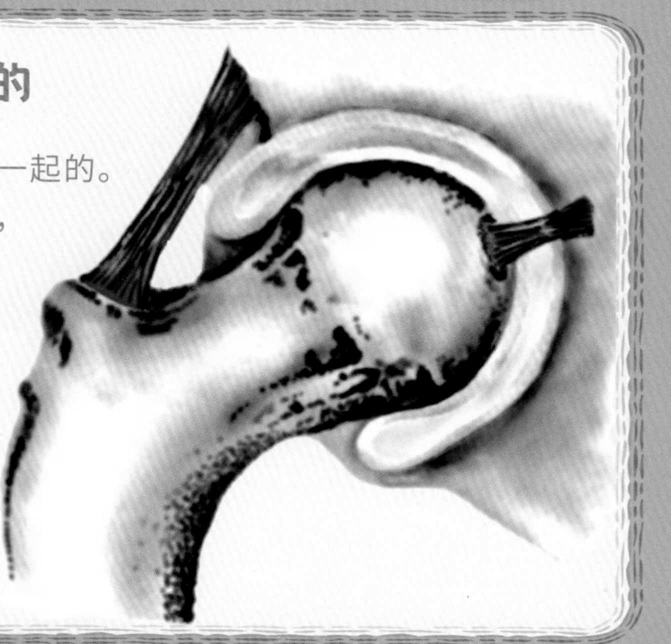

运动

我们的身体以不同的方式运动，可以弯曲、伸展、旋转和扭转等。我们能运动，是因为骨头与骨头相连接的关节处是活动的。但是骨头本身不能活动，需要由肌肉拉动，肌肉附着在骨头上，使骨头可以活动。

关节

我们的身体有许多关节，当我们转身、弯曲膝盖或者扭动手腕时，就是关节在发挥作用。有些关节，比如头骨中的关节，是不能活动的，它们叫固定关节。其他的每一种关节，则只做一种特定的动作。

各种不同的关节

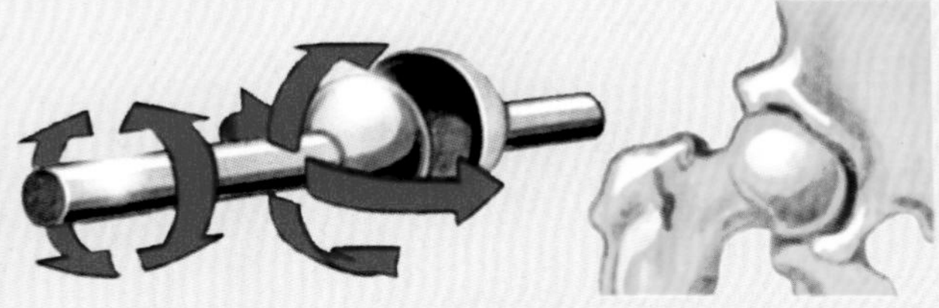

球窝关节是最灵活的关节。圆球状的骨头末端正好塞入另一根骨头的关节窝里，例如髋关节和肩关节。

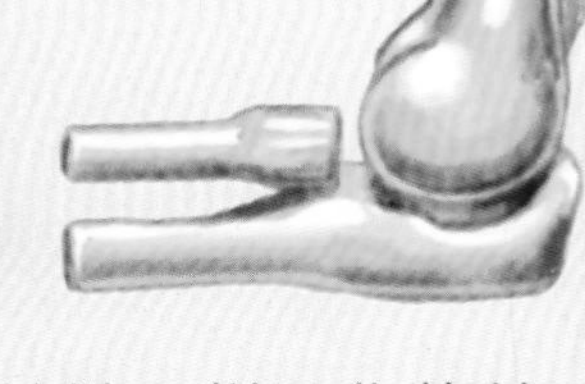

铰链关节是像门的铰链一样工作的关节。铰链关节的动作只有两个方向，例如膝关节和肘关节。

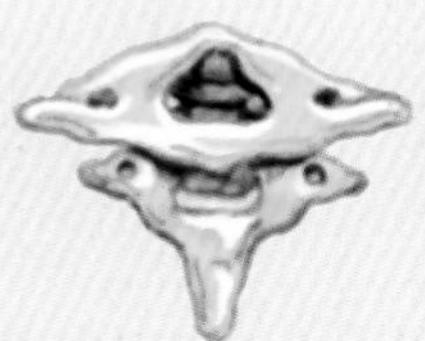

枢轴关节是能让身体的某些部位扭动的关节。头能从一边转到另一边，是因为它处在脊柱顶部的一个枢轴关节上。我们可以同时转动手和手腕，是因为肘部下面有一个枢轴关节。

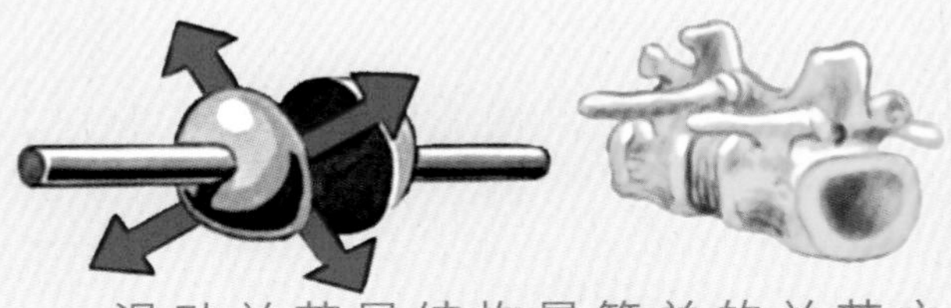

滑动关节是结构最简单的关节之一。当两块骨头合在一起时，它们彼此滑动而产生动作。在脊椎骨和肋骨相交的地方，就有滑动关节。

各种不同的肌肉

我们的身体有600多块肌肉，并不是所有的肌肉都与骨头相连。肌肉有助于人体血液的流动，也有助于肺部进行呼吸运动。

有些肌肉只有在我们起立、坐下或做其他动作时才会运动，这些肌肉是附着在骨头上的随意肌。还有一些肌肉是不受主观意志控制的，这些是不随意肌。不随意肌是由平滑肌纤维组成的，它们可以把胃里的食物磨碎，然后通过肠道来运送食物。心脏是由另一种叫作心肌的特殊肌肉构成的，它以有规律的节奏运动，将血液输送到身体的各个部位。

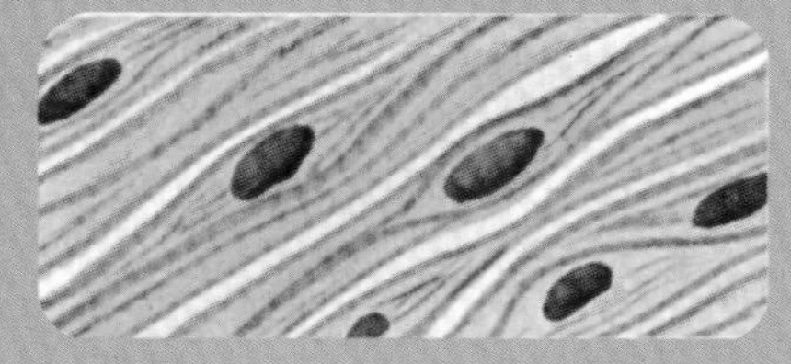

平滑肌存在于胃、肠道和血管壁。

横纹肌是使身体运动的肌肉，它们附着在骨头上。

肌肉是怎样工作的

肌肉是由坚韧而有弹性的组织构成的。它们具有收缩能力。肌肉的两端连接在骨头上，当肌肉收缩时，它们就会拉着骨头移动。

肌肉是由又细又长的细胞组成的，这些细胞连接在一起，形成肌肉纤维。当肌肉收缩时，所有的纤维就会聚拢，使肌肉隆起。当我们活动胳膊或腿时，就可以看到肌肉在隆起和放松。如果我们弯曲肘部，握紧拳头，上臂的肱二头肌就会鼓起来。

肌肉只能拉，不能推。肌肉的两端与骨头连接在一起，做成对运动，其中一块肌肉向一个方向收缩并拉起骨头，另一块肌肉也收缩再把骨头拉回去。

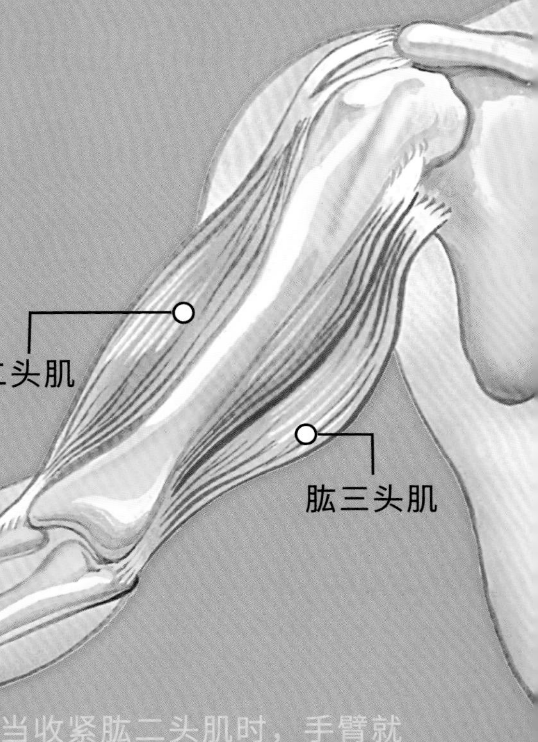

当收紧肱二头肌时，手臂就会弯曲。当手臂上的另一块大肌肉肱三头肌收紧时，手臂就会伸直。

想了解更多，请看本书第4，5，12～15页

吸和呼

当我们呼吸时，胸腔会起起伏伏，上下移动。在胸腔里，心脏的两边有两个柔软的、海绵状的器官，它们是肺。当我们吸入空气时，氧气会被吸入肺部，这是一种给我们提供能量的气体，随着氧气一起吸入的还有其他气体。当我们呼出空气时，会将肺部产生的二氧化碳排出，这是一种有害的废气。

当我们吸气时，肺部充满空气变得更大；当我们呼气时，肺部会因为气体被挤出而变小。

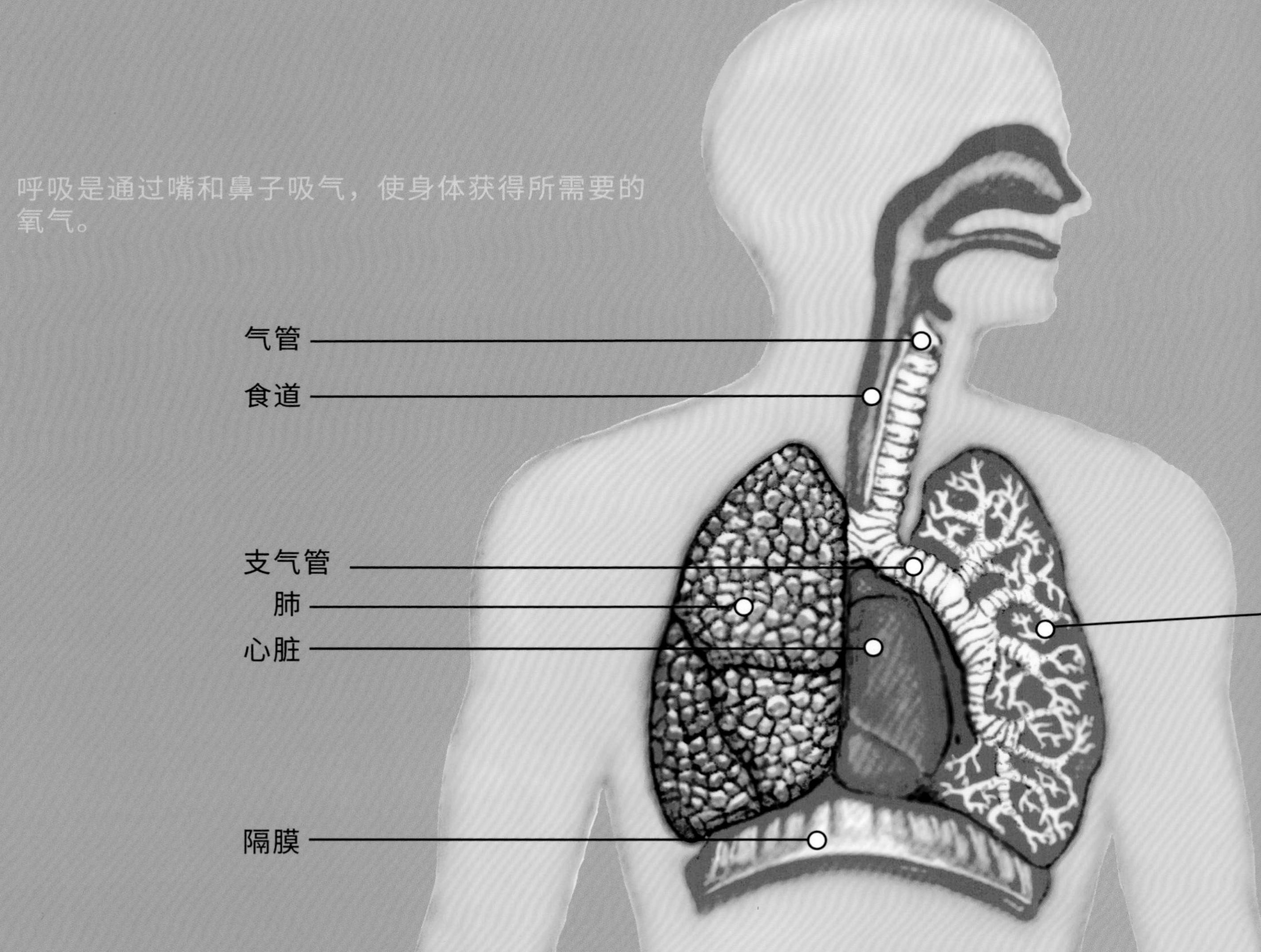

呼吸是通过嘴和鼻子吸气，使身体获得所需要的氧气。

吸入

我们用鼻子和嘴巴吸气。鼻子里有细小的纤毛，可以吸附空气中的灰尘；鼻子里还有鼻涕，可以温暖和湿润吸入的空气，还可以黏住吸入的细菌。

吸入的空气先通过气管，再从气管通过两根支气管进入肺。每根支气管被分成越来越小的细支气管，终端连接微小的、有弹性的囊泡——肺泡。每个肺里有上亿个肺泡。当空气进入肺泡时，肺泡就会像小气球一样膨胀。空气中的氧气通过肺泡壁进入毛细血管，毛细血管是一种极细的血管。

呼出

在氧气进入血液的同时，废气从血液进入肺泡。我们呼出的空气中含有少量的氧气和大量的二氧化碳。二氧化碳是氧气分解食物中的化学物质时身体产生的废气。

吸气时，肺里的肺泡像小气球一样膨胀。

氧气进入毛细血管。同时，二氧化碳被排出体外。

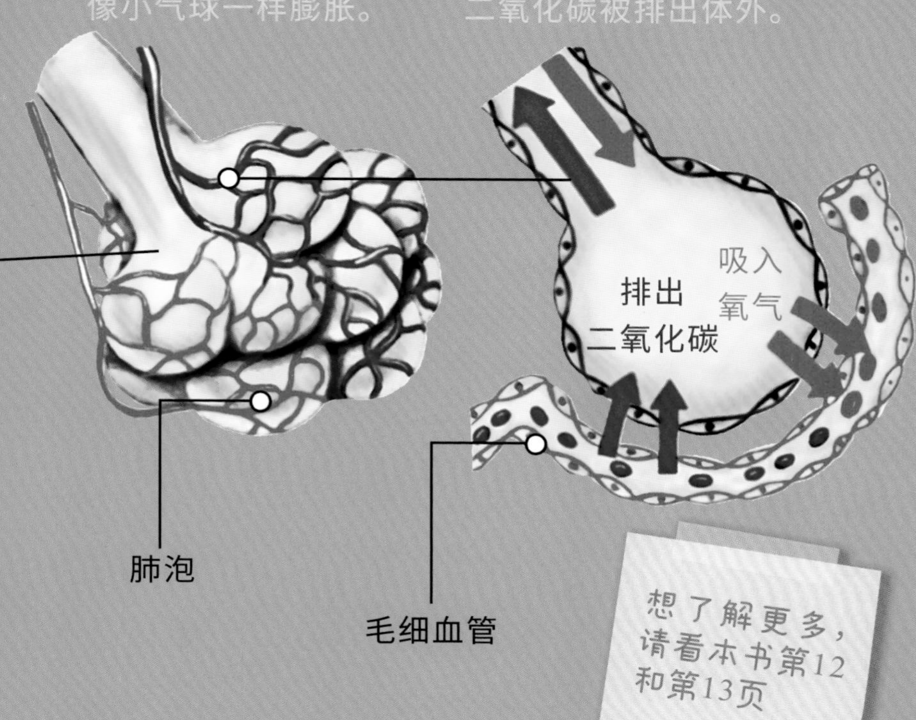

想了解更多，请看本书第12和第13页

我们是如何呼吸的

我们是借助胸部的肌肉呼吸的。一部分肌肉固定在肋骨上，让气体在胸腔进进出出。肺的下面有一块强壮的扁平肌肉叫作隔膜。

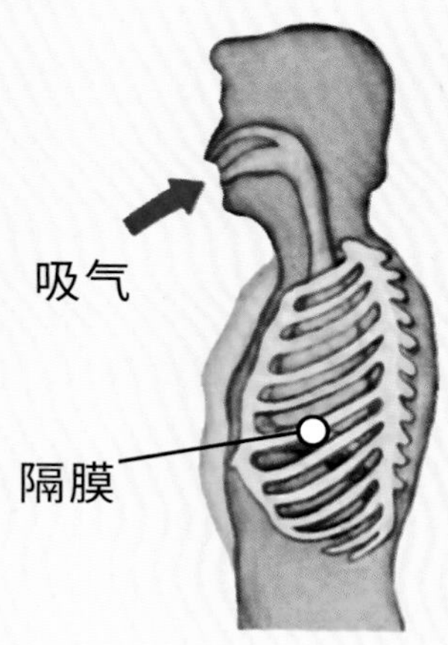

当我们吸气时，隔膜向下移动，胸腔向外移动，为进入肺部的空气创造了较大的空间。

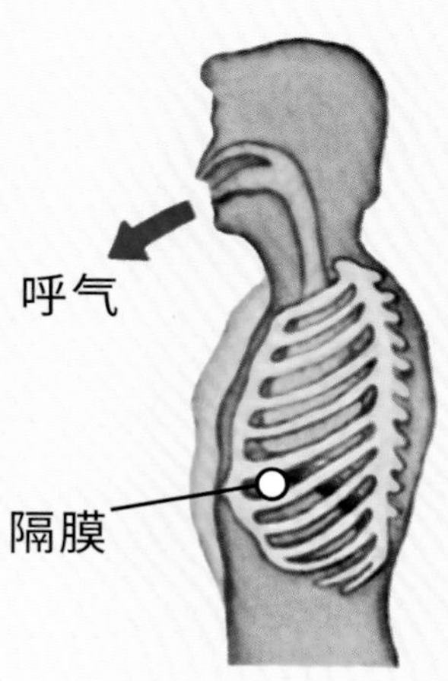

当我们呼气时，胸腔和隔膜将肺挤压到一个较小的空间。

循环

当血液在我们的身体里流动时，它承担着很多不同的工作。血液把氧气带给每一个细胞，同时携带着细胞所需要的营养和其他物质。另外，细胞工作时产生的废物，也会被血液带走。

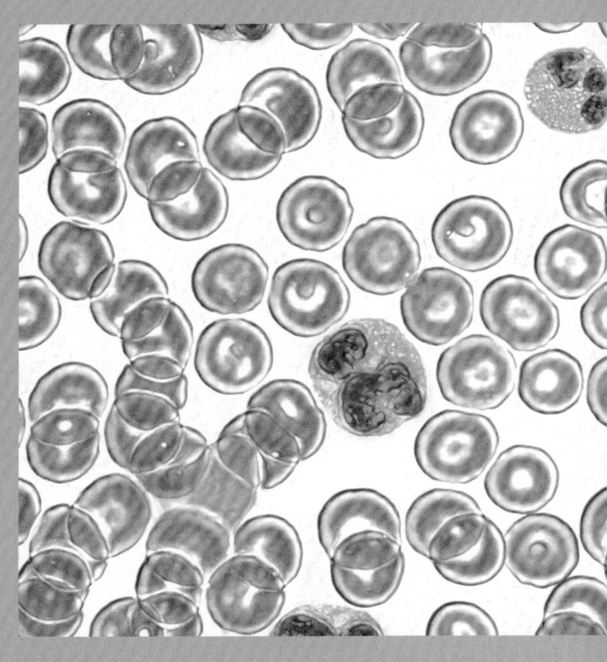

在上图中，中间部分呈绿色的粉红色细胞就是白细胞。白细胞有助于对抗细菌。

血液是由什么组成的

血液是由细胞组成的。血液中有两种主要的血细胞——红细胞和白细胞。红细胞含有一种叫作血红蛋白的红色物质，负责从肺部运送氧气。白细胞可以杀死进入身体的细菌，它的数量比红细胞少。

血细胞周围有一种叫作血浆的液体，它的主要成分是水。血浆把营养物质运送到细胞，再把废物带走。

输送血液的管

血液在血管里流动。动脉是将富含氧气的血液从心脏运送出去的血管，静脉是将血液收集回心脏的血管。我们的身体中有成千上万的动脉和静脉。它们的分支形成一个由非常微细的毛细血管构成的血管网络。毛细血管极细，可以将血液输送到身体的每个细胞。

静脉里有一些小的瓣膜。每次心跳后，血液会被向前推进，这时瓣膜就会张开让血液通过，然后再闭合，从而阻止血液回流。

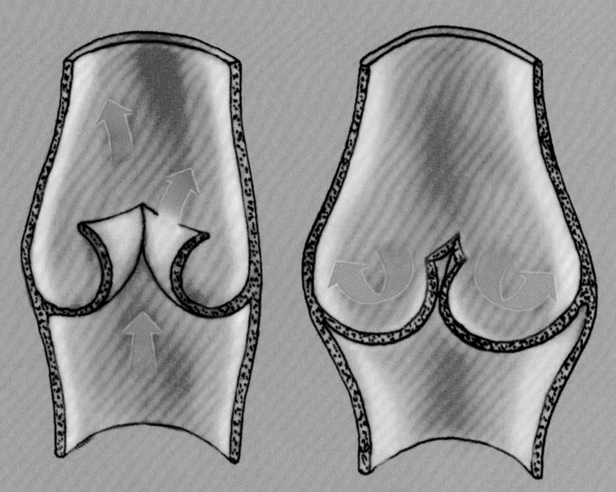

当血液流过静脉时，瓣膜张开，然后闭合，以防止血液倒流。

吸收营养

当血液流经身体时，它会吸收细胞所需要的营养物质。大部分营养物质都是从小肠进入血液的，血液将营养物质输送到肝脏。肝脏会从血液中带走一些营养物质，并将它们储存起来，在需要的时候使用。它还会将一些营养物质转化为身体所需的其他物质。血液流经肝脏后，它会继续将这些营养物质和其他物质输送到所有的细胞。

过滤血液

血液流经肾脏时会被过滤。我们有两个肾脏，它们位于胃的后面，靠近脊椎的部位。肾脏会把血液中的废物和多余的盐分过滤掉，并产生尿液。每个肾脏通过输尿管将尿液输送到膀胱。我们每天通过膀胱从尿道排泄尿液。

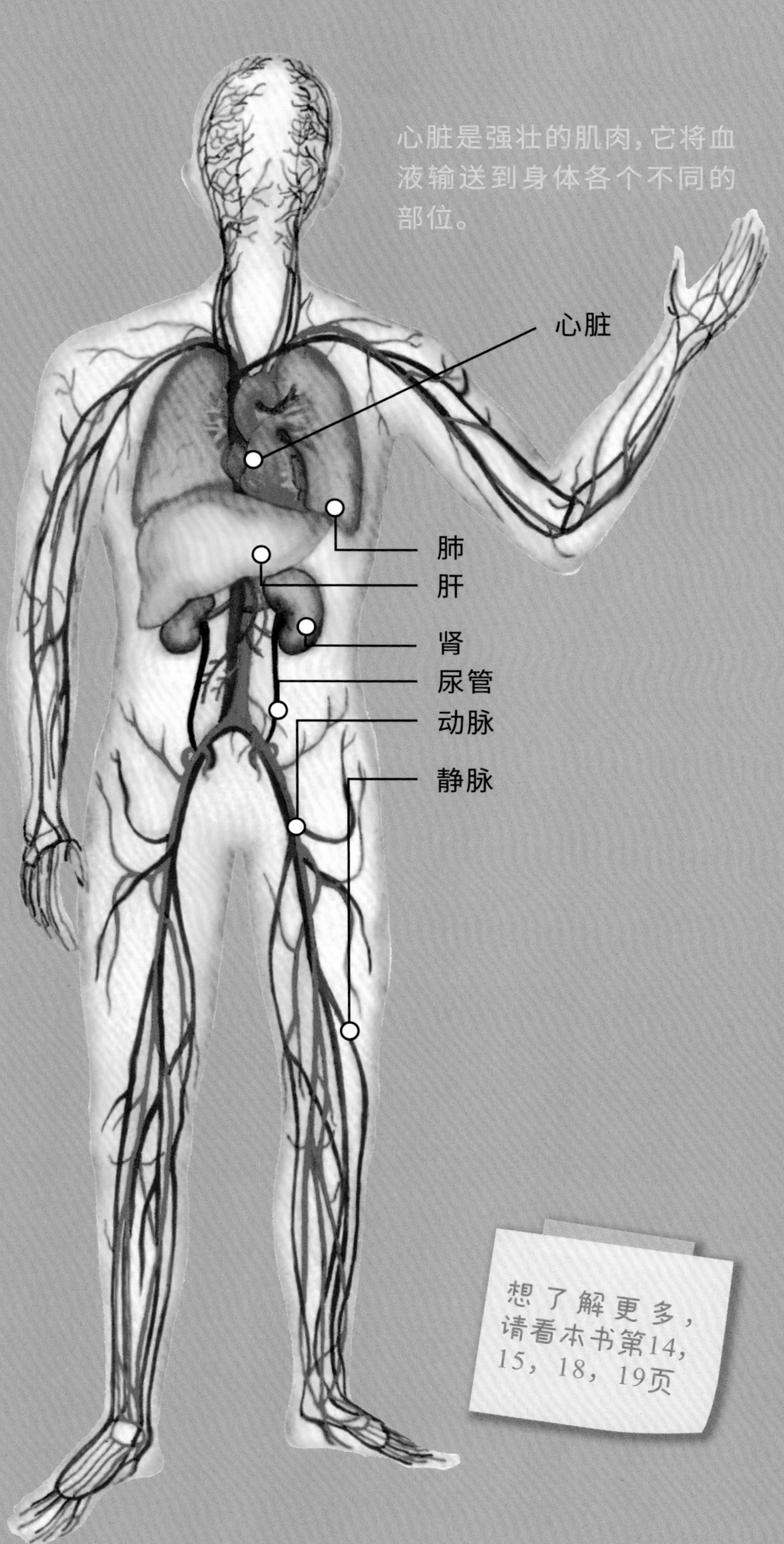

想了解更多，请看本书第14，15，18，19页

心脏

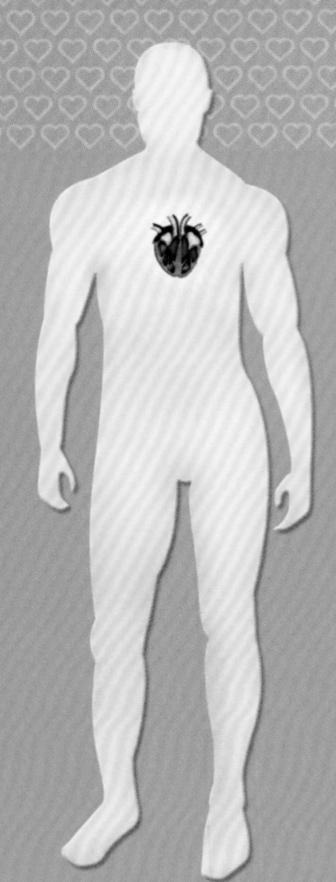

我们的心脏就像一个泵，一直在工作。它由强壮的肌肉组成，大小和我们的拳头差不多。当它跳动时，会将血液输送到身体的各个部位。

来自心脏的血液将吸入肺部的氧气，输送给体内数百万的细胞。我们的身体细胞需要氧气来完成它们的工作，并维持我们的生命。

心脏是如何工作的

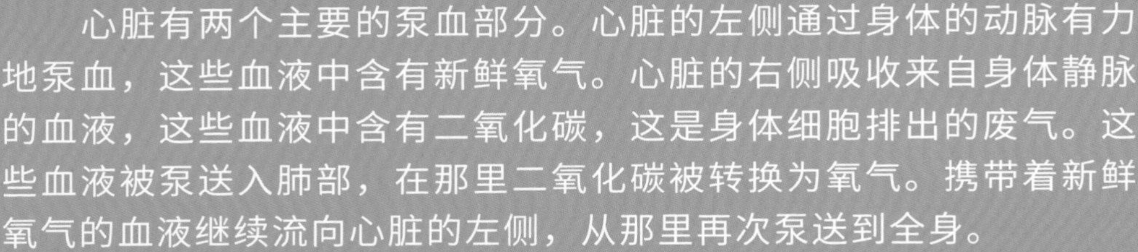

心脏有两个主要的泵血部分。心脏的左侧通过身体的动脉有力地泵血，这些血液中含有新鲜氧气。心脏的右侧吸收来自身体静脉的血液，这些血液中含有二氧化碳，这是身体细胞排出的废气。这些血液被泵送入肺部，在那里二氧化碳被转换为氧气。携带着新鲜氧气的血液继续流向心脏的左侧，从那里再次泵送到全身。

化学与生物学小百科探索 快与慢

当你运动时，血液中的二氧化碳含量会增加，呼吸的速度和深度也会增加，以便将二氧化碳排出体外。与此同时，吸入的氧气量也在增加。

动脉

脉搏显示心跳的频率。每次心脏跳动，血液就会涌进手腕上的动脉内。如果你将一只手的两根手指放在另一只手的手腕上，会感到一种温和而有规律的搏动，这就是你的脉搏。

你可以在靠近皮肤表面的动脉处感觉到脉搏。

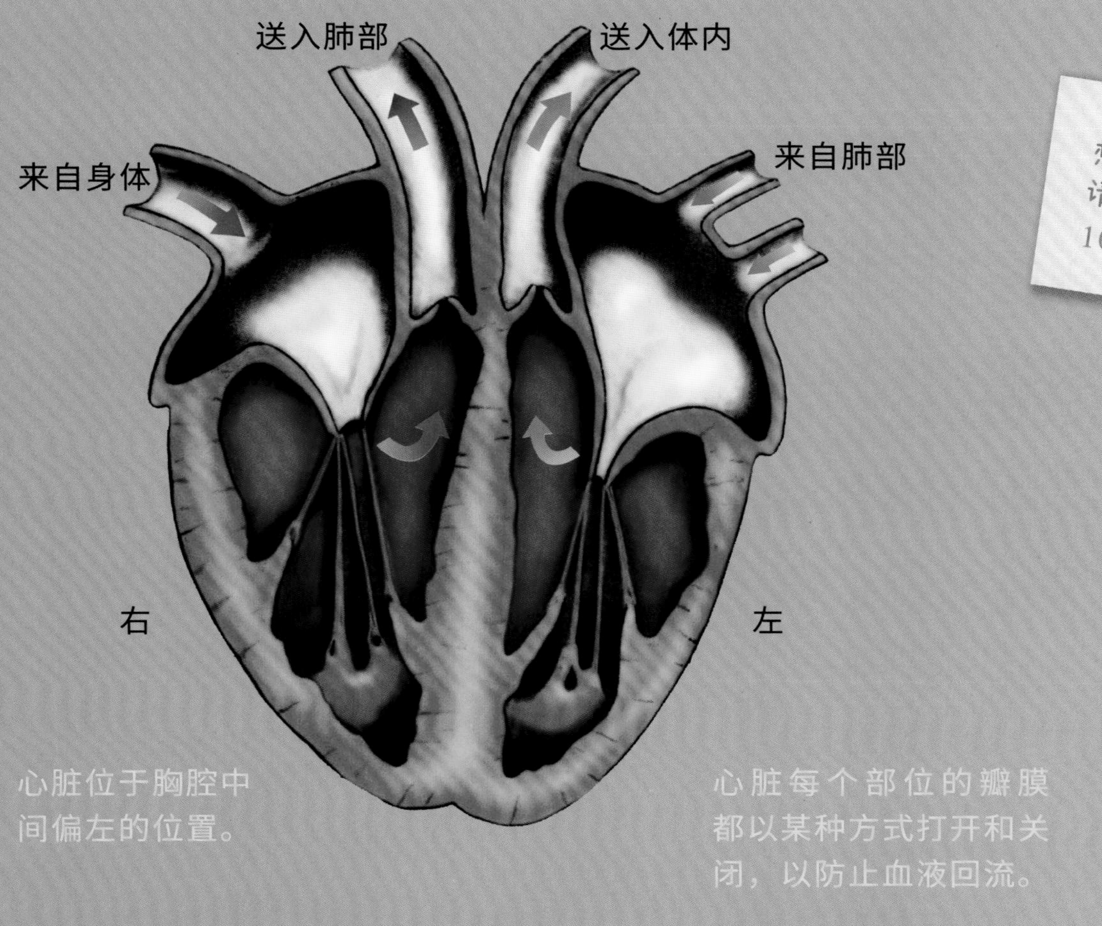

想了解更多，请看本书第10～13页

心脏位于胸腔中间偏左的位置。

心脏每个部位的瓣膜都以某种方式打开和关闭，以防止血液回流。

加快你的脉搏

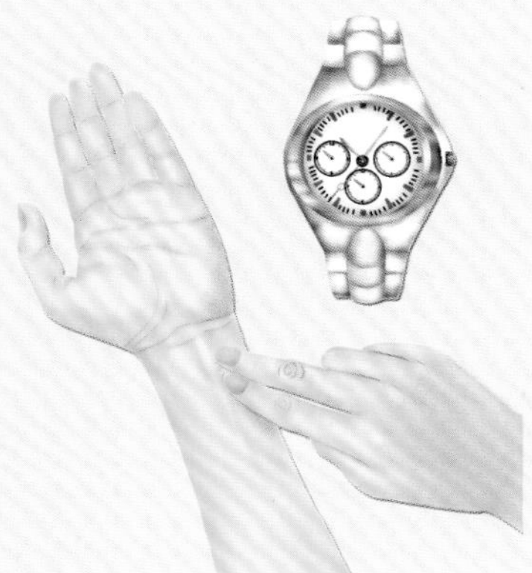

1. 用秒表或时钟，数一下你的脉搏在30s内跳动了多少次。将结果加倍，就是你的心率。
2. 然后做几分钟运动，比如跳绳。
3. 再数一遍你的脉搏，30s跳动了多少次？

食物去哪里了

当我们吃东西的时候，食物便在我们的身体里开始了一段漫长的旅程。大部分食物会被分解成小块，以便我们的身体可以吸收利用。这个分解过程叫作消化。帮助消化的各种物质被称为消化液。

身体利用食物获取能量。食物中含有特殊的化学物质，能为人体细胞提供能量。能量使身体的各个部位都能正常工作。如果没有能量，身体所有的肌肉和其他部位都会停止工作。食物还能帮助身体生长和修复磨损或损坏的部位。

食物让我们保持健康

食物中含有许多不同的物质，它们共同作用，使我们保持活力。碳水化合物和脂肪给我们提供能量。碳水化合物存在于土豆、大米和面包等食物中。牛奶、黄油和奶酪等都是高脂肪食物。食物中帮助身体生长和自我修复的部分叫作蛋白质，它们主要存在于肉类、牛奶、鸡蛋、坚果和谷物中。

食物中也有维生素和矿物质，有助于我们保持健康。食物中还有膳食纤维，有助于肠道保持良好的状态。我们从食物和饮料中摄取水，血液需要大量的水来携带这些物质。

1 食物进入人体后，会被混合并捣碎。首先，我们用牙齿咀嚼食物，食物和唾液在口腔里混合。口腔后面有一片叶状的肌肉瓣叫作会厌，吞咽时，会厌会盖住气管，阻止食物进入肺部。

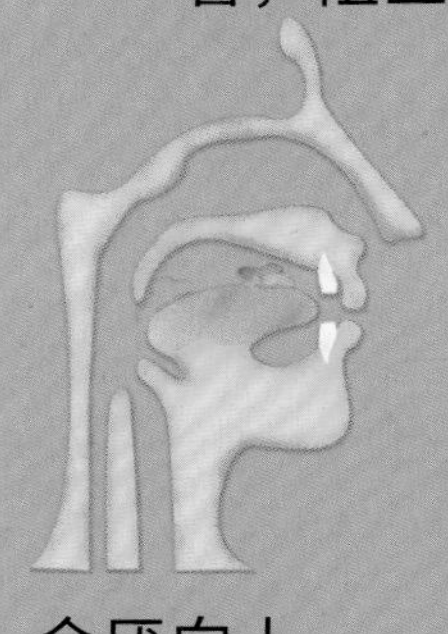
会厌向上

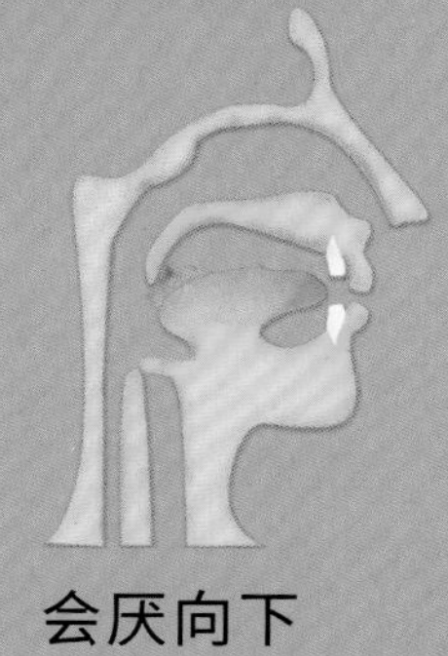
会厌向下

2 当我们吞下食物后，它会进入胃，胃里的强酸会分解食物。这一过程需要酶的帮助。胃壁上有许多肌肉，它们把食物和消化液混合在一起。胃酸还有助于杀死食物中的细菌。

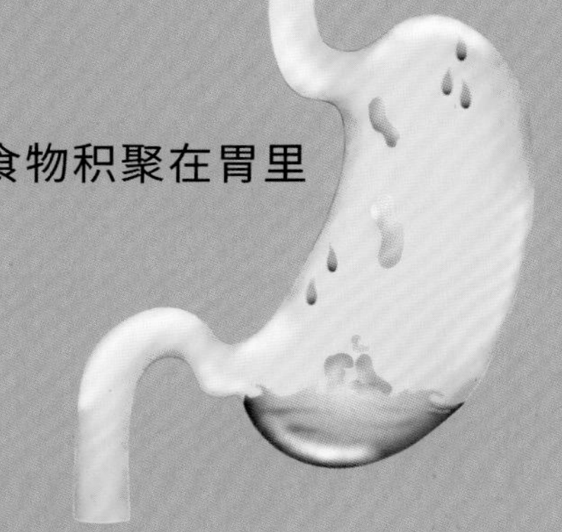
食物积聚在胃里

食物与消化液混合

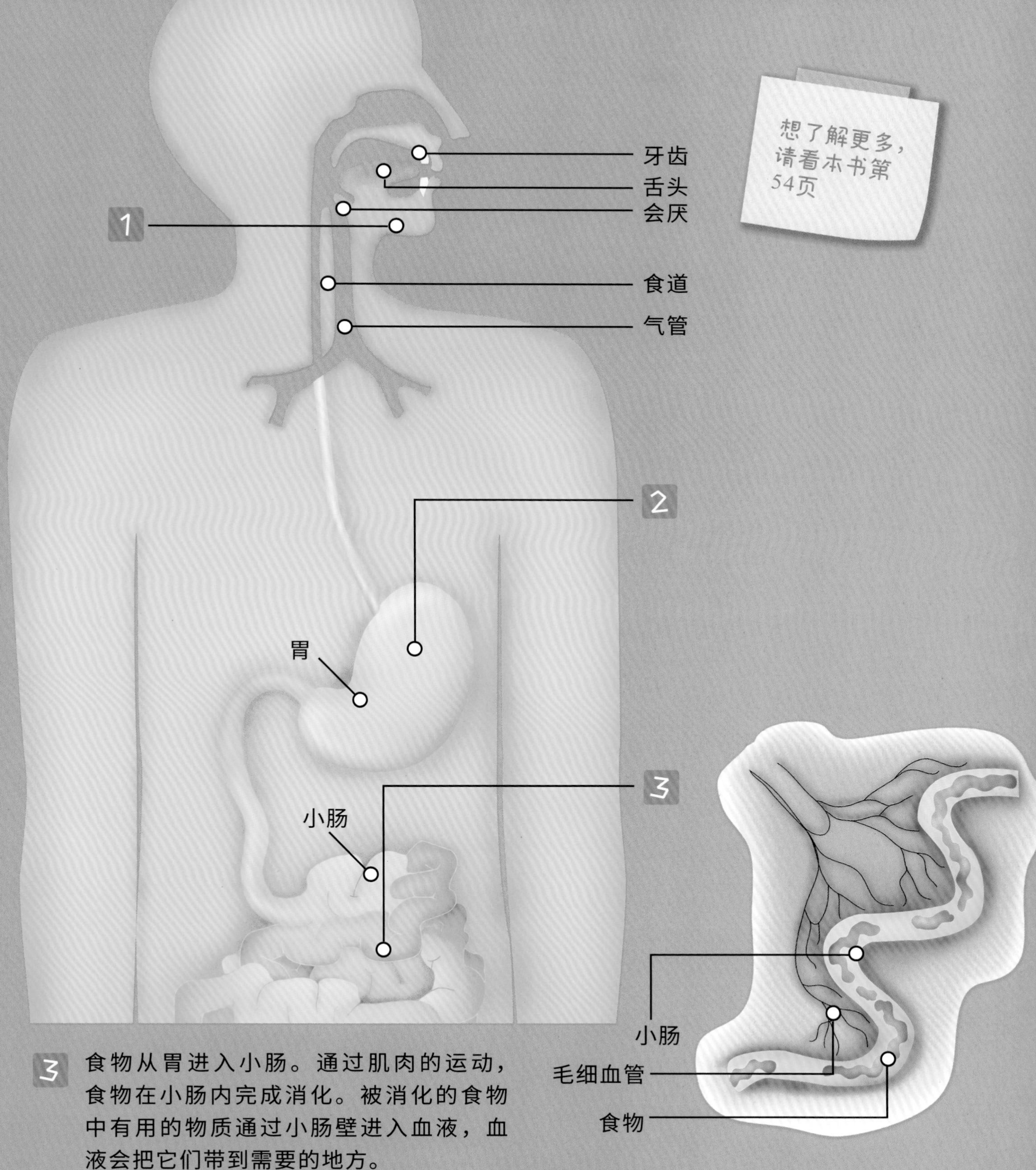

想了解更多，
请看本书第
54页

3 食物从胃进入小肠。通过肌肉的运动，食物在小肠内完成消化。被消化的食物中有用的物质通过小肠壁进入血液，血液会把它们带到需要的地方。

清除废物

为了保持健康，身体会清除其自身不能吸收利用的废物。例如，从肺部呼出二氧化碳这种废气。对于一些身体不能消化的食物，比如坚硬的植物纤维，身体会把它们作为固体废物处理掉。此外，身体也会将液体废物等其他物质排出体外。

清除固体废物

小肠的下面是大肠，到达大肠的大部分食物都是废物。当食物通过大肠时，大肠会吸收大部分的水和矿物质，留下被称为粪便的固体废物，它们在肠道下部聚集，然后通过一个叫作肛门的开口从身体排出。

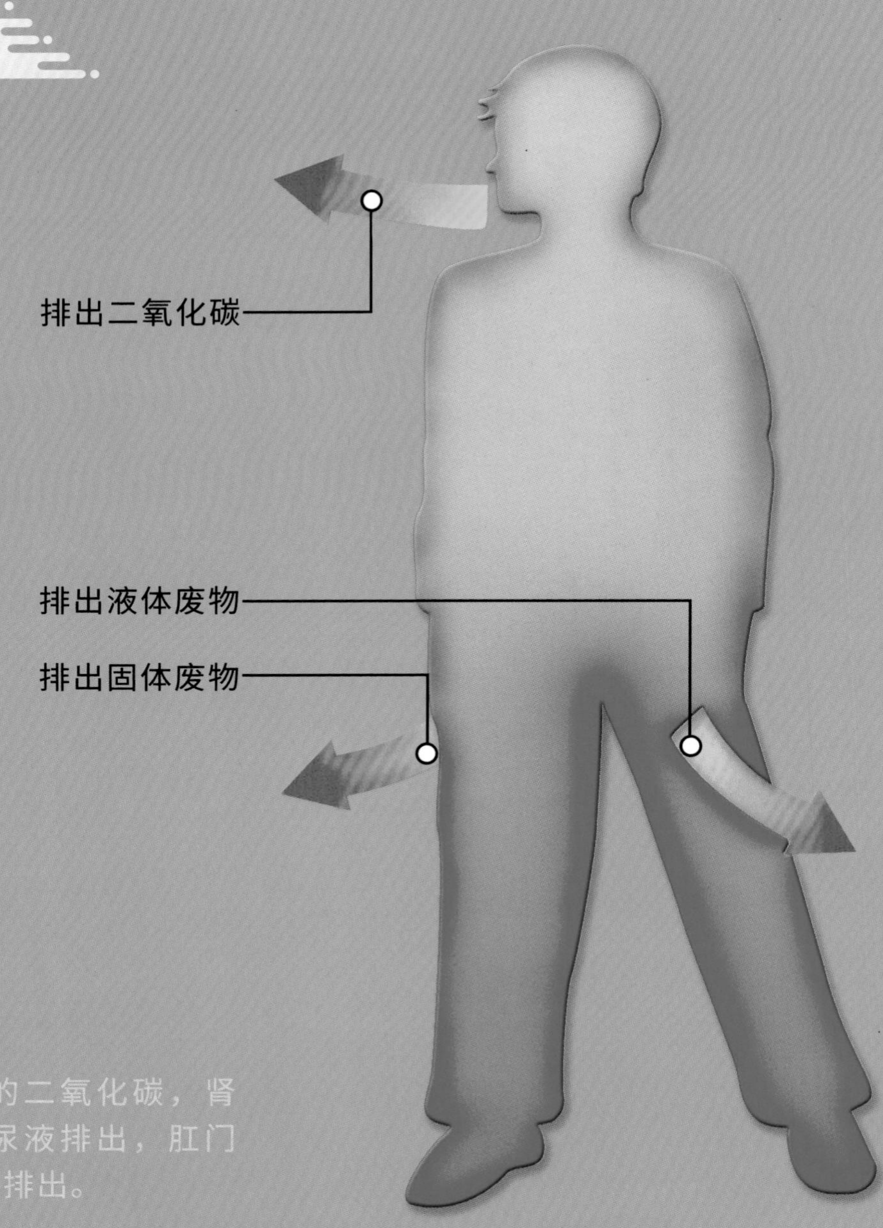

肺可以清除血液中的二氧化碳，肾脏将液体废物作为尿液排出，肛门将固体废物作为粪便排出。

肾脏是什么

肾脏是让身体排出液体废物的器官。我们每个人都拥有两个肾脏，脊柱两侧各一个，位于胃的后面。它们的形状像豆子，几乎和心脏一样大。

当血液流经肾脏时，肾脏会对血液进行过滤，把血液从细胞中带来的废物过滤掉。其中一个主要的废物叫作尿素，这是在细胞分解了一种叫作蛋白质的物质后所产生的。肾脏也会带走血液中过多的盐和水。身体必须保持盐和水的平衡，而肾脏的责任就是保持这种平衡。

肾脏通过产生尿液来排出水分和废物。尿液通过两根输尿管进入膀胱。膀胱是一个由肌肉组成的袋子，当它充满尿液时就会拉伸。当身体给我们发送信号——膀胱里充满了尿液时，尿液便会通过膀胱从一根叫作尿道的管子中被排出。

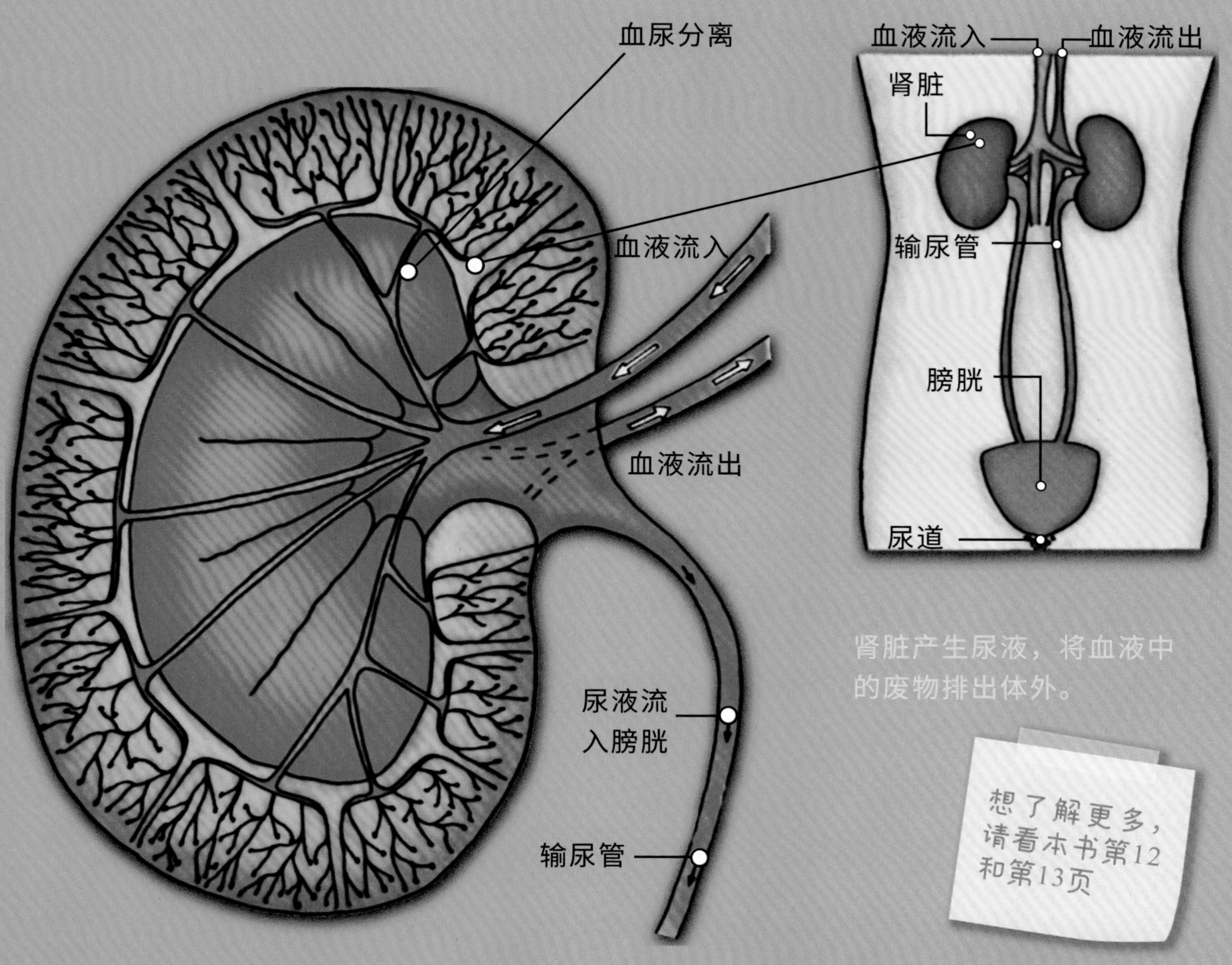

肾脏产生尿液，将血液中的废物排出体外。

想了解更多，请看本书第12和第13页

感官

你能说出五种感官吗？在进一步阅读之前，试着说出它们。这些感官向大脑发送信息。大脑中有一些特殊的部位负责整理这些信息，并将这些信息传递到大脑的其他部位，这些部位可以比较来自不同感觉器官的信息。然后，大脑就会发出我们所看到、听到、闻到、品尝到和触摸到的信号。这五种感官让我们知道我们所处的环境是怎样的。

感觉器官是身体中特殊发育的部位。例如，眼睛的视网膜用来感光，耳朵的耳蜗用来听声音。

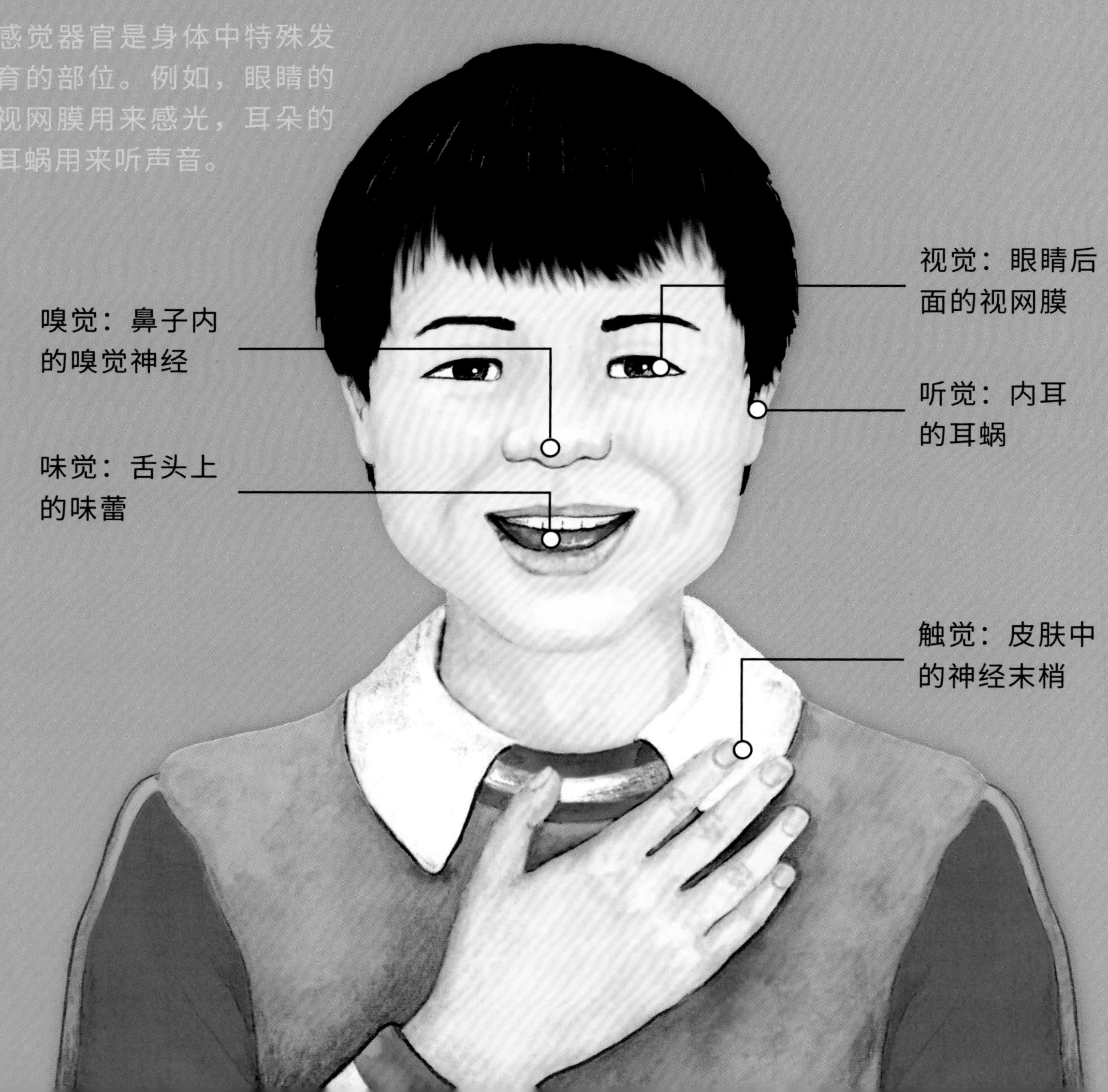

隐藏的感官

还有一些我们平时没有注意到的感官，它们可以控制我们的内部器官。这些感官控制食物在体内的时间和运动，测量血液中糖和盐的含量，调节氧气的摄入量。我们的体温和膀胱的充盈度也受到这些感官的控制。在我们没有意识到的情况下，身体总是从隐藏的感官中接收信息。它们保持着呼吸和消化等所有基本功能的平稳运行。

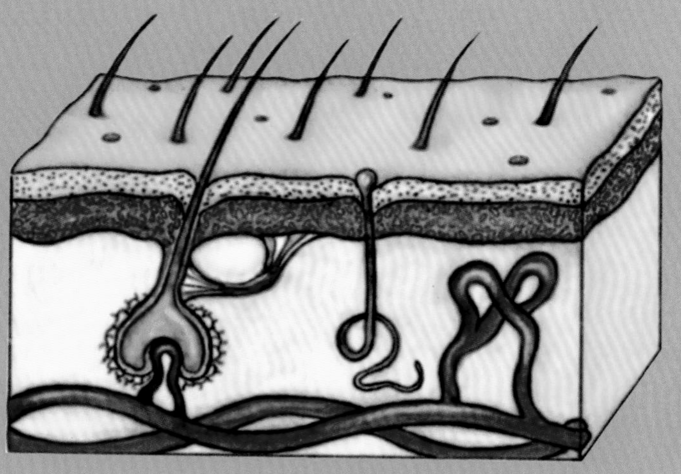

当我们感到热的时候，皮肤会出汗。

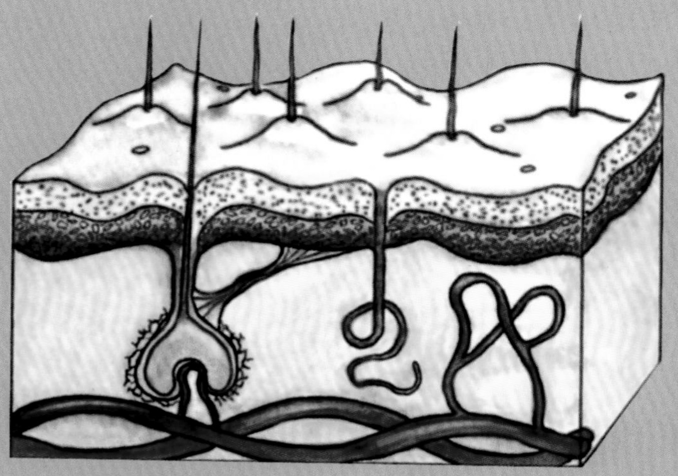

当我们感到冷的时候，皮肤上的汗毛会竖起来。

时间感

你总是迟到吗？还是你有很好的“时间感”？事实上，我们都有时间感，它通常被称为生物钟。这是我们和几乎所有动物的共同点。没有人确切地知道它到底是什么，或者它是怎样形成的，但不知为什么，我们会意识到白天变成黑夜，黑夜变成白天。在实验过程中，科学家们在黑暗的洞穴中生活了很长一段时间。他们发现，尽管在黑暗中，他们的生物钟还是会在早上叫醒他们，并在晚上让他们慢下来。

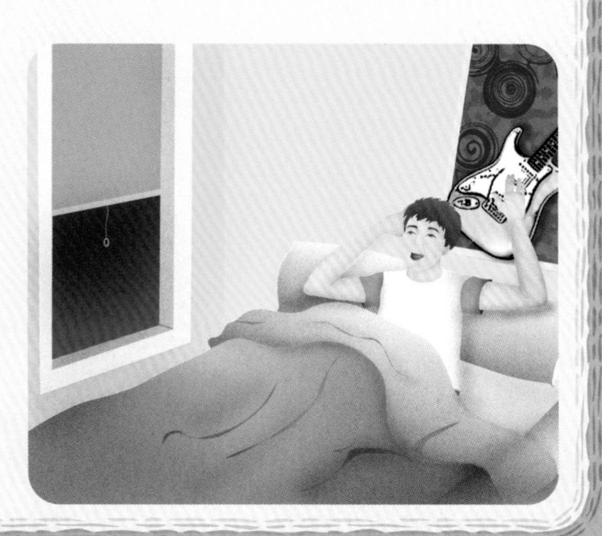

我们如何听到声音

我们的耳朵不仅仅是头部两侧的耳郭，它们还是延伸到头骨深处的器官，承担着非常重要的工作。它们收集声波，即空气的微小振动，并将它们转换成大脑可以识别的信号。

耳朵通过三个不同的部分，来完成听力这一困难的工作。它们分别是外耳、中耳和内耳。

外耳

外耳是由我们能看到的耳郭和一个叫作外耳道的中空管组成。外耳道的深端是鼓膜，鼓膜是一层类似皮肤的薄膜，当声波沿着耳道传播时，鼓膜会振动。

中耳

中耳就像一个空心的洞。它包含三块骨头，分别叫作锤骨、砧骨和镫骨。当鼓膜振动时，锤骨也会振动，并传递到砧骨，再到镫骨，镫骨使另一个称为前庭窗的薄膜振动。

内耳

内耳由耳蜗、前庭和半规管组成。耳蜗有三根管子，像蜗牛壳一样盘绕起来。这些管子里充满了液体。当前庭窗振动时，液体会产生波动。每根管子有数千根敏感的纤毛。当液体流过纤毛时，它会促使神经将声音信息传递到大脑。

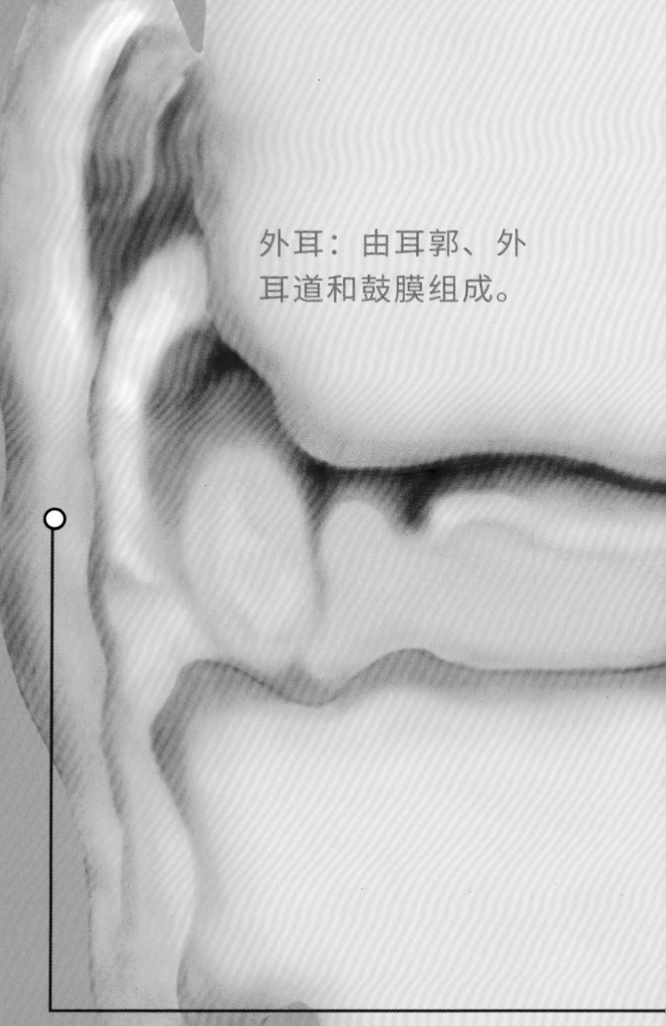

外耳：由耳郭、外耳道和鼓膜组成。

保持平衡

半规管帮助我们保持平衡，它们还含有液体和敏感的毛细胞。如果我们把头歪向一边，这些管内的液体就会移动，敏感的毛细胞就会察觉身体的变化。

前庭是位于耳道和耳蜗之间的一个腔体。它包含两个囊，同样充满了液体和敏感的毛细胞。囊内有耳石，它们在重力的作用下会被拉下来。当我们站直时，耳石会挤压每个囊底部的毛细胞。当我们躺下时，这些耳石会落在一边，压在另一组毛细胞上。毛细胞上的神经会向大脑发出身体位置的信号。

半规管对头部的运动很敏感

这个小女孩在平衡木上用她的平衡感保持平衡。

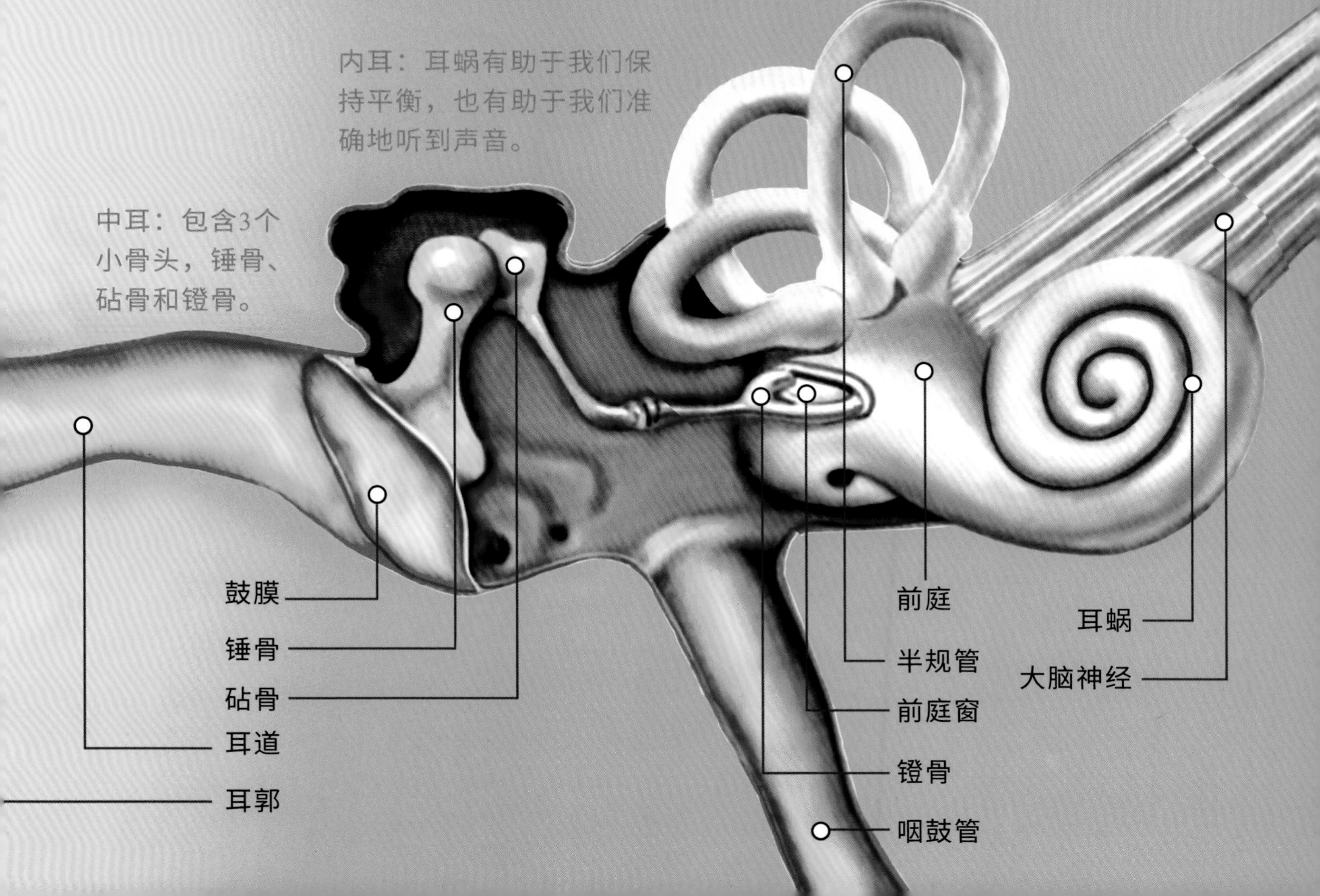

内耳：耳蜗有助于我们保持平衡，也有助于我们准确地听到声音。

中耳：包含3个小骨头，锤骨、砧骨和镫骨。

鼓膜
锤骨
砧骨
耳道
耳郭
前庭
半规管
前庭窗
镫骨
咽鼓管
耳蜗
大脑神经

味觉和嗅觉

舌头是我们主要的味觉器官，它还可以用来咀嚼和吞咽食物。舌头上覆盖着一层小斑点叫作味蕾，它们能让我们感受到甜、咸、酸、苦这四种味道之间的区别。

化学与生物学小百科探索 舌头“地图”

舌头上有四个区域，它们可以辨别不同的味道。制作舌头“地图”，来找到它们吧！

请准备

- 5张纸
- 1支笔
- 水
- 盐和糖
- 醋或柠檬汁
- 茶或黑咖啡
- 纸巾
- 4个碟子
- 4个滴管或4个小茶匙

1. 在4张纸上标上“甜”“咸”“酸”“苦”。
2. 在一个碟子里，用水溶解一些糖，把这个碟子放在标有“甜”的纸上。
3. 在另一个碟子里，用水溶解一些盐，把这个碟子放在标有“咸”的纸上。
4. 在第三个碟子里，将醋或柠檬汁与等量的水混合，把这个碟子放在标有“酸”的纸上。
5. 把茶或黑咖啡倒进最后一个碟子里，把这个碟子放在标有“苦”的纸上。
6. 现在你可以绘制舌头“地图”了。在一张纸上，画出舌头的轮廓，找出与上面的味道相匹配的区域。

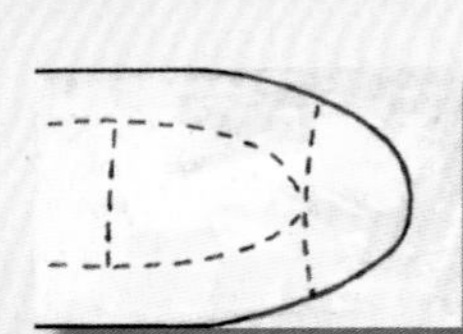

一些科学家认为还有第五种味道，即鲜味，这是一种肉味。

7. 像上图一样把舌头的轮廓分成五个区域。
8. 先把手洗干净。用一张普通的纸巾擦干你朋友的舌头，然后在她的舌尖上用滴管滴一滴甜的液体。如果你的朋友能尝到甜味，就在“地图”上舌尖的区域标出“甜”。对其他三种液体也采用同样的方法，注意每种液体应使用不同的滴管或茶匙。
9. 对舌头的其他四个部位做同样的测试，但要用不同的顺序来测试这些液体。

？你的舌头“地图”显示了什么？舌头的每个部位都能感受到不同的味道吗？

嗅觉

想了解更多，请看本书第34和第35页

气味实际上是飘浮在空气中的化学物质，鼻子里的感受器可以对这些气味做出反应。如果有一种化学物质出现，感受器就会通过神经向我们的大脑发送信息，大脑会把这个信息解读成一种气味。虽然鼻子对不同种类的化学物质都很敏感，但却无法解读它们。

嗅觉对我们很重要，它有助于提升我们的味觉感受性。我们的舌头只能尝出四种基本的味道——甜、咸、酸、苦，是鼻子让西红柿尝起来像西红柿，让苹果尝起来像苹果。如果没有嗅觉，它们的味道几乎一样。

化学与生物学小百科探索　捂住你的鼻子

你可以通过给一个蒙着眼睛、捂着鼻子的朋友喂不同的食物，来测试他（她）的嗅觉。所有食物的口感都应该差不多。

请准备

- 1把刀

带左侧警告标志的实验需要成年人参与。
记得拿刀要小心！

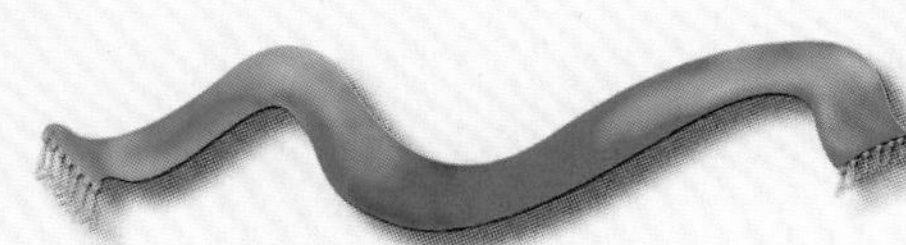

- 1块布

- 一些食物（如西瓜、苹果、洋葱、土豆、胡萝卜、芹菜）

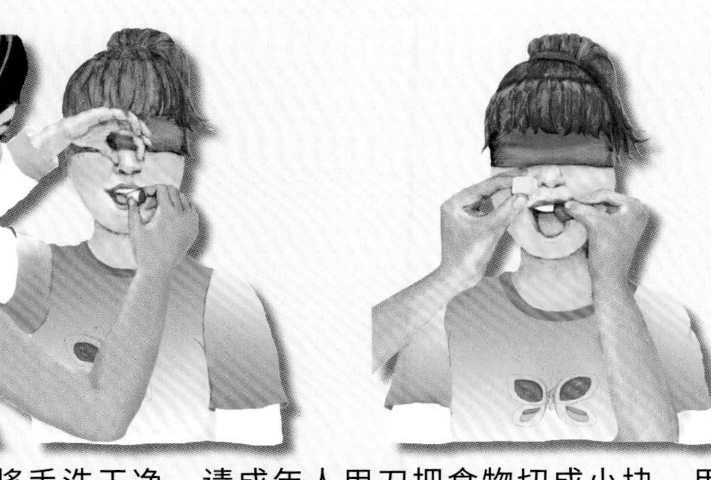

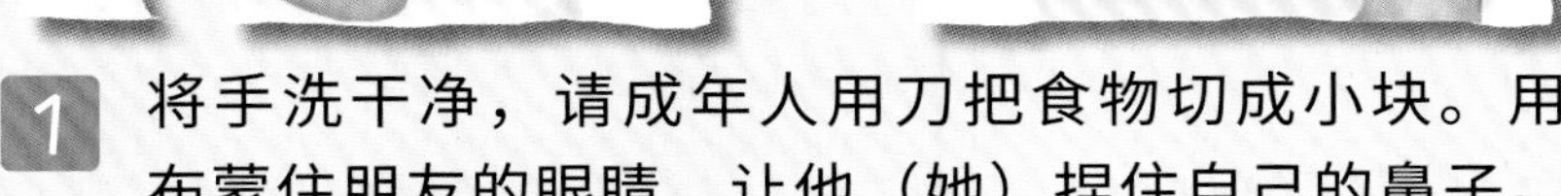

1. 将手洗干净，请成年人用刀把食物切成小块。用布蒙住朋友的眼睛，让他（她）捏住自己的鼻子。

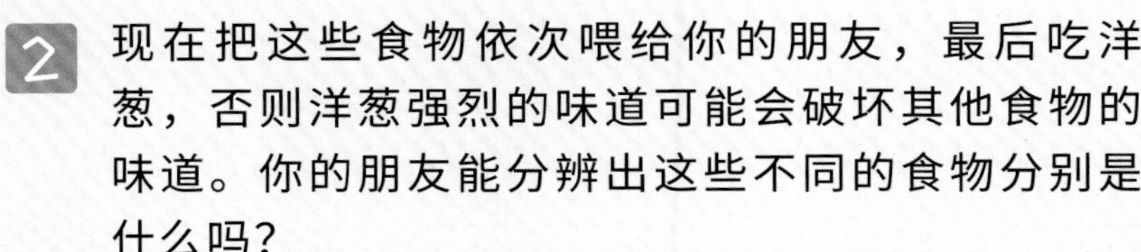

2. 现在把这些食物依次喂给你的朋友，最后吃洋葱，否则洋葱强烈的味道可能会破坏其他食物的味道。你的朋友能分辨出这些不同的食物分别是什么吗？
3. 现在让你的朋友再把每一种食物都尝一遍，同时把另一种食物放在他（她）的鼻子下面，会发生什么？

皮肤

皮肤具有保护作用。它可以阻挡灰尘、雨水和风等外界物质对身体的伤害，并且有许多其他功能。在皮肤里，有感知疼痛、温度和压力的神经。这些神经充当传感器，向大脑发送信息，给了我们触觉。

触摸可以给我们不同的感觉。闭上眼睛，用手指触摸周围的物体，描述一下你的感觉。

化学与生物学小百科探索 冷和热

你的身体能像温度计一样准确地感觉到温度的变化吗？通过这个实验找出答案。

请准备

- 热水
- 冷水
- 3个玻璃瓶

注意，即使是温水也会烫伤！

1 在一个玻璃瓶里装满热水，但不要太热。在另一个玻璃瓶里装满冷水，如果条件允许，也可以装满冰水。在第三个玻璃瓶里，将冷水和热水混合。

2 将一只手的食指放入热水瓶中，另一只手的食指放入冷水瓶中，停留几分钟。

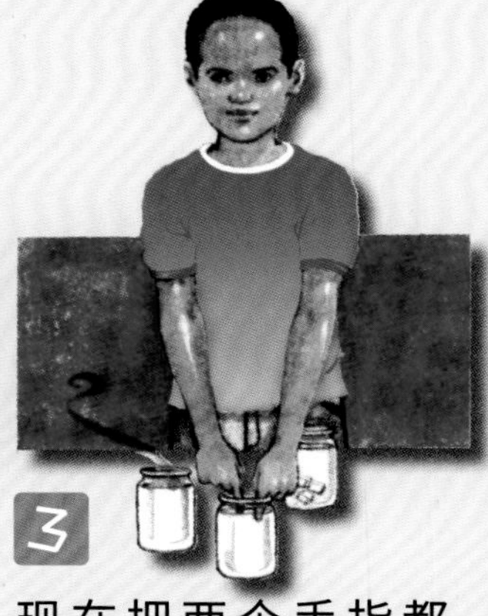

3 现在把两个手指都拿出来，立刻把它们放进第三个玻璃瓶里。你能感受到水的温度是多少吗？它们的感觉一样吗？

? 你的皮肤不会像温度计那样准确地测量温度，是吗？你对温度的感知取决于一开始你的皮肤有多热或多冷。

皮肤下面

皮肤有三层。最上面的一层叫作表皮，它包含四层细胞。表皮下面的一层叫作真皮层，这里有神经细胞。真皮层还有一种叫作腺体的小组织，这些物质会产生一种叫作汗液的液体和另外一种使毛发和皮肤分泌油脂的物质。脂肪层是最深的一层，对每个人来说，其厚度各不相同。

想了解更多，请看本书第34和第35页

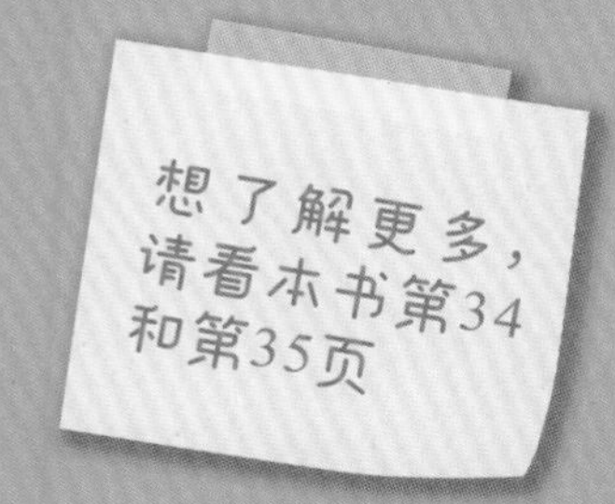

新的皮肤细胞一直在表皮的底部生长，它们将老细胞逐渐推到皮肤的表面然后脱落。

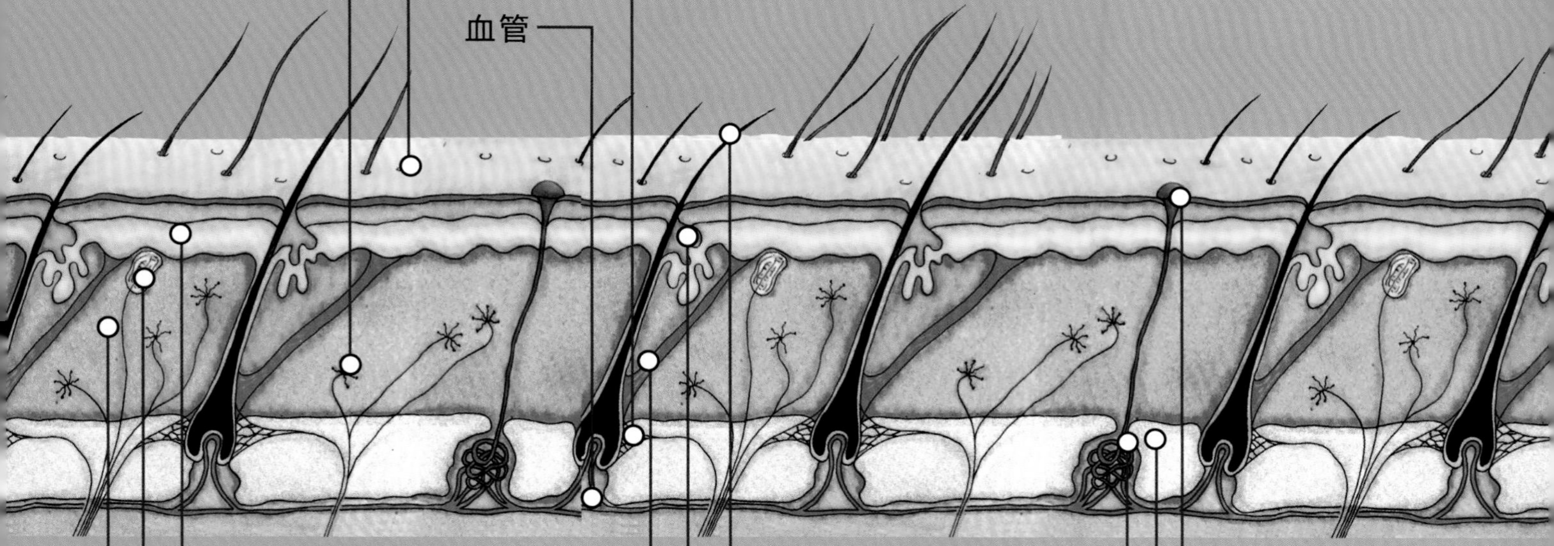

表皮顶部
神经末梢
神经
血管
表皮底部
触觉小体
真皮
毛发
皮脂腺
立毛肌
毛孔
脂肪层
汗腺

出汗

当我们太热时，身体就会处于危险之中。人体的大部分器官只有在体内温度适中——大约37°C的情况下才能正常工作。特别是当温度过高或过低时，体内一种被称为酶的重要化学物质就会毫无用处。为了保持相对恒定的体温，我们有必要采取一些方法来降温。

降温的主要方式是出汗。当体温过高时，汗液就会从我们皮肤的毛孔中渗出。当这种液体蒸发时，会带走热量，使身体“降温”。因此，皮肤表面汗水的蒸发是一个降温过程。

神奇的眼睛

眼睛就像我们脑袋里的两个微型照相机，它们向大脑源源不断地发送图像，就像电视摄像机向电视屏幕发送实时影像一样。

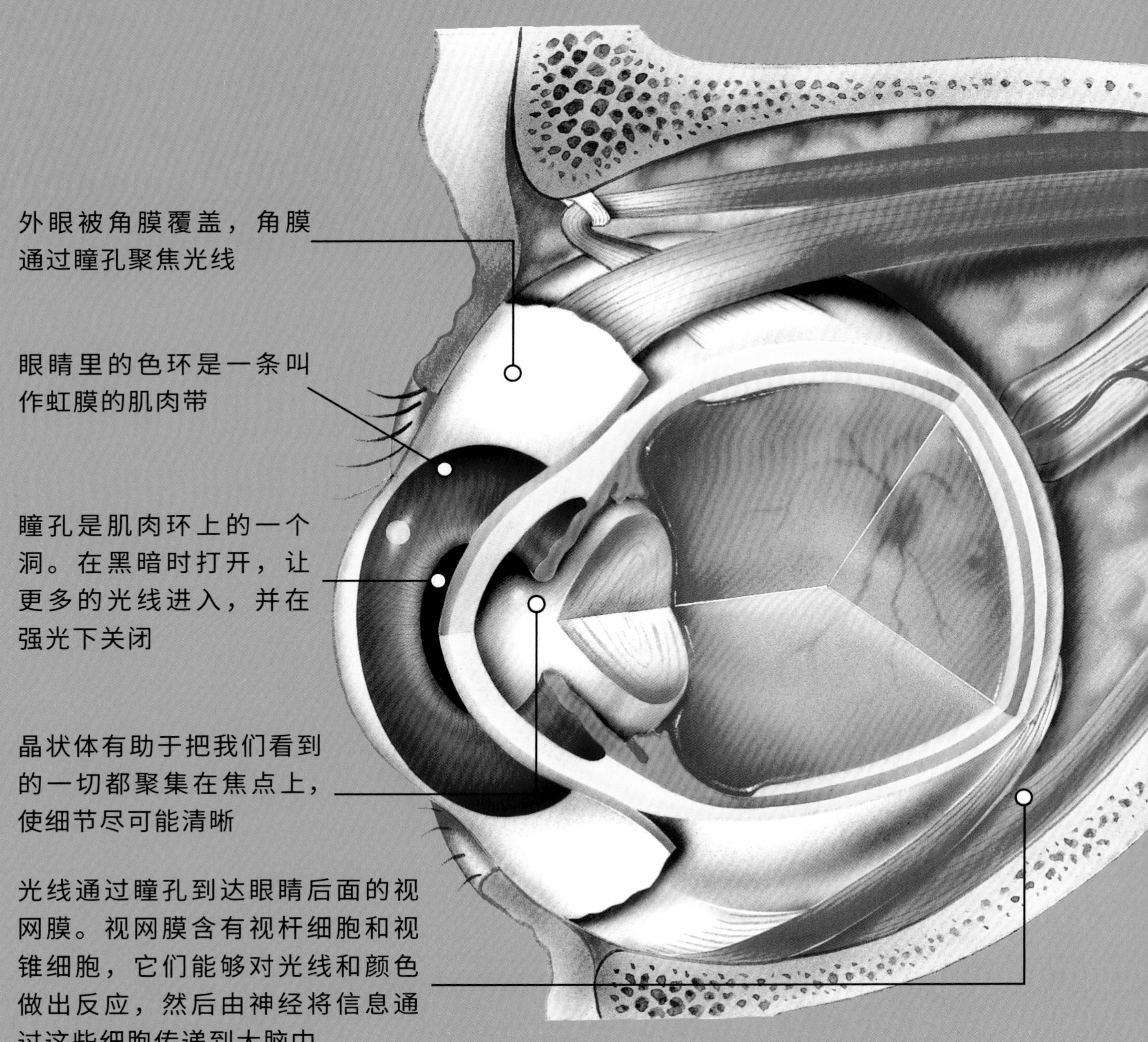

视杆细胞和视锥细胞

为了看到颜色，我们的眼睛里有一种叫作视锥细胞的特殊细胞。它们与另一种叫作视杆细胞的细胞共享视觉功能。视杆细胞不能察觉颜色的差异，也不像视锥细胞那样需要很多光线才能工作。所以，有时视杆细胞比视锥细胞对我们更有用，比如在夜晚光线很暗的时候。

在月光下散步的时候，一切看起来是那么苍白，就像是银色或无色的。可是摄影师却能在月光下拍摄像白天一样色彩斑斓的照片。所以这些颜色在月光下仍然存在，但是我们看不见它们。你知道为什么会这样吗？

虽然视锥细胞能够帮助我们看到颜色，但月光并不能提供足够的光线让它们在夜间正常工作。

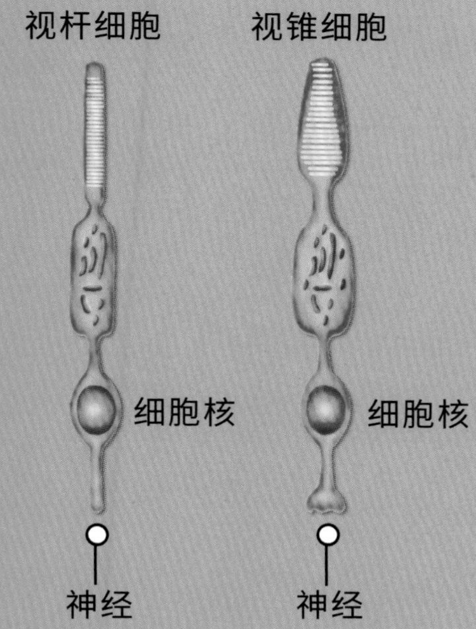

视杆细胞和视锥细胞接收进入眼睛的光线，再通过神经将有关光的信息传递给大脑。

改变形状

肌肉拉动晶状体来改变它的形状，让我们能够看到远处的东西，还能聚焦在附近的物体上。当我们从远处的物体看向近处的物体时，晶状体会改变形状，物体的清晰图像聚焦在眼球内的后部。当我们再看向远处的场景时，晶状体很快就变回原来的形状，快到我们根本都不会注意到。

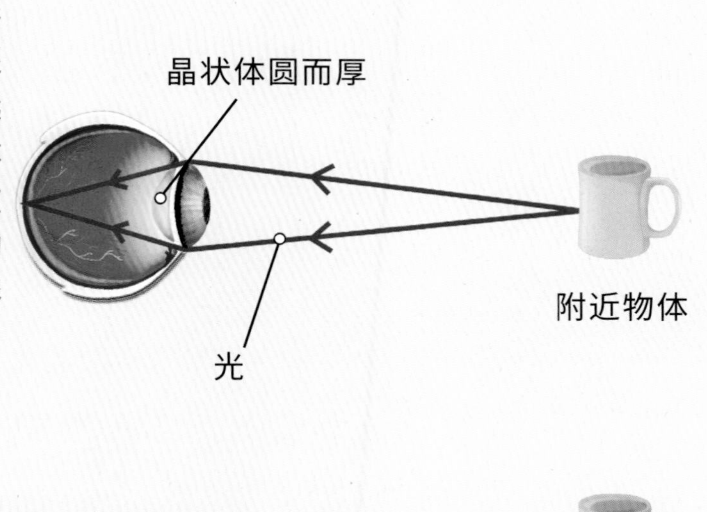

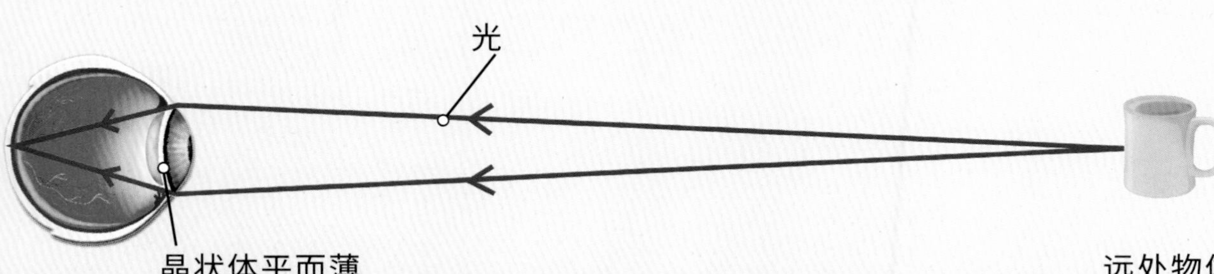

人为什么有两只眼睛

看这一页上丘鹬和男孩的照片。你注意到他们眼睛的位置了吗？

你认为丘鹬的眼睛为什么会长在头的两侧？丘鹬必须时刻警惕敌人，比如狐狸，所以它需要能看到周围的一切。事实上，许多鸟类都能看到它们周围的一切，以保护它们远离危险。

不同的动物眼睛的位置都不同。

丘鹬的眼睛在头的两侧。

人类的眼睛在头的前面。

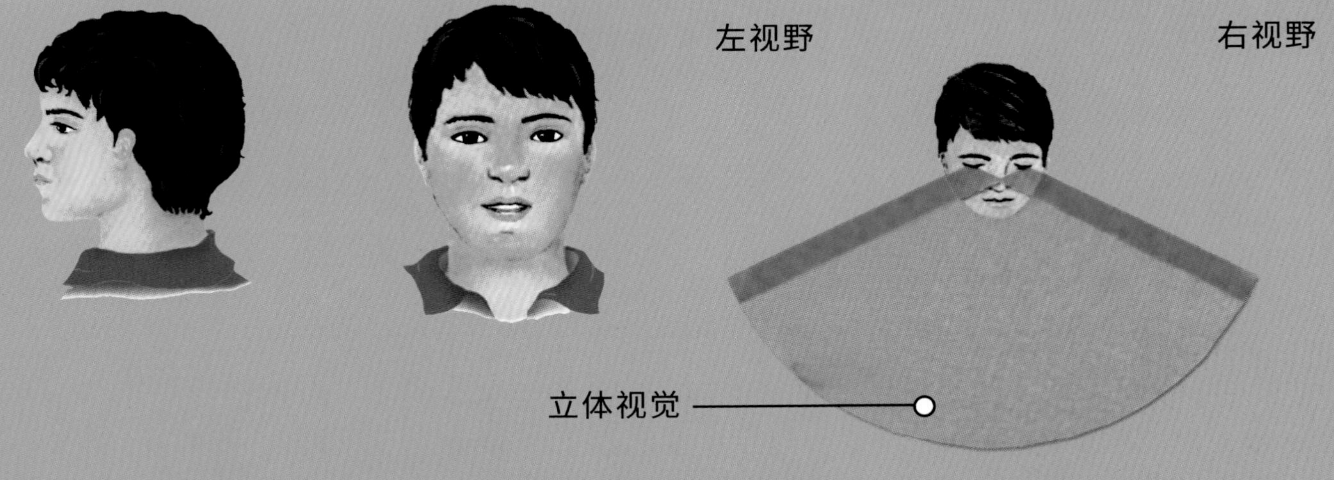

立体视觉

当我们同时使用两只眼睛时，就会产生立体视觉。虽然两只眼睛都在前面，看到的是同一个物体，但因为两只眼睛之间有一点距离，所以每只眼看到的事物略有不同。你可以在你面前的桌子上放两个物体，比如水杯。把一个水杯放在离你20cm远的地方，另一个水杯放在离你60cm远的地方。把你的下巴放在桌子上，让两个杯子与你保持一条直线。闭上一只眼睛看，然后睁开，再闭上另一只眼睛看，你的两只眼睛看到的是一样的东西吗？

大脑利用眼睛讲述不同的故事，通过比较每只眼睛发出的信息，大脑会计算出一个物体距离自己的远近。我们每次看东西的时候，大脑都会在一瞬间做出判断。

想了解更多，请看本书第28和第29页

化学与生物学小百科探索　两只眼睛看得更清楚

为什么我们的眼睛都长在脑袋前面，看着同一个方向？这似乎是浪费了一只眼睛，但其实不是。要想知道我们的两只眼睛是如何同时工作的，可以和朋友一起玩这个抛接球的游戏。

请准备

- 黑色的硬纸或布
- 剪刀
- 1支铅笔
- 1个球
- 松紧带或丝带

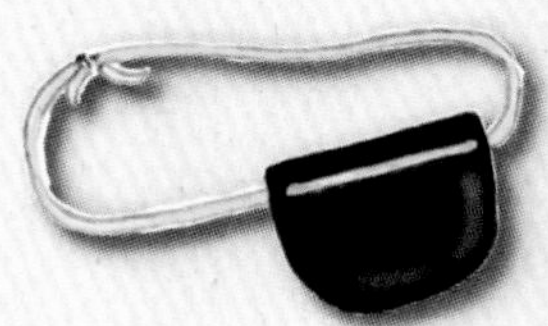

1 从黑色的硬纸或布上剪下一个眼罩，用铅笔尖在眼罩的两边各开一个小洞，将松紧带或丝带穿过眼罩。

2 用两只眼睛玩接球游戏。扔20次球并接住，记录掉球的次数。

3 现在用眼罩遮住一只眼睛，再扔20次球并记录。这次你做得更好吗？解释一下为什么会这样。

身体的协调性

我们的大脑是一个非常了不起的器官！它在我们生命的每一秒都会发送和接收数以百万计的信息。大脑控制着我们的肌肉、感官、体温，甚至食欲。大脑也是产生思考和记忆的地方。

大脑在身体的协调中起着非常重要的作用，它控制来自肌肉和感官的信息。当你踮起脚尖时，大脑会接收来自眼睛、耳朵和关节所发出的关于身体位置的信息。与此同时，大脑会向肌肉发出信号，告诉它们如何保持身体平衡。

孩子们可能需要几年的时间来培养良好的身体协调性。他们在做简单的事情时，就是在学习如何协调他们的手和眼睛，比如搭积木。

化学与生物学小百科探索　眼见一定为实吗

在这个实验中，你只需要1个细小的硬纸管或者1张卷起来的纸。

1 向窗外望去，轻轻地将纸管放在右眼上。闭上左眼，右眼看到了什么？

现在睁开双眼，你又能看到什么？解释发生了什么。

2 双眼睁开，将你的左手放在面前，手掌张开朝向你的脸。用手轻轻触摸纸管，慢慢前后滑动你的手，直到你看到手掌中间有一个“洞”。透过这个洞你能看到什么？

3 仍然把纸管放在眼睛上，把一根手指放在纸管旁边。你的手指上有“洞”吗？你能解释它们的不同吗？

大脑帮你解决这个问题

当你举起手时，大脑中接收眼睛信息的那部分就会变得混乱，它必须将两种完全不同的视角相匹配。它通过展现你手心上的“洞”，将你的手和纸管中的视图进行匹配。当你举起一根手指时，它可以分辨出这是两个视图，因为手指并没有完全遮住纸管中的视图，所以它不需要在手指上弄个“洞”。

这个实验展示了大脑中更重要的东西。你从没想过你的手上真的有个洞。这其实是大脑的另一部分在告诉你，来自眼睛的信息是错误的。所以，大脑有一个特殊的部分，负责理解令人困惑的信息。

想了解更多，请看本书第30和第31页

神经信息

大脑接收所有身体信息，并发送给全身。这就是身体相互协调的方式。这些信息是如何在大脑中传递的呢？

信息由神经细胞携带。它们在身体内组成一个网络，利用电脉冲来传递信息。

神经细胞呈球状，有纤细的分支。较短的分支称为树突，从其他神经细胞接收信息。较长的分支叫作轴突，它将信息带出神经细胞。轴突与其他神经细胞相连，并将信息传递到身体的不同部位。

大脑是由数十亿神经细胞组成的，每个神经细胞都与其他神经细胞连接在一起形成网络。当你思考时，数以百万计的微小电流会通过这些网络。即使睡觉的时候，大脑也会有数以百万计的微小电流通过让我们意识到自己还活着。

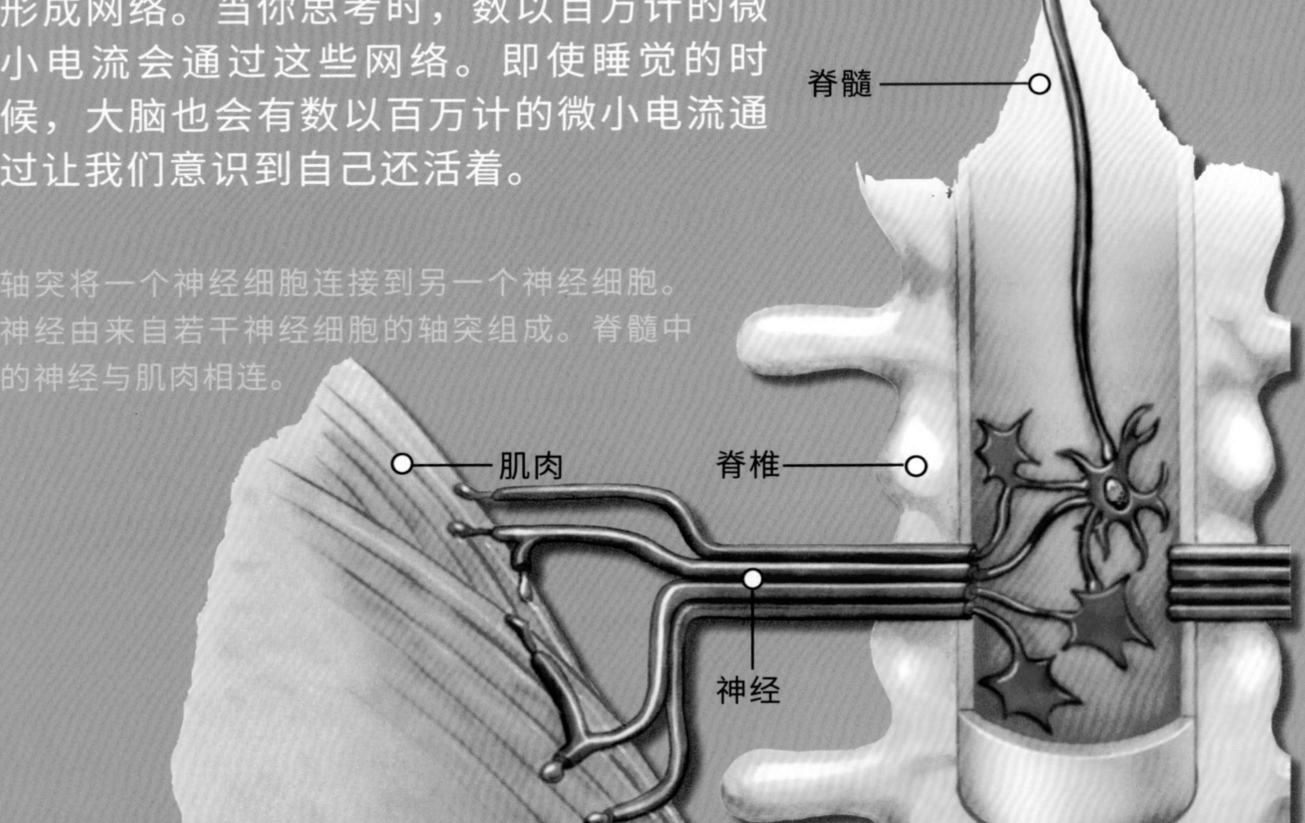

轴突将一个神经细胞连接到另一个神经细胞。神经由来自若干神经细胞的轴突组成。脊髓中的神经与肌肉相连。

脊髓

一束较粗的神经细胞，从大脑的底部脑干延伸到脊髓。它沿着背部进入脊椎骨或脊柱，然后从脊髓有了分支，一些进入手臂，另一些进入肺、心、肝、胃和其他内脏。再往下，神经延伸到腿和脚。

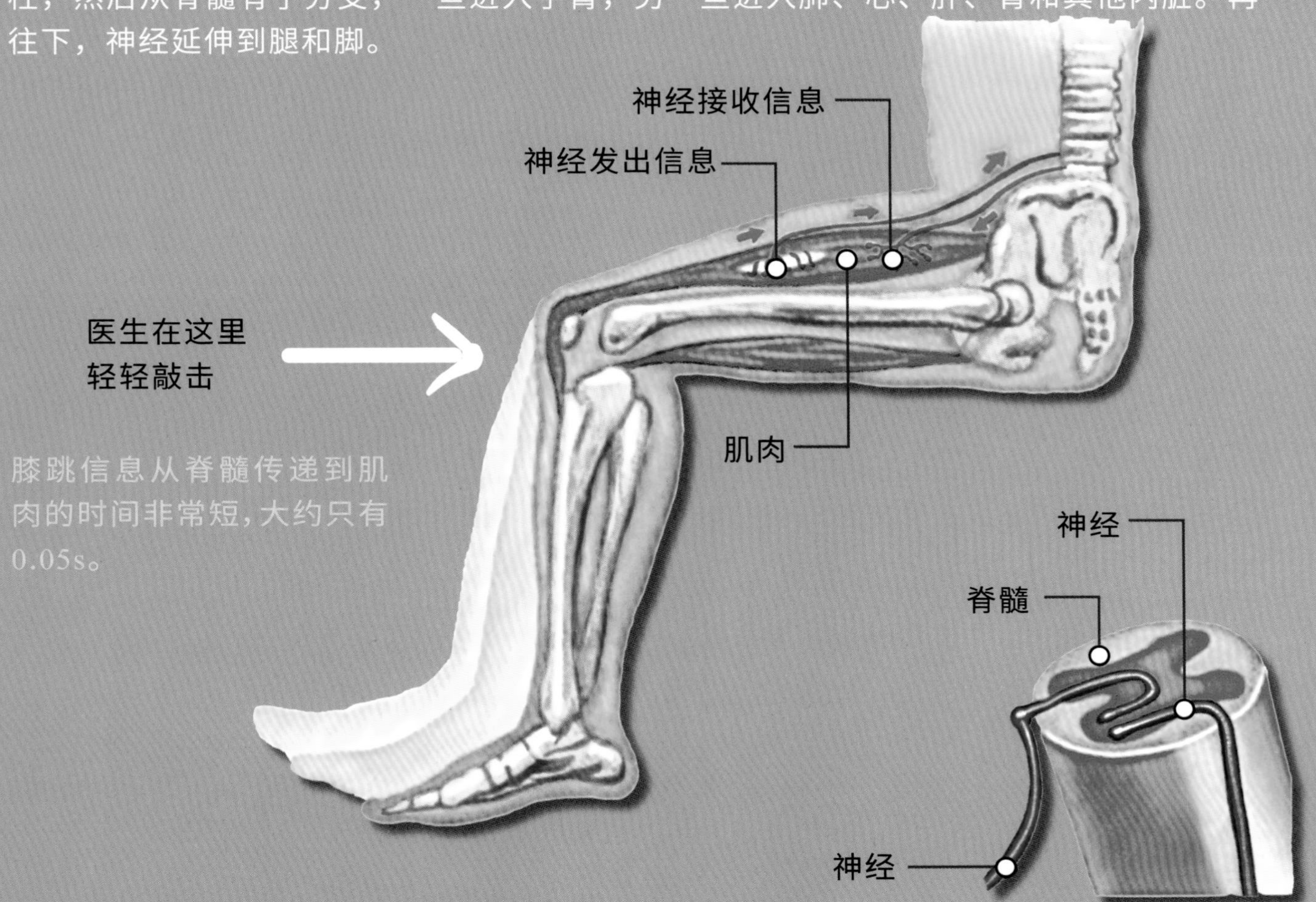

反射活动

腿部肌肉可以弯曲和活动，能够站起来，是因为大脑已经向它们发送了指令。但是有些动作并不经过大脑，比如把手从热的东西上移开，这样的动作被称为反射。人体的反射能力能让我们远离危险。当有东西靠近你的脸时，眨眼就是一种反射。

医生可以通过膝跳反射来测试你的反应能力。你坐在椅子上，一条腿交叉放在另一条腿上。医生在你的膝盖下方敲击一下，你的腿会猛地弹起来，并且无法控制它。当膝盖被敲击时，信息会沿着大腿的神经传递到脊髓。它不会进入大脑，而是直接通过脊髓发送给与大腿肌肉相连的神经，使这块肌肉突然收缩，你的腿就会向上抽动。

控制动作

你已经发现大脑负责协调身体的许多动作。与不经过大脑的反射不同，这些动作可以由你直接控制。但这些动作并不总是与生俱来的。通常，它们需要经过学习。如果你想骑自行车，你必须学会踩踏板，保持平衡，以及在转弯时向一侧倾斜等。

化学与生物学小百科探索 测试你的反应速度

在这些测试中，你可以了解到视觉和触觉的速度。在做这两种测试时，握住你的拇指和食指，使它们刚好碰到尺子。做视力测试时，观察尺子什么时候掉下来，并尽快抓住它。做触摸测试时，闭上眼睛，当你感觉到尺子落下来时，尽快抓住它。

请准备

- 1把长尺
- 纸
- 1支白板笔

做视力测试和触摸测试，并分别记录每个测试的结果。每次测试，都要请朋友帮忙把长尺测量的距离记录下来。

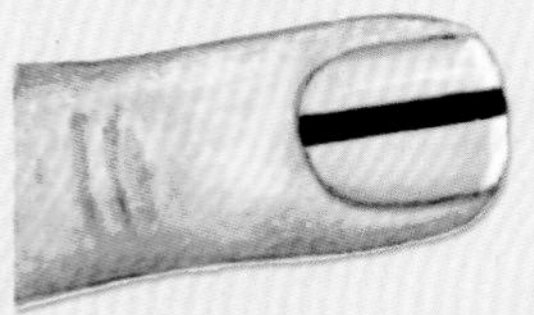

1 让你的朋友用白板笔在你的拇指指甲上画一条线。每次进行测试时，这条线都与长尺上的0刻度线对齐。

2 让你的朋友用拇指和食指夹住尺子，然后在没有任何警告的情况下松开尺子，你必须尽可能快地用拇指和食指抓住尺子。

3 用尺子上的刻度来衡量你的反应需要多长时间。每次抓住尺子时，记录指甲上的线所在的位置。

哪种反应更快？这个测试说明了什么？

学习行为

通过反复练习，你可以学会做某些动作。当你习惯了它们，大脑就会帮助你自主地去做这些动作。例如，一旦婴儿学会走路，他或她可以不用思考就能走路。虽然走路的动作或多或少是自动的，但孩子仍然可以选择慢走还是快走。

化学与生物学小百科探索　熟能生巧

你不习惯做的事情所花费的时间比你习惯做的事情所花费的时间长吗？通过一次又一次地做这件事，你能做得更好、更快吗？

请准备

- 3张横线纸
- 1支铅笔

- 1块手表

这个女孩正在通过定期练习，来学习竖笛。

1. 将第一张纸上的行从1到20编号。
2. 把一个单词写20遍，并计时。如果你愿意，你可以写自己的英文名字。在这一页的底部，写下用了多长时间。
3. 在第二张纸上同样做20行编号。
4. 将单词倒着写20遍，再次计时。这次又用了多长时间？
5. 在编好号的第三张纸上，再把这个单词倒着写20遍，你的速度提高了吗？

主管人体的化学物质

就你的年龄而言，你的身高是高还是矮？你能长多高主要取决于激素这种化学物质，它通过血液作用于全身。

有些激素会使体内的细胞产生更多的蛋白质，促进细胞生长和分裂，所以身体才会生长发育。由于激素是在血液中循环的，它们能到达身体的每一个细胞，因此所有的细胞都在生长和分裂。

这就是激素如此重要的原因。它们控制身体的不同部位，使一切都处于良好的生理状态并正常工作。激素是体内化学物质和生长活动的调节器。

这些男孩和女孩都是12岁。他们能长多高主要取决于体内的激素。

连接大脑

血液中激素的平衡是由位于大脑下方的脑垂体控制的。脑垂体产生激素，控制身体的许多活动。大量的神经细胞和血管将脑垂体与大脑的下丘脑连接起来。下丘脑通过神经细胞和血液传递“开启”和“关闭”的信息来控制脑垂体，这些信息会告诉脑垂体何时开始和停止释放某些激素。

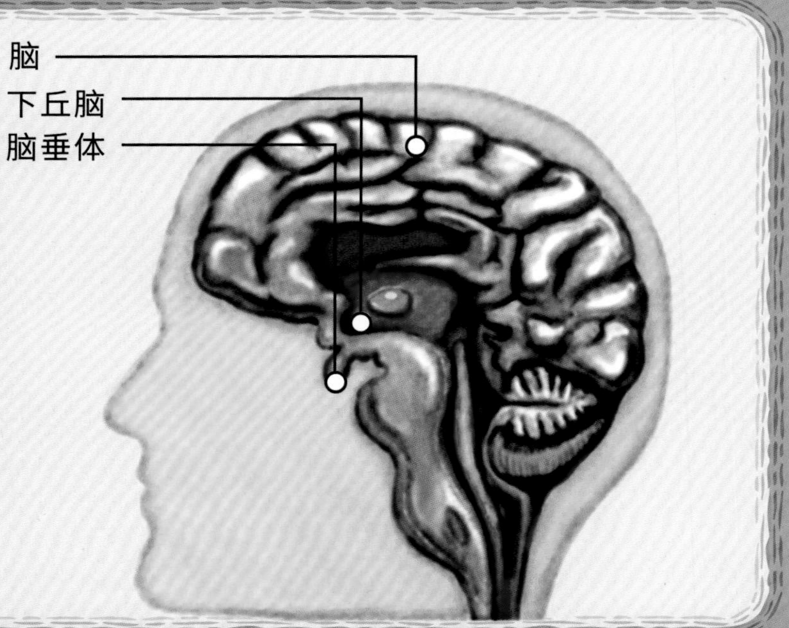

腺体分泌激素

身体的大部分激素都是由内分泌腺分泌的。脑垂体分泌的激素控制着其他腺体分泌激素。腺体是制造和释放化学物质的组织和器官。

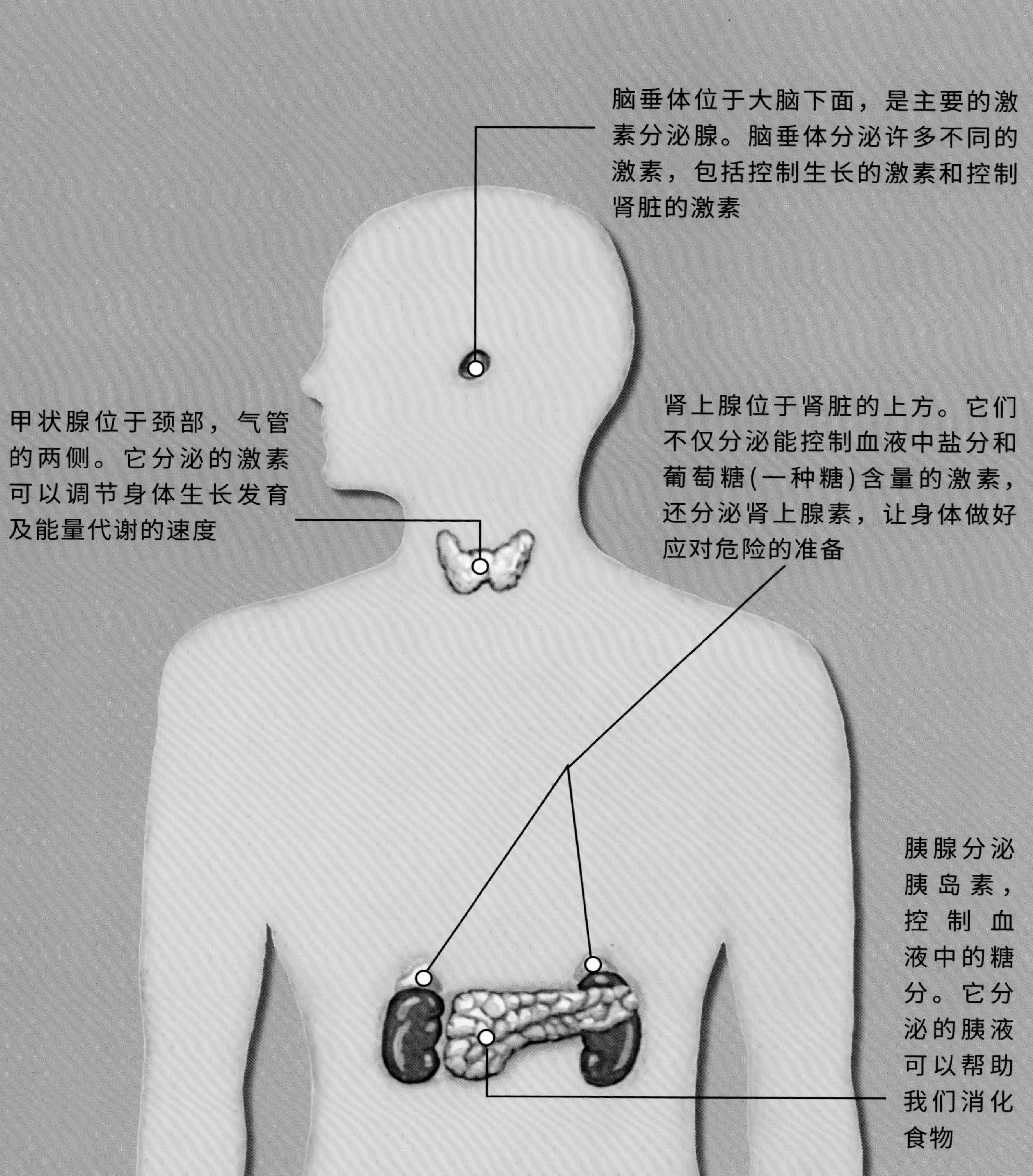

生命从哪里开始

如果你是鸟或鱼，那么生命就是从卵的孵化开始的。人类属于哺乳动物，因此人类生命的前九个月是在母亲体内度过的。人类像鸟和鱼一样排卵，但人类排出的卵子比针尖还要小很多。受精卵保存在母亲体内，这样孩子就可以免受外部世界的影响不断成长。婴儿出生前被称为胎儿，它在母亲的子宫中发育。

当胎儿在母亲体内孕育时，通过一根叫作脐带的软管摄取营养。脐带与子宫内一个叫作胎盘的盘状器官相连。当母亲的血液流经胎盘时，就为胎儿提供了必需的营养物质和氧气。

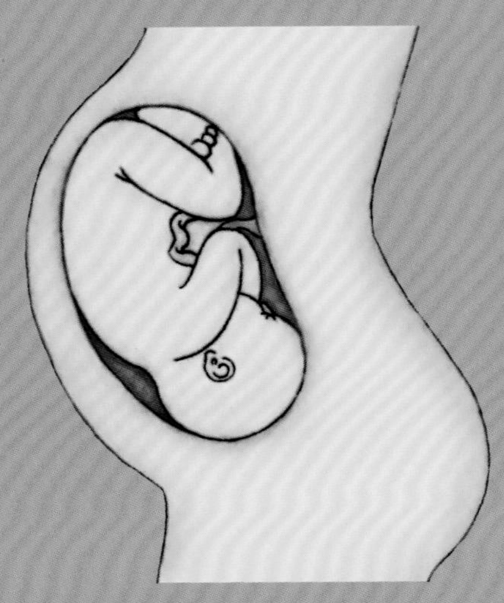

这个胎儿38周大，很快就要出生了。

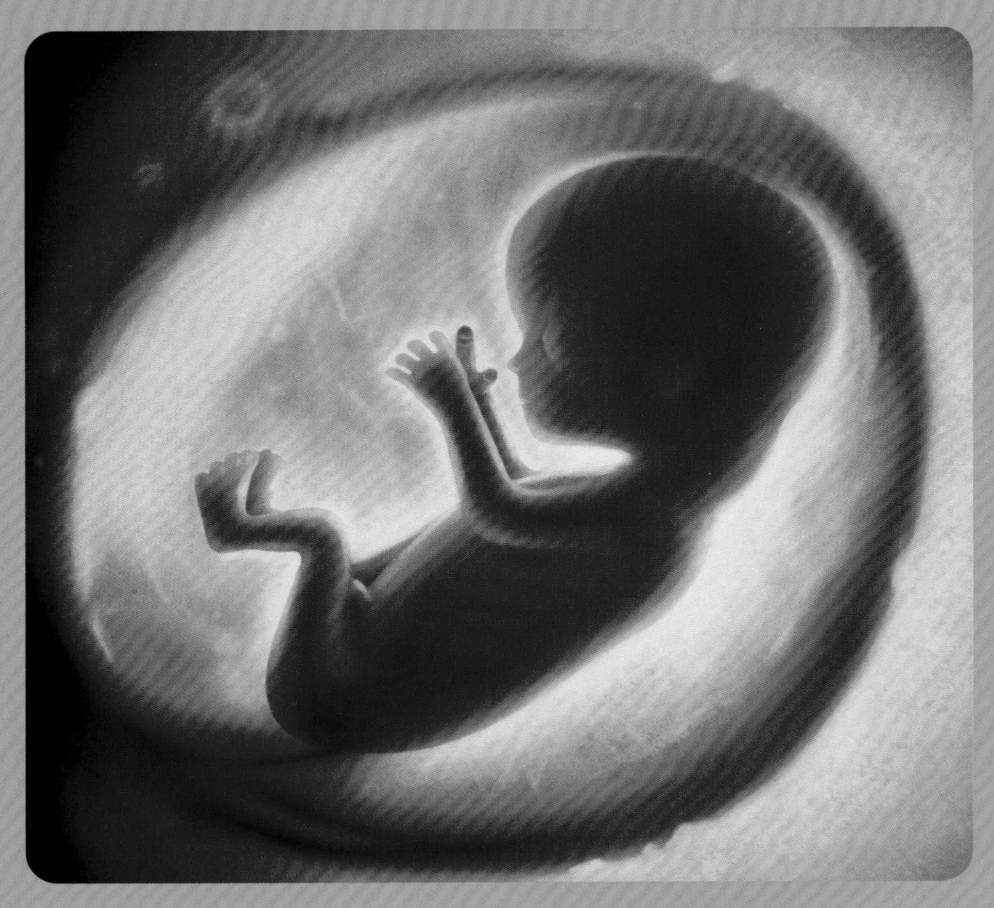

这个胎儿12周大。

子宫内的生长

在这九个月里，胎儿在母亲的子宫里逐渐长大，慢慢改变形状。当胎儿准备好了，出生的时刻也就到了。

母亲需要怀胎九个月。在此期间，胎儿在母亲体内生长发育，直到它准备好出生。

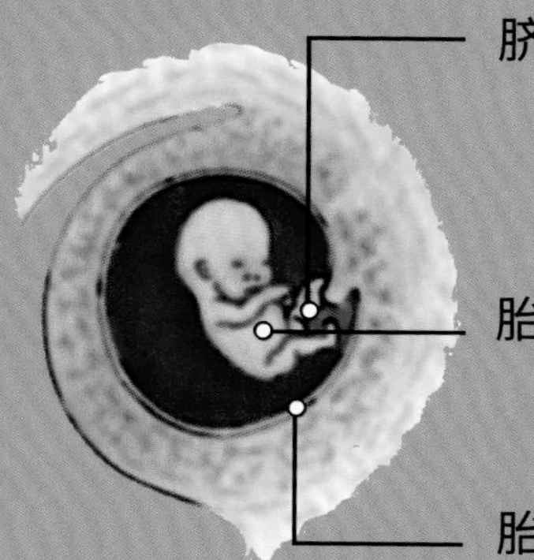

10周

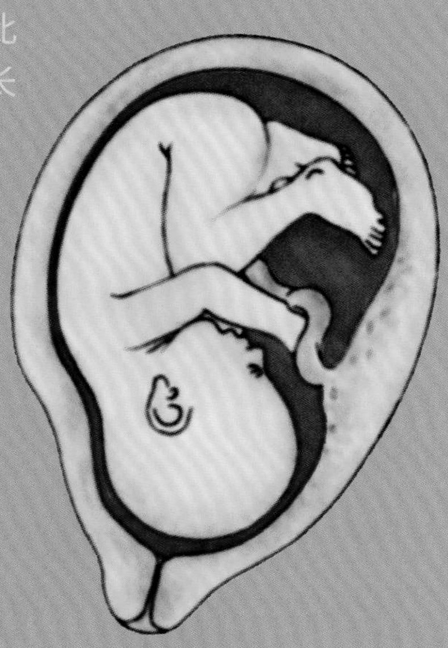

22周

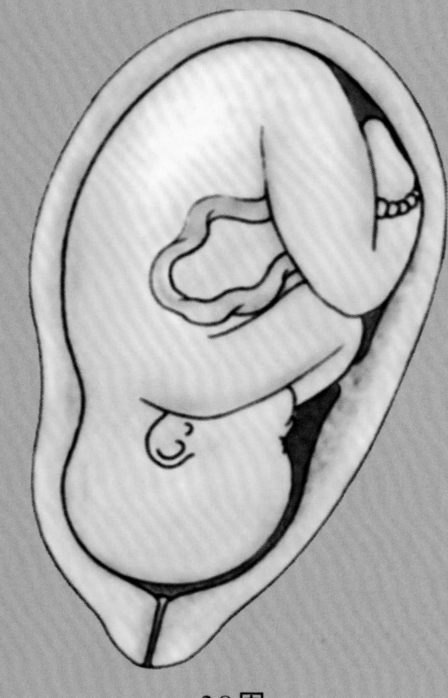

38周

出生

胎儿出生时，母亲子宫里强壮的肌肉将胎儿从阴道推出，胎儿就来到了这个世界，然后，连接胎儿和胎盘的脐带被切断。肚脐，就是脐带曾经连着胎盘的地方。婴儿出生后，继续生长发育。人的身体在12～17岁这段时期会快速生长，然后继续缓慢生长，直到18～30岁才能达到成年体型。

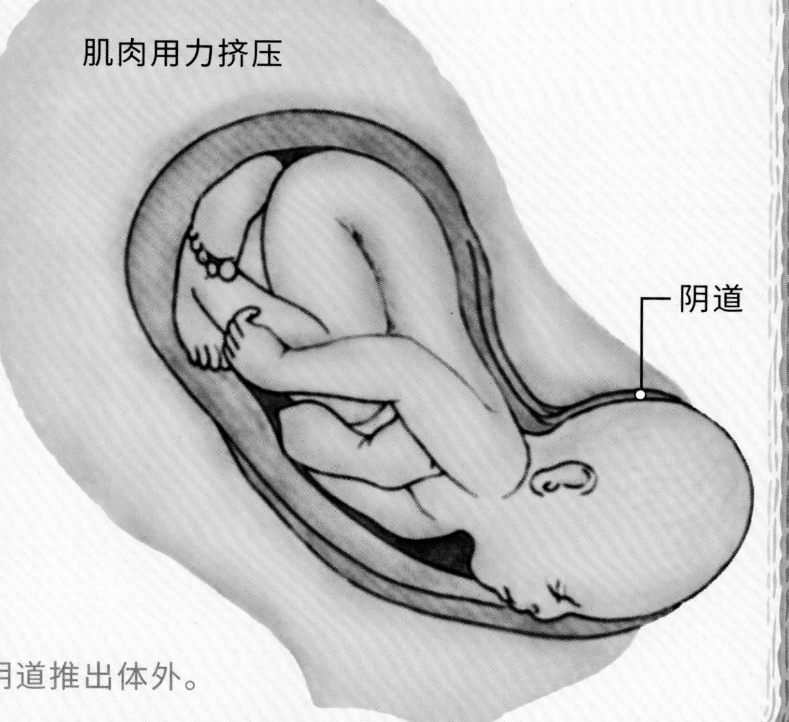

出生时，母亲子宫里的肌肉将胎儿从阴道推出体外。

为什么会生病

我们可能会因为各种原因生病，比如饮食不均衡或吸入太多的汽车尾气，也可能因为感染而生病。许多疾病都是由微小的生物引起的，如细菌和病毒，它们可以寄生在人体内，我们通常把它们叫作细菌，而科学家们将它们称为微生物。微生物总是试图攻击我们，因此我们的身体必须努力抵抗它们，才不会生病。其他被称为原生生物的生物也会引起疾病。体型较大的生物，如蠕虫和吸虫，也可以寄生在人体内，使人生病。

这些细菌（像蠕虫一样的物体）来自于一个患有炭疽病的人。它们本身并不是红色的，而是被涂上了颜色，以便更容易被看到。

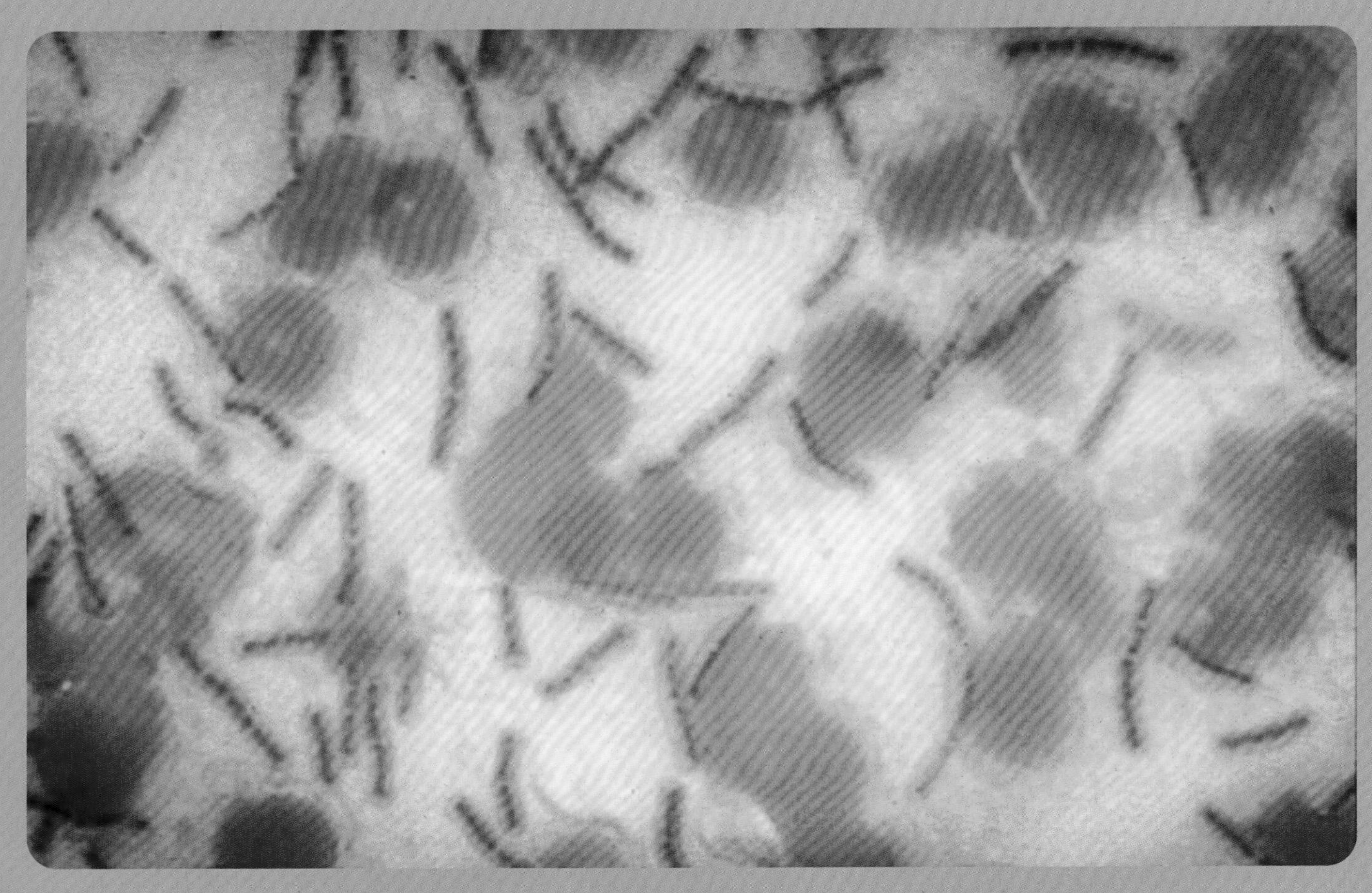

细菌

细菌很小，只有通过显微镜才能看到。某些细菌会引起诸如猩红热、沙门氏菌食物中毒、霍乱和百日咳等疾病，口腔中的细菌会导致蛀牙。许多种类的细菌生活在肠道或皮肤上。大多数情况下，这些细菌都是无害的。但如果我们的身体不能正常工作，这些细菌就有可能会入侵身体的某些部位，使我们生病。

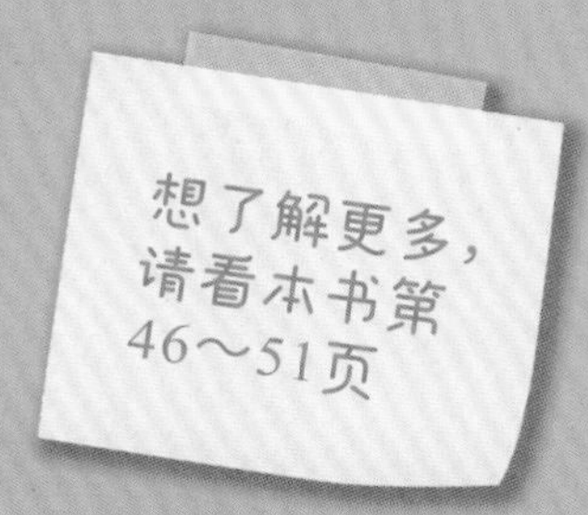

病毒

病毒非常小，比细菌还小很多。它们不能独立存活，只能在其他生物的活细胞中繁殖。由病毒引起的疾病包括普通感冒、流感、麻疹、腮腺炎、天花、黄热病和艾滋病（获得性免疫缺陷综合征）等。

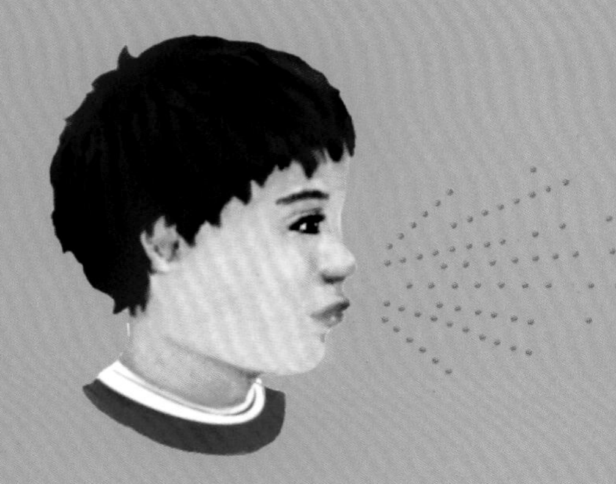

微生物可以通过多种方式进入或入侵我们的身体。当别人咳嗽或打喷嚏时，我们就有可能被吸入的微生物感染。

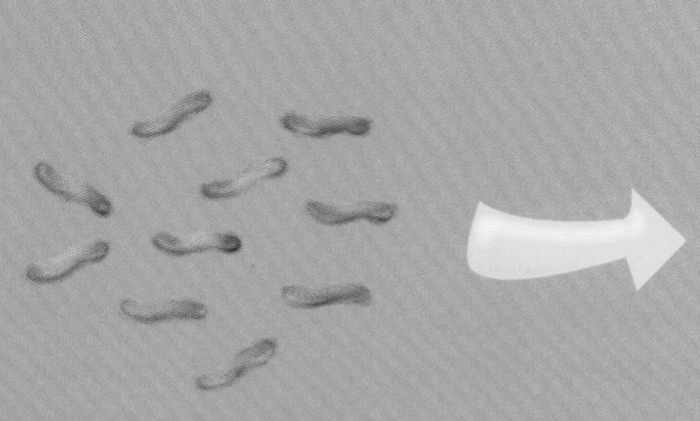

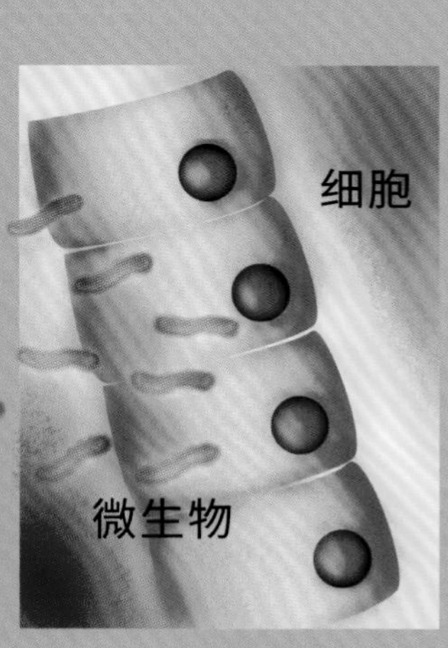

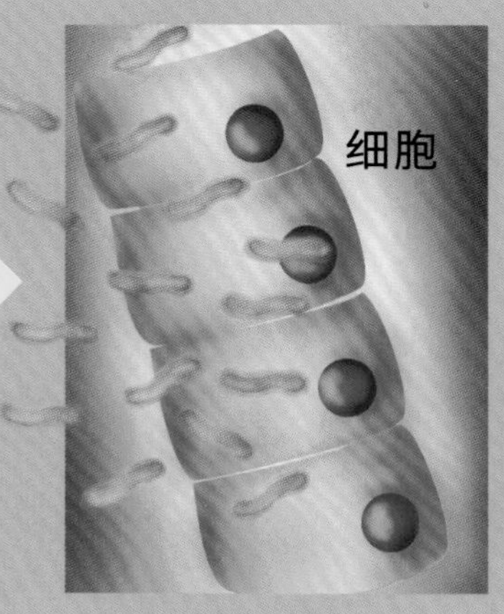

1 当我们咳嗽或打喷嚏时，微生物被随之喷出，进入空气中。

2 当我们吸入微生物时，细菌就有了一个新的身体可以入侵。

3 微生物攻击我们体内的细胞，使我们生病。

保护身体

我们的身体有一种对抗细菌的方法，以保护我们免受疾病的侵害。在我们的体内，有数百万的细胞可以杀死入侵的微生物（如细菌和病毒），这些细胞是人体免疫系统的重要组成部分。

骨髓制造出免疫系统的细胞，这种细胞大量地存于某些内脏器官中，如淋巴结、脾脏和肝脏。

不同种类的细胞组成了身体的免疫系统，有些细胞是在体内的血液中流动，这些就是白细胞中的淋巴细胞。当白细胞发现入侵的微生物时，就会穿过血管壁攻击它们。

细胞

一些免疫细胞通过吞噬微生物来杀死它们，这些细胞被称为吞噬细胞，意思是“吃掉细胞”，也叫作巨噬细胞。一种被称为抗体的化学物质会黏附在微生物上，这样吞噬细胞便会知道微生物在哪里了。如果引起麻疹的病毒进入身体，体内就会产生抗体，抗体像标签一样贴满麻疹病毒的表面，这样吞噬细胞就能找到麻疹病毒，并摧毁它们。

吞噬细胞是怎样工作的

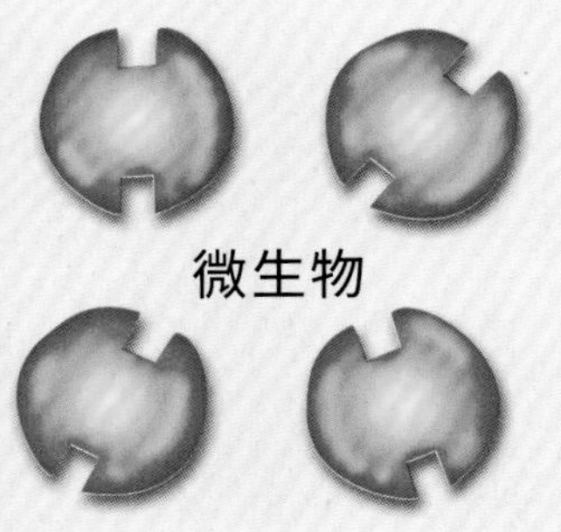

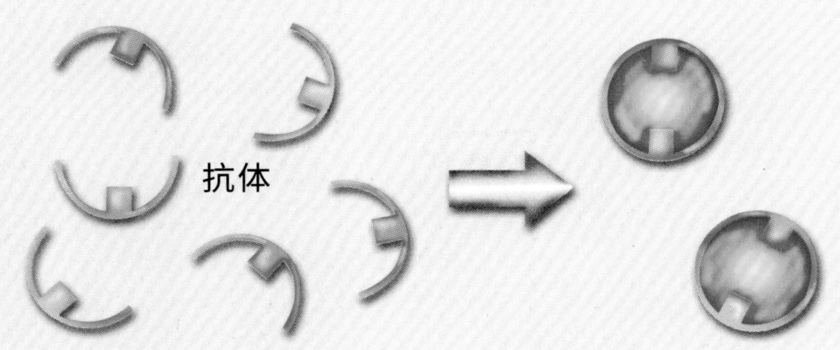

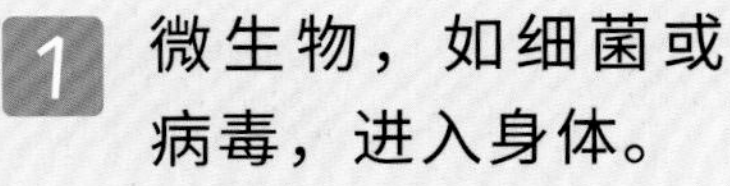

1 微生物，如细菌或病毒，进入身体。

2 身体会产生一种特殊的化学物质，叫作抗体。这些物质被释放到血液中。

3 抗体识别微生物，并黏附在它的上面。

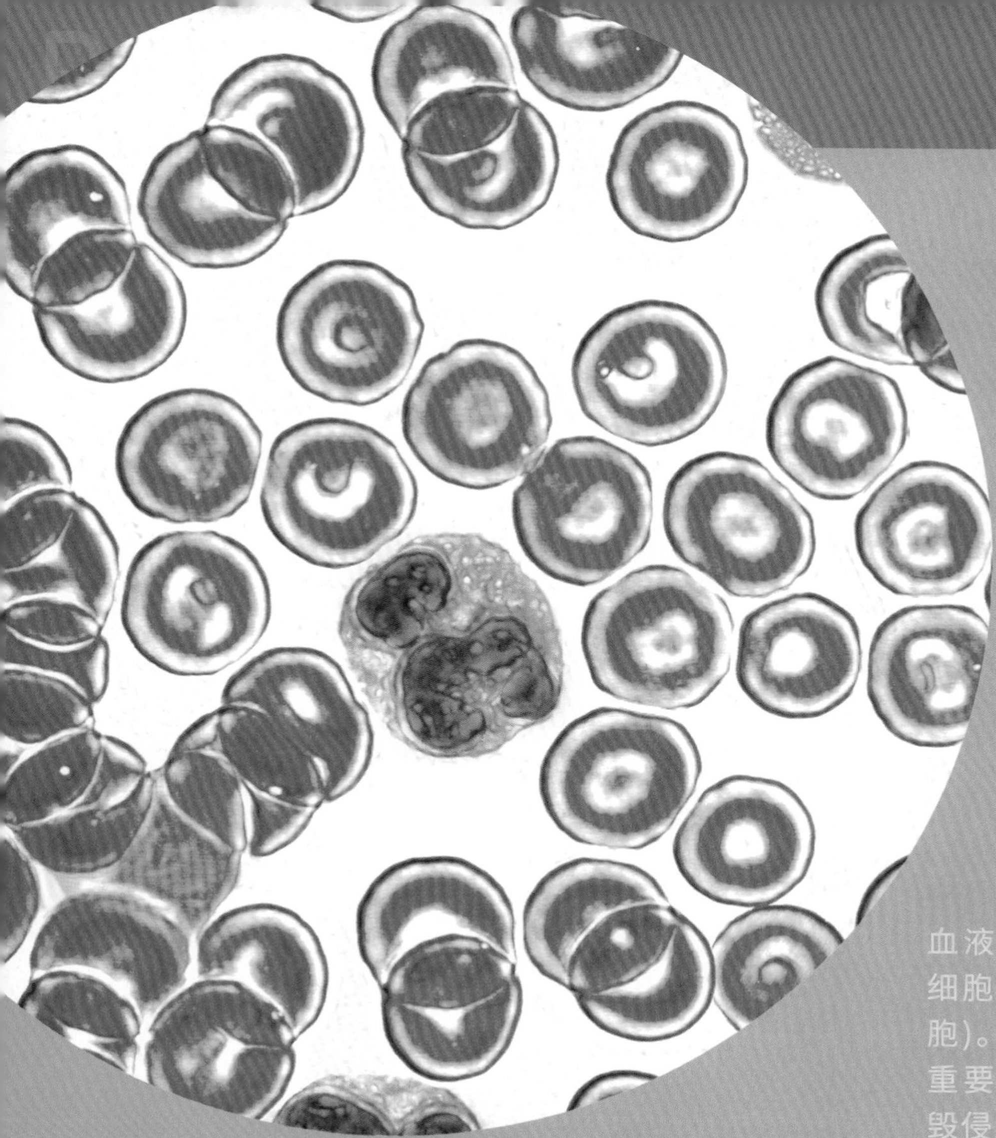

血液中含有红细胞和较大的白细胞(带有绿色部分的粉红色细胞)。白细胞是人体免疫系统的重要组成部分，它们攻击并摧毁侵入身体的微生物。

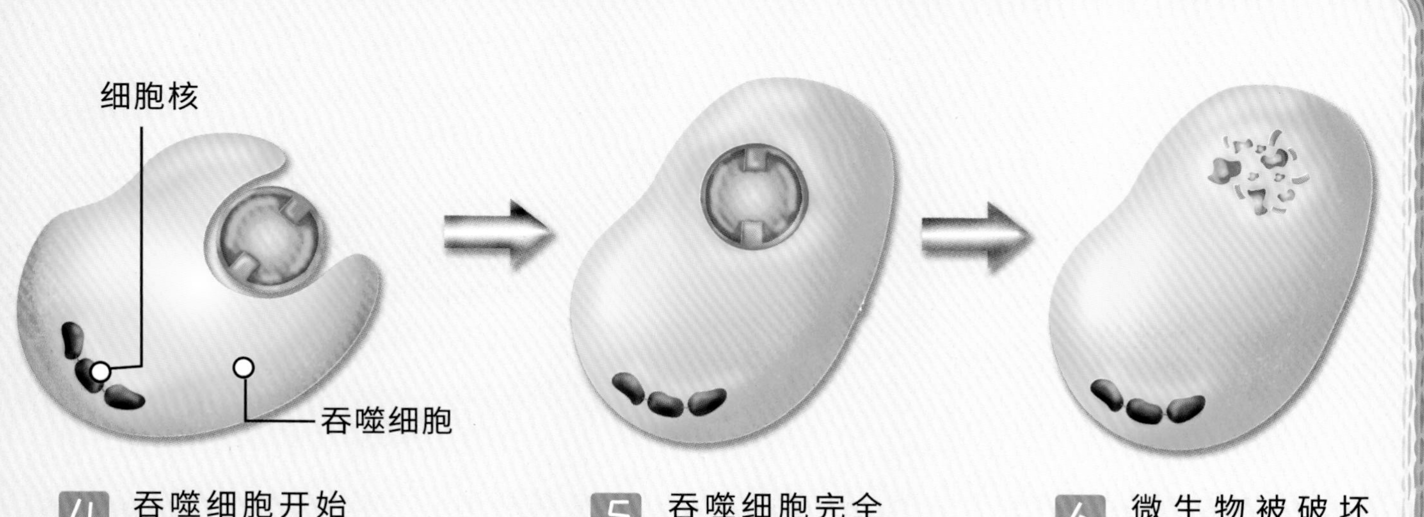

4 吞噬细胞开始包围微生物。

5 吞噬细胞完全包围微生物，并将其消化。

6 微生物被破坏了，所以生病的概率就会减少。

远离疾病

有些疾病是由病毒引起的，比如霍乱，一生只会感染一次。身体是如何阻止我们再次患上某些疾病的呢？

当我们第一次感染病毒时，身体需要一些时间制造抗体来对抗病毒。这就是为什么生病需要一段时间才能恢复。一旦抗体开始起作用，身体就会感觉好一些。当病情好转，身体就会不断地产生针对这种特定病毒的抗体。

如果病毒再次入侵我们的身体，身体会比第一次更快地产生抗体，抗体会在我们不知情的情况下打败病毒，身体就对这种病毒免疫了，这意味着身体将来可以保护自己免受这种疾病的侵害。

不断变化的病毒

有些病毒不是那么容易就被阻挡在外面的，它们一直在变换着形态。针对原始形态产生的抗体不能识别病毒新的形态，所以身体需要额外的时间发展新的抗体。普通感冒和流感的病毒会不断变化，所以我们一再地感染这类疾病。引起艾滋病的病毒也在不断改变它的形态。

防止疾病的特别保护途径

医生给我们接种疫苗，帮助我们的身体对抗一些疾病。当你接种霍乱疫苗时，经过特殊处理的少量霍乱病毒会被注射到你的体内，身体就会产生抗体来对抗病毒。之后，如果霍乱病毒试图攻击你的身体，你对它引起的疾病就是免疫的。

接种疫苗是全球抗击霍乱、结核病和脊髓灰质炎等疾病的主要途径。天花是第一个使用疫苗的疾病，现在它几乎已经完全消失了。但是对于一些其他疾病，如艾滋病和普通感冒，医生还没有找到有效的疫苗。

在世界上大部分地区，接种疫苗是儿童预防医学的重要组成部分。

更大的“入侵者”

我们已经了解到一些疾病是如何由微小的微生物引起的，还有一些疾病是由被称为原生生物的大型生物和蠕虫所引起的，这些较大的“入侵者”有时比较小的“入侵者”更难被杀死。

原生生物引起的疾病

疟疾和昏睡病就是由原生生物引起的。原生生物是软的、果冻状的，通常需要被大量的水包围才能生存。人体含有大量的水，因此它们可以在人体内生存。并非所有的原生生物都可以生存在人或其他动物体内，有些原生生物生存在土壤和水中，对人无害。

原生生物不像细菌和病毒等微生物那样容易由一个人传播给另一个人，它们有特殊的传播方式。一些有害的原生生物是通过昆虫叮咬传播的。比如，采采蝇传播昏睡病，蚊子传播疟疾和黄热病。

蚊子叮人时，会吸人血。同时，它可能会携带引起黄热病的原生生物，感染人的血液。

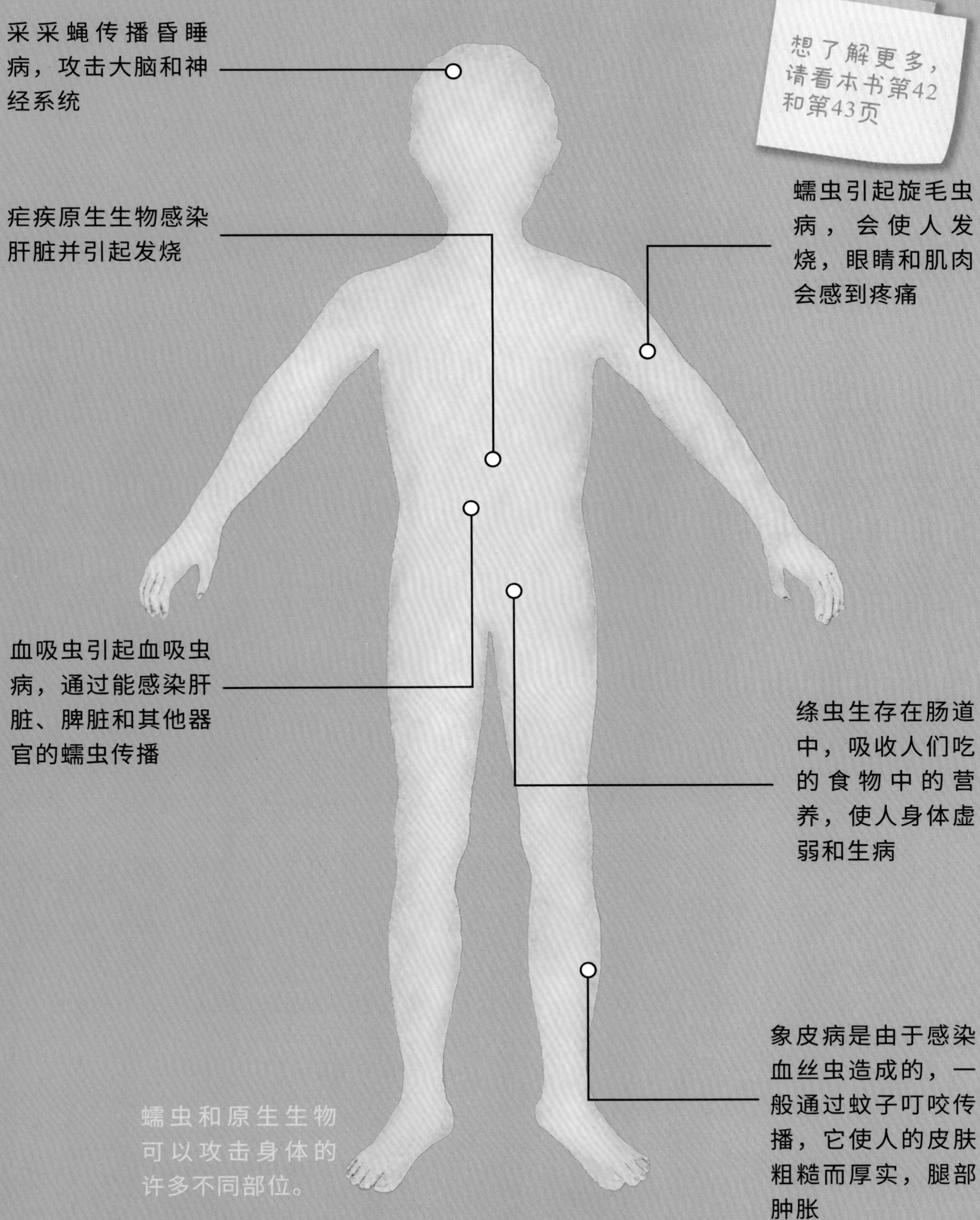

采采蝇传播昏睡病，攻击大脑和神经系统
想了解更多，请看本书第42和第43页
疟疾原生生物感染肝脏并引起发烧
蠕虫引起旋毛虫病，会使人发烧，眼睛和肌肉会感到疼痛
血吸虫引起血吸虫病，通过能感染肝脏、脾脏和其他器官的蠕虫传播
绦虫生存在肠道中，吸收人们吃的食物中的营养，使人身体虚弱和生病
象皮病是由于感染血丝虫造成的，一般通过蚊子叮咬传播，它使人的皮肤粗糙而厚实，腿部肿胀
蠕虫和原生生物可以攻击身体的许多不同部位。

阻止疾病传播

在大多数国家，都有政府和相关机构关注公共卫生。他们通过净化当地水源、监督垃圾处理、保障下水道运行，以及努力控制环境污染来帮助人们预防疾病。医生和医院也提供了许多有助于疾病预防的服务。

我们也有很多预防疾病的方法。下面有一些重要的事情要记住，这有助于保护我们和家人的健康，让我们远离疾病。

许多微生物是通过粪便和身体产生的其他物质传播的，比如鼻子里的黏液。无论我们多么小心，当去厕所或擤鼻涕时，手上都会沾染一些微生物。上完厕所或擤完鼻涕后，一定要用肥皂或洗手液将手彻底洗干净。

苍蝇落在食物上会传播疾病。如果周围有苍蝇，要把食物盖起来。

宠物会传播一些疾病，不要让宠物在你的盘子里吃东西或舔你的嘴，也要小心动物的粪便。如果你的宠物把花园的一个地方用作厕所，一定要戴上手套处理那里的土壤。

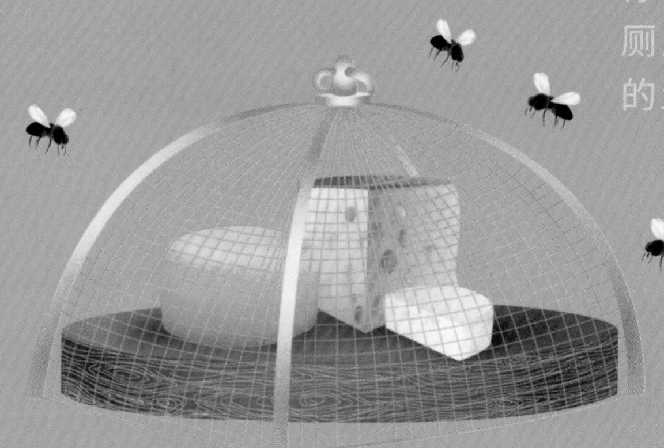

不要喝溪水或河水，也不要喝池塘水或湖水。在你去任何地方游泳之前，确保水里没有有害物质。如果不确定，就不要去游泳。

当你因感冒或有其他疾病要咳嗽或打喷嚏时，用肘部挡住你的鼻子和嘴，这样就能防止你咳嗽或打喷嚏时喷出的微生物进入其他人可能吸入的空气中。

如果你患有传染病，尽量不要传染给别人！尽量远离他人，直到痊愈。

伤口容易被微生物感染。用创可贴把伤口包起来，尤其是在你接触泥土或在河里游泳时。如果你在准备食物，也要把伤口包好，以免微生物传播到食物中。

接触食物前要洗手。肉要彻底煮熟。熟食要尽快食用。生熟肉类要分开，以免生肉污染熟肉。水果和蔬菜放入冰箱或食用前，要用干净的水清洗。如果你有一处菜园，不要让宠物把它当作厕所。

“机器”坏了

并非所有的疾病都是由侵入我们身体的微生物所引起的，有些疾病是因为身体的某些部位无法正常工作，还有些疾病是由食物和饮料中存在有毒物质或身体摄入营养不足，甚至是呼吸的空气所引起的。

先天性疾病

有些人生来就患有某种疾病，这种疾病会伴随他们一生。他们家庭的其他成员也经常存在同样的问题。这些疾病有许多是无法治愈的，但通常可以采用一些办法来克服。有一些人必须坚持特殊的饮食，因为他们不能吃大多数人吃的食物，还有一些人不得不服用特殊的药物来控制他们的疾病。

过敏

有些人在接触某些无害的物质时会生病，这些物质包括来自植物的粉尘，例如花粉。有些人的身体对这些东西的反应就好像它们是有害的微生物一样，会导致过敏这种疾病。常见的过敏包括花粉热、哮喘和某些类型的湿疹。花粉热会使人打喷嚏、眼睛发痒、流鼻涕；哮喘是一种肺部疾病，会使人呼吸困难；湿疹是一种让皮肤感到瘙痒和疼痛的疾病。

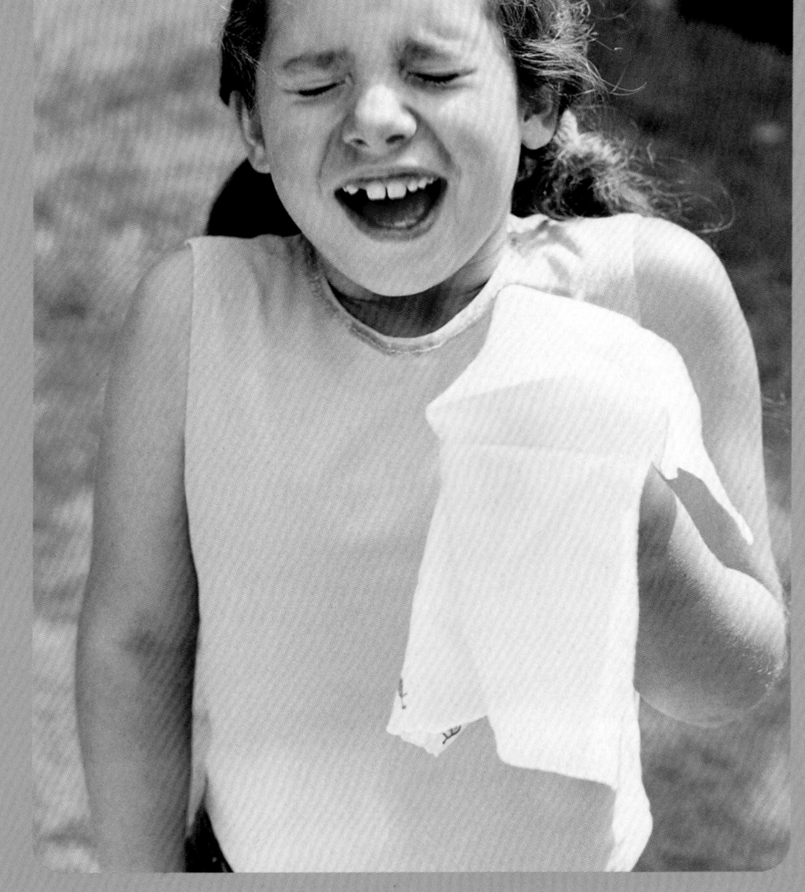

这个女孩因对空气中的某种物质过敏而打喷嚏。

癌症

癌症也称恶性肿瘤，是由生长和分裂不受控制的细胞所引起的。当不受控制的细胞过度增殖时，常可侵犯周围组织。医生们发现，人们周围的某些化学物质会使这些肿瘤更容易生长，这些物质被称为致癌物。有些人认为许多食物中的化学添加剂都是致癌物，这就是许多人注重饮食，喜欢吃没有使用化肥和杀虫剂所种植出来的水果和蔬菜的原因。

从热带雨林中寻找治愈方法

热带雨林为科学家们提供了种类繁多的植物，这些植物中有些含有可用作药物的化学物质。科学家们利用这些热带雨林植物来对抗癌症。

科学家们试图找到治疗癌症的方法，他们研究了一种名为玫瑰色长春花的植物。这种植物生长在马达加斯加的热带雨林里，马达加斯加是非洲海岸附近的一个岛屿。

多年来，当地的医生一直将这种植物用作药材。科学家们发现，玫瑰色长春花中的化学物质有助于治疗癌症，它对治疗儿童血癌（白血病）和另一种名为霍奇金病的癌症尤为有效。

另一种重要的抗癌药物是太平洋红豆杉的树皮，这是一种生长在美国西北太平洋地区的小树，它被用来治疗晚期乳腺癌和卵巢癌。

使用玫瑰色长春花和太平洋红豆杉进行治疗，意味着医生可以帮助人们对抗癌症，延长寿命。

太平洋红豆杉树皮中的化学物质有助于治疗癌症。

照顾好身体

身体就像一台奇妙的机器，身体的每个部分都有其特殊功能。为了使身体的每个部分都能正常工作，并与其他部分协调一致，我们必须照顾好自己的身体。

为了保持健康，我们要均衡饮食，经常做运动。同时，我们需要休息，让身体重新获得能量。更重要的是，我们要经常洗澡，保持身体卫生，以避免感染疾病。

均衡饮食

许多人都很幸运，能够吃到他们所需要的食物来保持身体健康。在成长过程中，我们需要大量的蛋白质，这种物质存在于奶、蛋、鱼类、肉类、豆类和坚果等食物中。我们每天所吃的食物中约有一半应该是新鲜的水果和蔬菜。我们应该按时吃饭，不要长时间不吃饭。

在菲律宾马尼拉市场上，人们可以买到很多种食物。我们应该吃各种各样的食物，来保持身体健康，不同的食物可以满足身体的不同需求。

经常锻炼

除了均衡食物，我们还需要通过大量的锻炼来保持肌肉和关节的韧性。经常锻炼能使我们的身体保持健康，促进血液循环，同时帮助我们避免体重超标。有益的锻炼活动包括骑自行车、跑步、散步和游泳等。

游乐场是一个令人兴奋的地方。在那里你可以跑步或者攀爬。你所玩耍的地方不一定要很专业，但是一定要确保是安全的。

保持卫生

确保自己和周围环境的卫生，这有助于防止细菌、病毒、原生生物和更大的入侵者侵入我们的身体。每天洗漱可以让我们的身体远离污垢，防止皮肤感染。吃饭和洗漱的地方都应该保持干净。

预防疾病

接种疫苗也可以预防疾病。我们可以通过接种疫苗，使身体对某些病毒免疫，如麻疹、肺结核和脊髓灰质炎。在许多国家和地区都有接种疫苗的法规。如果学校不提供疫苗接种，家长通常会自行安排孩子接种。

确保每天清洁牙齿。不要吃太多含糖食物，因为它们会损害牙齿。每年两次进行牙齿检查是很有必要的。

睡眠

每个人都需要充足的睡眠。正常的睡眠时间是每天八小时。睡眠有助于身体恢复，尤其是对大脑和神经系统。如果不睡觉，我们就会精力不足，感到疲倦。在辛苦工作或锻炼后，我们需要休息和放松。放松和睡眠都能帮助我们保持健康。

致谢

《少年科学家》出版者为在本书中使用的照片向以下摄影师、出版商、代理机构以及公司表示诚挚的感谢。

封面	© Chris Harvey, Dreamstime; © Norma Cornes, Dreamstime
2, 3	© Shutterstock
4	© Getty Images
12	© Getty Images
22, 23	© Getty Images
32	© Getty Images
37	© Getty Images
38	© Getty Images
40	© Getty Images
42	© Getty Images
44, 45	© Getty Images
46, 47	© Getty Images
48	© Getty Images
52	© Getty Images
53	© Inga Spence/Visuals Unlimited/Getty Images
54, 55	© Getty Images

插图绘制人员

Martin Aitchinson
Nigel Alexander
Hemesh Alles
Martyn Andrews
Sue Barclay
Richard Berridge
John Booth
Lou Bory
Maggie Brand
Stephen Brayfield
Bristol Illustrators
Colin Brown
Estelle Carol
David Cook
Marie DeJohn
Richard Deverell
Farley, White and Veal
Sheila Galbraith
Peter Geissler
Jeremy Gower
Kathie Kelleher
Stuart Lafford
Francis Lea
John Lobban
Louise Martin
Annabel Milne
Yoshi Miyake
Donald Moss
Eileen Mueller Neill
Teresa O' Brien
Paul Perreault
Roberta Polfus
Jeremy Pyke
Trevor Ridley
Barry Rowe
Don Simpson
Gary Slater
Lawrie Taylor
Gwen Tourret
Pat Tourret
Peter Visscher
David Webb
Gerald Whitcomb
Matthew White
Lynne Willey

少年科学家
化学与生物学小百科

植物

[美]世界图书出版公司 编著
燃点时光工作室 译

清華大學出版社
北 京

Original Title: Young Scientist

北京市版权局著作权合同登记号　图字：01-2022-1885

图书在版编目（CIP）数据

少年科学家．化学与生物学小百科 / 美国世界图书出版公司编著；燃点时光工作室译．—北京：清华大学出版社，2023.2
书名原文：Young Scientist
ISBN 978-7-302-60584-3

Ⅰ．①少…　Ⅱ．①美…　②燃…　Ⅲ．①科学知识－少年读物　②化学－少年读物　③生物学－少年读物　Ⅳ．① Z228.1　② O6-49　③ Q-49

中国版本图书馆 CIP 数据核字 (2022) 第 064550 号

责任编辑：陈凌云
封面设计：燃点时光工作室
责任校对：刘　静
责任印制：杨　艳

出版发行：清华大学出版社
网　　址：http://www.tup.com.cn, http://www.wqbook.com
地　　址：北京清华大学学研大厦 A 座　　邮　　编：100084
社 总 机：010-83470000　　邮　　购：010-62786544
投稿与读者服务：010-62776969, c-service@tup.tsinghua.edu.cn
质量反馈：010-62772015, zhiliang@tup.tsinghua.edu.cn
印 装 者：当纳利（广东）印务有限公司
经　　销：全国新华书店
开　　本：212mm×272mm　　印　　张：15　　字　　数：324 千字
版　　次：2023 年 2 月第 1 版　　印　　次：2023 年 2 月第 1 次印刷
定　　价：152.00 元（全四册）

产品编号：095760-01

目录 CONTENTS

这些都是植物

你喜欢爬树还是赏花？你喜欢吃水果吗？如果你对这些感兴趣，那么看来你是喜欢植物的！研究植物的科学家被称为植物学家。植物学家已经发现并命名了数十万种不同的植物，而且他们每年都会发现新的植物。植物学家根据植物的共同特征对其进行分类，该分类体系可帮助植物学家对他们的发现进行持续研究。

大多数植物可归为五类：①种子植物；②蕨类植物；③石松类植物；④楔叶类植物；⑤苔藓植物。你能在书上找到每类植物吗？

蕨类植物的叶子被称为复叶

楔叶类植物的茎中空、有节

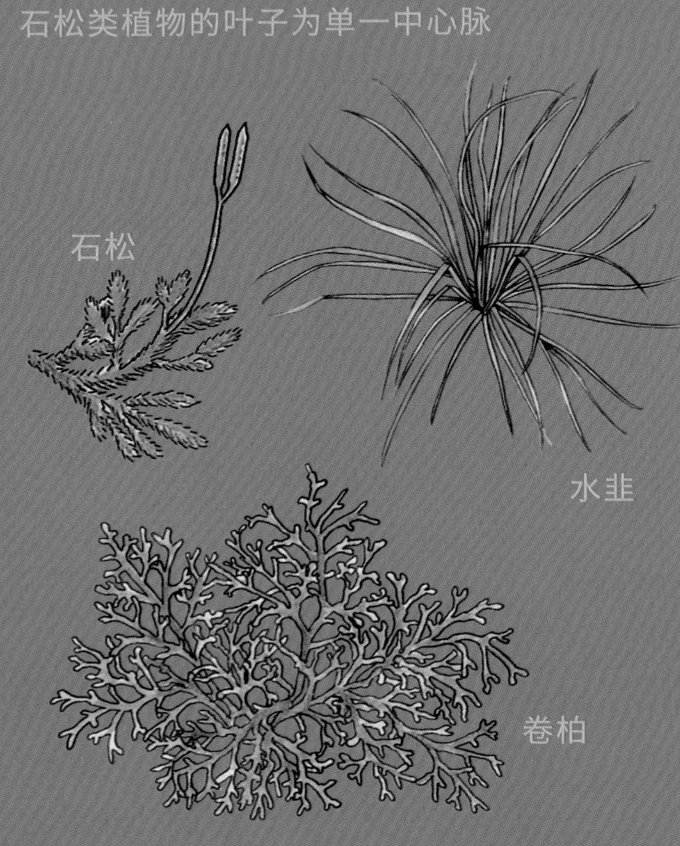

石松类植物的叶子为单一中心脉

苔藓植物没有真正的根，部分有假根

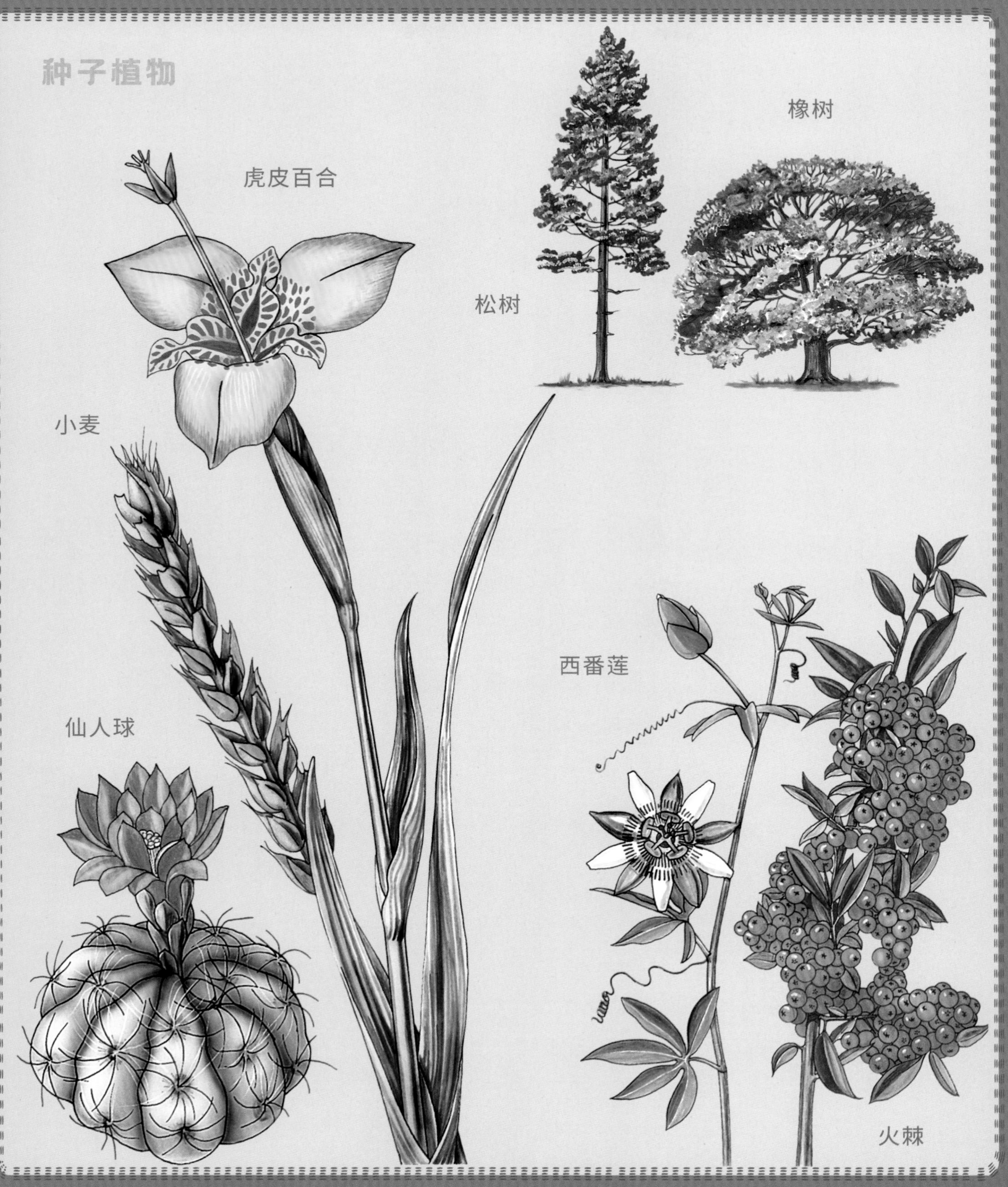
种子植物
虎皮百合
松树
橡树
小麦
西番莲
仙人球
火棘

水中的植物

你知道吗，植物几乎可以在任何地方生长。大多数植物喜欢在温暖、水分充足、富含营养的土壤中生长，但是还有一些植物可以生长在非常寒冷，或非常炎热，又或者非常潮湿的地区。它们是如何在这种特殊的环境下生存的呢？

千百年来，植物发生了许多微小的变化，使它们能够在某些特殊的环境下生存，这个过程叫作自然选择。这就是你可以在水中、北极附近或炎热的沙漠中找到植物的原因。

水生植物

一些开花植物，如睡莲、水稻和某些草类，大部分组织都可以在水下生长。它们可以在叶子、茎和根上形成通气组织，氧气通过叶子上的气孔进入该组织。另外，在光合作用过程中，叶绿体内部也会产生氧气，然后通过通气组织扩散到根部。

水生植物一旦脱离水就会枯萎，因为它们需要水分来支撑茎叶。水生植物的茎不仅柔软而且灵活，可以随着水流摆动，这样植物就不会被湍急的水流损坏了。

亚马孙睡莲

水面上巨大的亚马孙睡莲叶子，可以承受某些鸟类的重量，例如水雉鸟。

纸莎草

柏树的呼吸根将氧气输送到水下的根部。

想了解更多，请看本书第22，23，42，43，50，51页

这是一株生长在埃及尼罗河谷的纸莎草，它的茎可以长到3m高。

沼泽植物

淡水沼泽生态系统是典型的湿地生态系统，是在多水和过度潮湿的条件下形成的。当降雨量很大时，地面会出现积水，有些沼泽的地表常年被水覆盖。大多数沼泽植物的根生长在水里，但它们的茎和叶长在水面之上。

一些生长在沼泽中的树木有着特殊的呼吸根，用来吸收它们所需的氧气。秃顶柏树是一种生长在潮湿地区的大型针叶树，它的呼吸根从土壤中向上生长，就像一根微型的树干。呼吸根的中间是空的，可以将空气输送给淤泥深处的生长根。

圆叶碱毛茛

圆叶碱毛茛生长在荒野（大面积开阔的荒地）的水洼中，叶片近圆形，边缘有3～10个圆齿，漂浮在水面上。

盐沼和盐生植物

许多植物生长在河流、湖泊以及小溪的淡水中或其流域附近，但是在盐水流域情况就完全不同了，很多植物在含盐量高的水中无法生存。生长在海边的植物不得不应对高浓度盐分的环境，迫使自己产生耐盐性，植物学家称这些植物为盐生植物。许多盐生植物生活在盐沼中，潮汐到来时会被海水淹没。

哪些植物喜欢盐水

沼泽海蓬子和海滨碱蓬之类的植物生长在盐沼中，这些盐生植物耐盐性强，它们的茎上有盐腺，可以排出多余的盐。

生活在盐沼中的补血草和一些多年生盐生植物，每年都会枯萎凋谢，凋落的茎叶会带走多余的盐分。

补血草耐盐性极强，它的种子只有在海水中才能发芽。

这棵红树的拱形根牢牢地扎进水下的泥土里。

红树林沼泽

热带地区的潮汐沼泽通常被称为红树林沼泽，因为那里生长的大部分树木都是红树。红树有拱形的根，无论潮汐涨落，这些根都会牢牢地扎在泥土中。

某些种类的红树种子在母株上发芽，根从种子中长出，长度可达30cm。当幼苗发育成熟后会从树上掉落，这时根可以帮助幼苗在水中直立漂浮，当根尖碰到泥土时，一棵新的红树便开始生长了。

化学与生物学小百科探索 不喜盐的植物

请准备

- 2张吸墨纸或纸巾
- 一些芥菜籽
- 水和盐
- 2个茶碟

1 用吸墨纸或纸巾盖住茶碟，用清水润湿纸巾，在每个茶碟上撒一些芥菜籽。

2 当幼苗长到2.5cm高时，再次浇水。这次一个茶碟用淡水，另一个茶碟用盐水。在茶碟上分别贴上“淡水”和“盐水”的标签。

这类植物不喜欢盐，所以被浇入盐水的植物会死亡，浇入淡水的植物则会继续生长。

生长在阿拉斯加北极苔原上的草、矮灌木和野花等大多数是苔原植物，它们生长缓慢，有些至少要10年才能开花。

旱生植物

你能说出两种因缺水而限制植物生长的栖息地或生长地类型吗？

苔原植物

苔原是寒冷干燥的植被带，在这里树木无法生存，但苔藓、野草野花和地衣等可以生长，有些动物也可以在这里生存。苔原分为高山苔原和北极苔原。

高山苔原位于树木无法生长的高海拔山脉上，一般土壤排水性良好，各种动物夏天都会在这里吃草。

北极苔原水量充足，但大部分时间里都被冰雪覆盖。每年只有两三个月的气温能够上升到足以让冰雪融化，而土壤仍然是冻结的，因此地面上会点缀着无数小水潭。

苔原植物的生长季节很短，每年只能新生一小部分，这些植物以小簇的形式生长，以阻挡风寒的侵袭。

矮桦分布在北极苔原一带，生长十分缓慢。一根比铅笔还细的茎可能已经生长了100年！

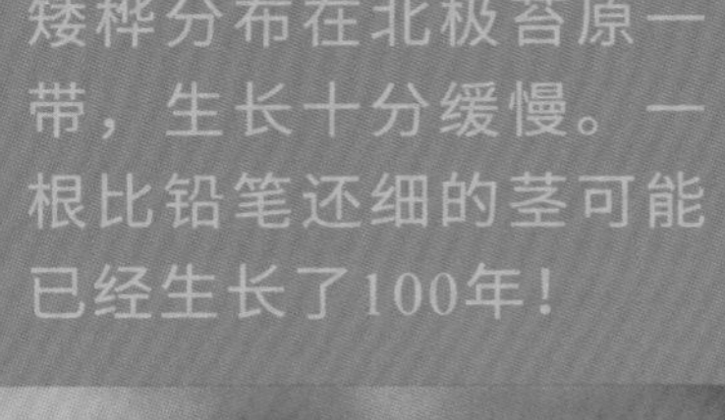

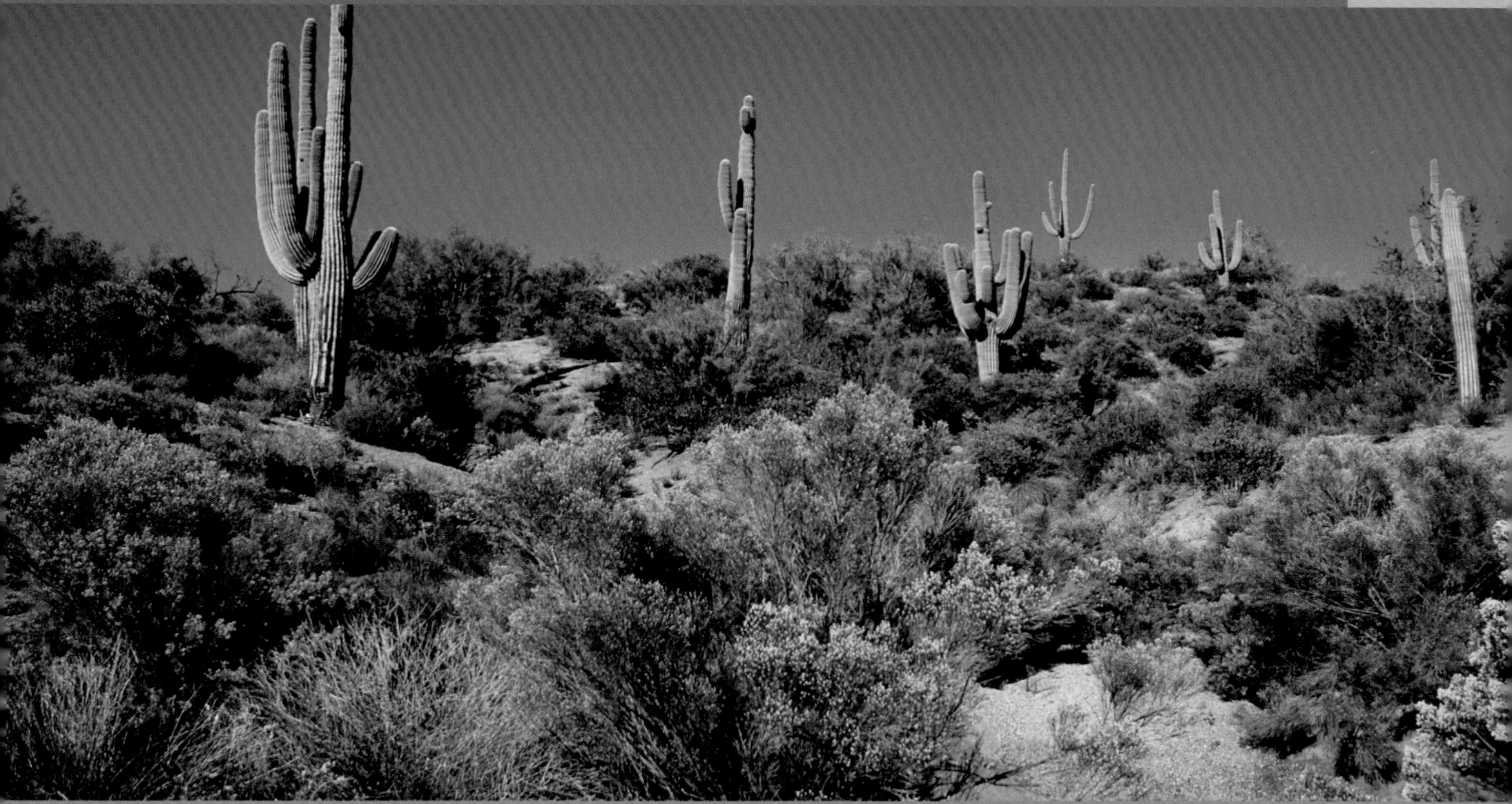

这些植物生长在炎热干燥的沙漠地带。

沙漠植物

另一个干燥的栖息地是沙漠，那里雨水稀少，偶尔才会下雨。地表的水在烈日下很快就会再次干涸，所以沙漠植物必须适应在干旱的环境中生存。

仙人掌和其他多肉植物的根系能在地表以下延伸得很长。下雨时，根系会在地表再次干涸之前迅速吸收大量水分，一些仙人掌的肉质茎会随着水分的储存而膨胀，这将为它们提供未来数月所需的水分。

想了解更多，请看本书第38和第39页

你知道仙人掌上的刺的主要用途吗？有些动物试图啃食仙人掌来获得水分，但是都被尖锐的刺阻挡了。还有些仙人掌表面长满了蓬松的茸毛，这些茸毛有助于防止水分蒸发。

尽管沙漠地表附近的土壤非常干旱，但地下深处往往有水源。生长在沙漠中的豆科灌木的根可以扎到20m深，能够触及地下的水源。

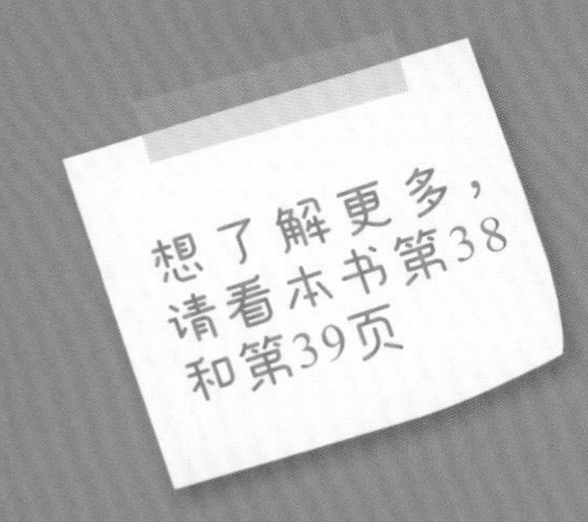

森林植物

你家所在地区生长着哪些种类的树木？有些树的叶子一年四季都是绿色的，叫作常绿树；有些树木的叶子每年都会变色并掉落，叫作落叶树。

许多常绿树的叶子会在树上生长好几年，在旧的叶子脱落之前会长出新的叶子。

什么是常绿树

世界上大部分地区，都有一些树能全年保持有叶子的状态，因为它们的叶片很小，而且有蜡质层，可以忍受干燥的气候。有些常绿树的叶子很坚韧，这样就不会被刺骨的寒风所损伤；有些叶子又细又尖，就像绿色的小针，可以抵御冷空气的侵袭；还有一些常绿树的叶子每年都会掉落，又会不断长出新的叶子。这就是松树、云杉、冬青、桉树和大多数金合欢等被称为常绿树的原因。

化学与生物学小百科探索

制作树皮拓片

大多数树木和灌木都有一层保护层叫作树皮。你可以通过用蜡笔在纸上涂擦树皮来观察树皮的图案。

请准备

- 1大张白纸
- 1支粗蜡笔

视频演示

1. 把白纸紧紧地贴在树皮上。
2. 用蜡笔在纸上涂擦，树皮的图案就会出现。你能查阅树木鉴别手册，通过树皮的图案辨别出它是什么树吗？
3. 把你的拓片收藏在笔记本里。

落叶树

落叶树的叶子会在寒冷的季节凋落，凋落前叶子会变成黄色或橙色。

季节性干燥或寒冷地区的落叶树通过休眠（不代谢）和落叶进行自我保护，与动物冬眠类似。

进入寒冷或干旱的季节，叶片中所有的养分都被输送到树干和树根，叶柄基部形成离层阻止水分和营养物质被继续输送到叶片；叶子在脱落之前会变成棕色、黄色、红色或其他颜色。当天气转暖时，新的绿叶又会生长出来。

在欧洲、北美和亚洲的温带地区，橡树、白蜡树、枫树、桦树和山毛榉等落叶树在寒冷季节到来之前都会落叶。北非地区和地中海周边，甚至在热带较干旱地区，许多树木每年也会落叶，以帮助它们度过旱季。

最高大的植物

针叶树（结球果的植物）是世界上最高大的植物种类。人们一般认为最高大的植物是巨型红杉，高约80m，树干基部周长约31m，粗到可以把一辆公共汽车藏在后面。世界上现存最高的树是生长在加利福尼亚州红木国家公园的一棵红杉树，高约112m。

雨林植物

数以百万计的树木生长在炎热潮湿的地方，比如南美洲的亚马孙河流域，非洲中部的刚果以及印度、马来西亚和新几内亚的部分地区。这些地方的气温常年在25°C左右，一年的降雨量可达1000mm，这里的森林被称为雨林。

雨林里生长着什么

雨林中潮湿温暖的环境为植物提供了理想的生长条件。生长在雨林中的植物种类比地球上其他任何地方都多。

雨林中的大多数树木都是常绿树。许多树能长到46m高，多叶的枝干相互交织，形成一个10m厚的绿叶层。树顶端的一层叫作树冠，树冠遮挡了大部分的光线，导致森林的地面既阴暗又潮湿，许多小型植物和大部分动物都生活在树冠层中，很少有动物能在地面上生存。

大面积的雨林正在被那些想要开垦农田和建造城市的人们所破坏，科学家们担心这种破坏将导致许多动植物物种灭绝。

在热带雨林中，树木长得很紧密，以至于很少有阳光可以照射到地面上。许多植物，例如兰花等，都生长在树上。

藤本植物

巴西鸢尾

藤本植物

雨林中有一种攀缘植物叫藤本植物，它们植根于土壤中，但却缠绕攀附在其他树木的树干和树冠周围。还有数千种其他植物被称为附生植物，它们不会将根深埋在土壤中，而是将根系附着在宿主（其他树木）的树枝或者树皮上。附生植物不会对宿主植物造成伤害，因为它们不会从宿主植物中获取任何养分。它们会通过自己的叶子和茎吸收水分，并从动物粪便和腐烂的落叶中获取所需的矿物质。

在波多黎各，这些开粉红色花的凤梨是附生植物，它们攀附在树枝上。

灌丛地

灌丛地的冬季温暖潮湿，夏季炎热干燥。灌丛地分布在地中海地区，从南加州到墨西哥的部分地区、智利部分地区以及澳大利亚南部和南非地区等。如果徒步穿越灌丛地，你能看到的大部分都是灌木和矮树。有时，灌丛地里的乔木和灌木紧挨在一起生长，以至于你无法在其中行走。

丛地大火

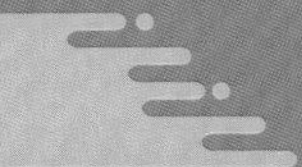

在漫长炎热的夏季，灌丛地里经常会发生火灾。这些地区的许多灌木叶片中含有一种叫作精油的浓液，精油使植物变得易燃。

实际上，这些大火也有益处，它们有助于清理植物过于茂密的区域，燃烧枯枝烂叶使地面暴露在阳光下，为新生植物的生长提供有利的条件。

一场大火之后，这片丛林区域的新生植物开始生长。火在丛林中很常见，有助于清理植物生长过于茂密的区域。

图中的灌丛地中生长着各种各样的灌木，右边的熊果树就是一种非常常见的灌木。

熊果树

乔木、灌木和藤本植物

灌丛地是为数不多的以灌木为主要植物的地理景观之一。你能说出灌木和乔木的区别吗？

灌木即使完全长大了也比乔木矮小。灌木有许多靠近地面生长的枝干，而乔木只有一根主干，叫作树干。

灌木不同于藤本植物，它可以自己直立生长，而藤本植物则需沿着支撑物攀爬生长。

植物学家称乔木、灌木和一些藤本植物是“木本的”，如果一种植物的茎和枝在气候寒冷的冬天不枯死，则该植物便是木本植物。

想了解更多，请看本书第46和第47页

藤本植物属于攀缘植物，需要支撑物才能生长。

乔木属于大型植物，长有一根直立的主干，称为树干。

灌木植株比较矮小，近地面丛生许多枝干。

草原植物

世界上几乎每一块大陆都有以草为主要植物的大片土地，即草原。不同类型的草原有各自不同的名称：干草原，如乌克兰草原，草株矮小；大草原，如美国中西部大部分地区和阿根廷草原，草株高大;热带稀树草原，如苏丹草原，草质粗糙。

这些草原经常会发生火灾，当条件适宜时，又会再次发芽快速生长。休眠的鳞茎和种子此时也会从土壤中冒出头来，长出幼苗。这里也生长着许多雏菊和豌豆科植物，有些植物的种子只有被火烧过后才能发芽。

大多数草原位于降雨量较低的地区，这种环境适合草的生长。当土壤潮湿时，根可以吸收大量水分，并将其储存起来以备旱季使用。

草原之外是什么

草地和周边地区的植被之间很少有明显的分界线。在降雨较多的地区，草原上散布着灌木和乔木，随着生长地逐渐向林地或森林靠近，树木变得越来越多；在降雨量较少的地区，草地则变得越来越稀疏，直到变成戈壁或沙漠。

非洲肯尼亚山附近的稀树草原上生长着一棵金合欢树。金合欢树在世界各地的稀树草原上都很常见。

草是如何生长的

随着年龄的增加，你身体的每个部位都在长大，只有头长得比较慢。同样，植物的叶片也从幼小的嫩叶长成稍大些的老叶，但是茎只有在嫩枝的顶端（叶子与茎连接的地方）才有生长点。如果把茎尖剪掉，植物会在茎尖的下方长出新的枝芽。

草和许多同类植物的茎节上方都有生长点。如果草的顶部被切断，例如被动物吃掉，它会通过在较低的节间处分枝而重新生长。

潘帕斯草是南美洲主要的草类之一；格兰马草生长在美国的大平原上；而毛刺棘则是澳大利亚草原上的典型植物。

非比寻常的植物

雾从海上滚滚而来，飘过非洲南部的纳米布沙漠。雾中的水滴被千岁兰的嫩叶吸收，为其提供了生长所需要的水分。千岁兰的茎呈锥形，部分根扎入沙石中，茎的边缘长出两片长带状的叶子，长叶又宽又平，较老的部分分裂成许多细丝。千岁兰生长得极其缓慢，每百年只能长出几厘米。

植物杀手

绞杀榕通常生长在东南亚，通过杀死其他植物为自己争夺生长空间。绞杀榕的果实是鸟类的食物，每年二三月份果实成熟后，鸟儿就会成群结队地飞到树上吃果子。未消化的果实随粪便排泄到其他大型树木的枝干上，当种子发芽后，它的长根会扭曲地缠绕在大树树干上，并一直向下延伸到地下。随着绞杀榕的根越来越粗，它们会紧紧箍住大树树干，并切断它的营养供应。最终，这棵大树会被活活地“绞死”，绞杀榕则继续生长。

含羞草

含羞草是一种非常敏感的植物，如果有东西碰到它，它的叶子便会突然闭合下垂。有时，含羞草的叶子需要半个小时才会重新伸展开。

绞杀榕

吃虫子的植物

大多数植物可以从生长的土壤或水中获得所需的矿物质，但一些生长在沼泽等地的植物则无法从土壤中得到充足的养分。沼泽是一种湿地，那里的土壤酸性高，氧气和矿物质含量低。生活在沼泽中的昆虫富含土壤所缺乏的矿物质，因此，像捕蝇草和猪笼草这样的植物会捕捉并“吃掉”这些昆虫，以获取它们所需的矿物质。

猪笼草的捕虫笼形状像一个深花瓶，里面很滑。当昆虫闻到笼内分泌的花蜜香气时，就会爬到笼子的边缘，很快昆虫就会滑入笼中，并被笼底分泌的黏液淹死，然后，猪笼草从死去的虫体中吸收所需的矿物质。

捕蝇草张开铰链式的叶子，等待昆虫经过。当昆虫接触到叶肉部分的感觉毛时，叶子就会像陷阱一样合拢并分泌出一种叫作酶的物质，用来分解昆虫的尸体，使植物可以从中吸收所需的矿物质。

猪笼草

捕蝇草

植物生长需要什么

你家里有植物吗？你照顾过它们吗？你是怎样照顾的呢？你可能会把植物放在阳光可以照射到的地方，或者定期给土壤浇水，甚至偶尔添加植物营养剂，以确保它们茁壮成长。

植物真正需要的是什么？植物需要阳光和水，也需要矿物质和营养物质来保持健康。植物生长的土壤中通常含有这些矿物质和养分。

植物还需要空气中的两种气体——氧气和二氧化碳。植物吸入二氧化碳、释放氧气，利用大气中的二氧化碳制造营养物质。土壤中也有空气，虽然不能被植物吸收利用，但可以保证植物健康生长。

室内和室外的植物都需要阳光、水分、空气、矿物质和营养物质才能茁壮成长。

化学与生物学小百科探索 土壤中的空气含量

请准备

- 水
- 1把钢勺
- 1个大号量杯
- 1个小铝罐

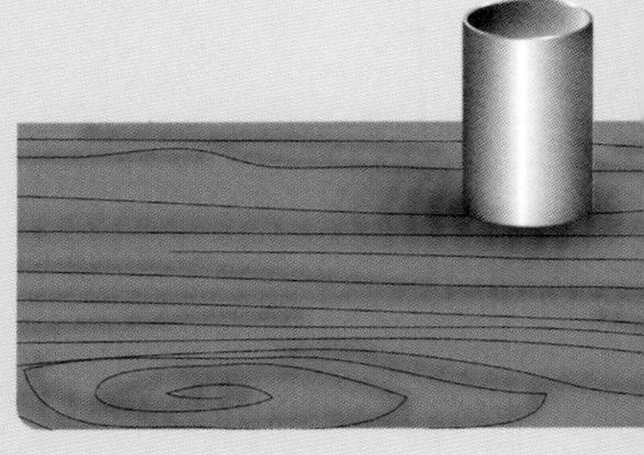

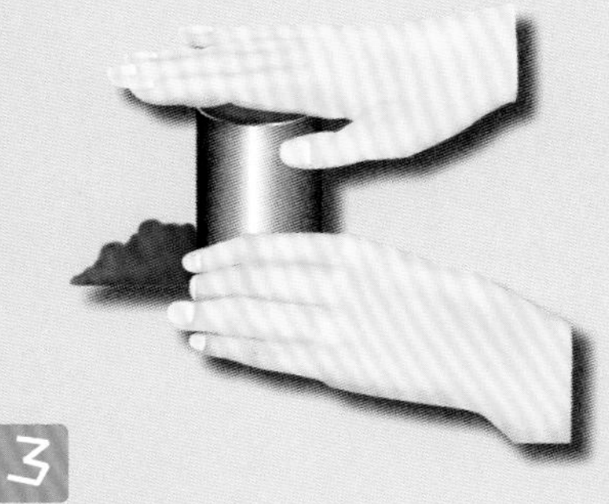

1

将铝罐装满水，然后将水倒入量杯中。量杯可以准确地测量出铝罐里有多少水。

2

把铝罐带到花园或有土壤的地方，将铝罐倒扣在地面上，用力向下推，直到铝罐的底部与土壤表面齐平。你可能需要用脚把铝罐踩进土里。

3

现在小心地将铝罐从土壤中取出，用手将土抹平，使其与罐顶平齐。这样，你用土壤填充的空间便与水填充的空间相同，即土壤与水的体积相同。

4

将泥土倒入装水的量杯中搅拌，现在土壤和水是否占据了两倍的空间？你能解释一下你的答案吗？

5

你能计算出这罐土壤里有多少空气吗？解释一下你是如何计算的。

?

用不同的土壤做这个实验，它们是否都含有相同体积的空气？

植物都需要阳光

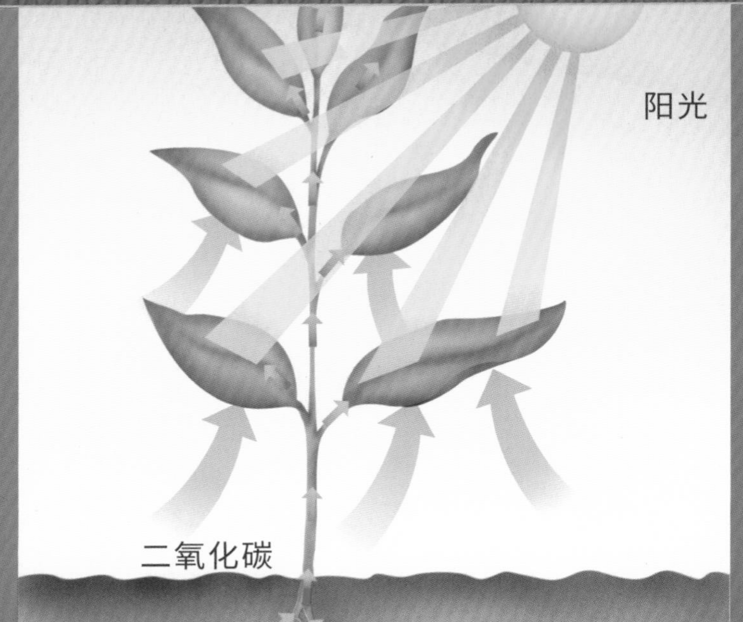

生菜的叶子是什么颜色的？松树的针叶是什么颜色的？草和大多数园林植物的叶子是什么颜色的？这些植物的叶子都是绿色的，你知道为什么吗？

与那些必须食用绿色植物或其他生物才能生存的动物不同，植物能够自己制造养料。所有生物都是由细胞组成的，但是植物细胞不同于动物细胞。大多数植物的叶片中都含有叶绿体，每个叶绿体中都含有一种叫叶绿素的色素，可以使叶片呈现绿色。叶绿体利用阳光、二氧化碳和水为植物制造养料。

植物是如何制造养分的

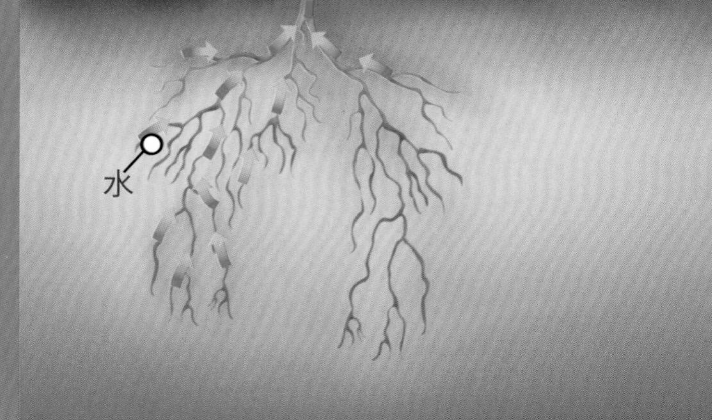

在光合作用过程中，植物叶片内的叶绿体利用阳光、二氧化碳和水制造养料。

植物利用光、水和二氧化碳制造养料的过程叫作光合作用。阳光透过像玻璃一样透明的植物外层细胞照射到叶子上，来自土壤的水通过根和茎进入叶子，空气通过气孔进入叶子。在叶子内部，叶绿体利用阳光作为能量，通过将水与空气中的二氧化碳结合制造糖分。然后，糖被转化成淀粉，淀粉粒被储存在叶子的细胞中，直到植物把它们当作养分吸收。

蘑菇不是绿色的

你有没有想过，为什么看起来有点像植物的蘑菇不是绿色的呢？蘑菇和其他真菌都没有绿色的组织，是因为它们的细胞中不含有任何叶绿体。植物学家把它们归类为一个单独的生物王国，王国中的生物叫真菌。

这种粉色真菌以土壤中腐烂的植物为养料，不是自养生物。

化学与生物学小百科探索　黑暗中的幼苗

请准备

- 2块湿布
- 2个碟子
- 一些芥菜籽

1 把湿布分别放在2个碟子上，并撒上一些芥菜籽。

2 将一个碟子放在光线充足的地方，例如窗台上；将另一个碟子放在黑暗的地方，例如橱柜或带盖的大罐子里。

3 每天检查一次，确保布是湿润的，但不要浸透。光线照进黑暗处的时间尽量不要超过几秒钟。把你的观察记录下来。

阳光下的幼苗长得又绿又直，但黑暗中的幼苗长得又黄又弱。所有的种子都有足够的养分和水，但是植物需要光来制造更多的养料。没有光，植物就会失去绿色，随即枯萎。

土壤里有什么

地球上几乎所有的土地都被一层土壤覆盖着。你知道土壤里有什么吗？土壤是生物和非生物的混合体，包括腐烂的动植物遗体、微生物、空气、水和小块岩石等。

用放大镜或显微镜观察土壤样本，通常会看到土壤中长满了生物。这些生物中有些是小型无脊椎动物，如蠕虫和昆虫，还有一些是细菌和霉菌，但我们用肉眼看不到它们，这些生物共同形成了一种叫作腐殖质的土壤。

腐殖质是土壤的有机组成部分，由曾经具有生命的物质构成的。大多数腐殖质是由凋落的植物叶子、茎和花转化而成的。土壤中的细菌、霉菌和无脊椎动物以这种腐烂的植物为食，这些有机物质产生的废物富含营养物质，为植物提供生长所需的养料。腐殖质还能帮助保存土壤中的空气和水分。

土壤的其余部分由岩石颗粒组成。大的颗粒是沙子，最小的是黏土。因为岩石不是生物，所以我们将其称为无机物。土壤是有机物和无机物的混合物。

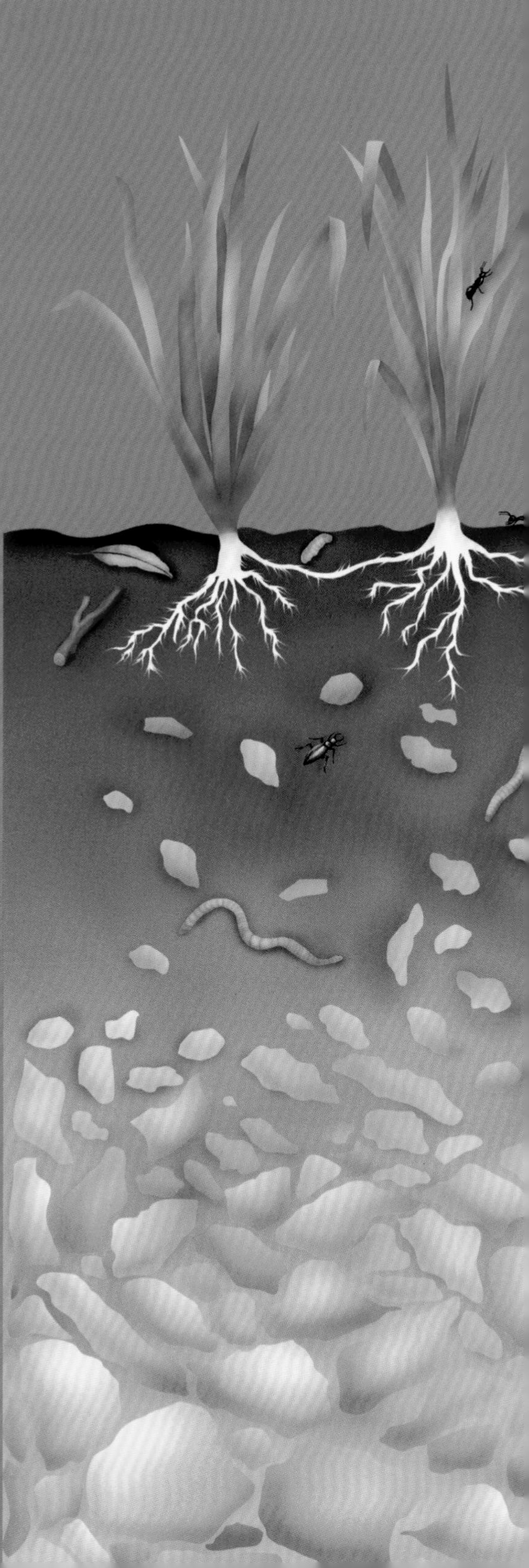

化学与生物学小百科探索 土壤是由什么组成的

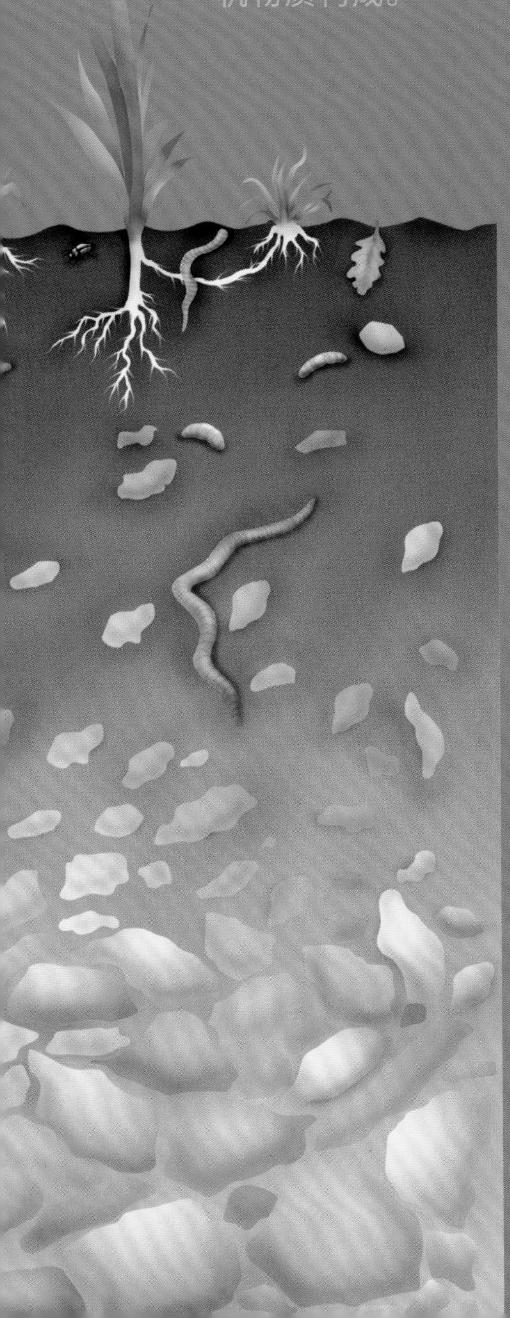

土壤上层含有大量腐烂的有机物质，下层几乎全部由无机物质构成。

请准备

- 几勺泥土或盆栽土
- 1个带盖的玻璃瓶
- 1把钢勺
- 水

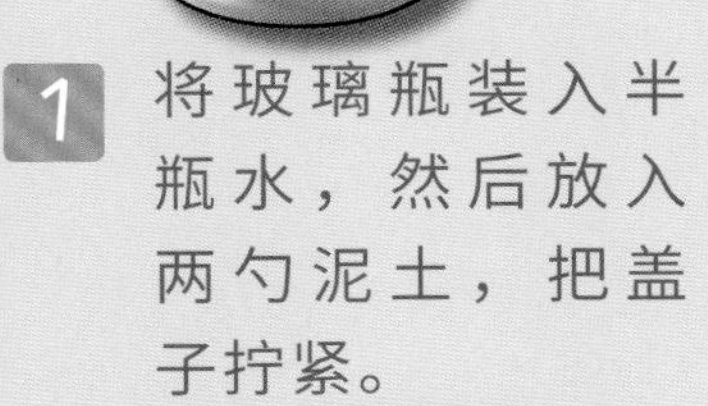

1. 将玻璃瓶装入半瓶水，然后放入两勺泥土，把盖子拧紧。

2. 将玻璃瓶在水槽上方摇晃30s，使泥土和水充分混合。放下玻璃瓶观察底部有多少土壤？有没有漂浮物？

3. 等待10min，再看看玻璃瓶底部有多少土壤？所有土壤看起来都一样吗？还是分成了不同的层次？每一层看起来像什么？

即使你等待很长时间，水也不会变得完全清澈，因为一些很小的黏土颗粒仍会悬浮其中。

尝试用不同地方的土壤做这个实验，比如你家院子、校园或是操场的土壤。观察玻璃瓶里土壤不同层次的厚度是否一样。

根、茎、叶

看向窗外时，你会看到多少种不同的植物？有乔木、灌木、藤本植物或者花吗？这些都是植物。你那里有草坪吗？草也是一种植物！

这些植物看起来可能形态各异，但它们有很多的共同点。大多数植物都有根、茎和叶。在根、茎、叶的内部有一种特殊的管状组织——维管组织，这种穿过植物株体的细小管道组成了一个网络，叫作维管系统。大多数植物都有维管系统，因此，它们被称为维管植物。

维管系统承担着一项非常重要的工作。水通过植物的根进入植物体内，然后通过茎中的维管组织运输到叶子中更小的维管里，这个过程叫作吸收。

当植物制造养分时，会消耗一部分水分，其中大部分水分是为了防止植物枯萎，还有些水分通过叶子上数百个气孔排出，这个过程叫作蒸腾作用。

植物的根将植物牢牢固定在土壤中。有的根又粗又壮，有的根细如毛发。根可以从土壤中吸收含有微量矿物质和营养物质的水分，有助于植物茁壮成长。

化学与生物学小百科探索

做一盘彩虹沙拉

叶子是植物的养分制造工厂。每一片叶子里面都含有叶绿素。叶绿素可以使植物利用光能制造养分。植物学家称这个过程为光合作用。

茎可以将水分输送到高大植物茎干的粗壮维管中。茎就像一根旗杆，将叶子和花朵支撑在土壤上方，以便它们可以得到阳光。这一点非常重要，因为植物需要利用阳光帮助自己制造大部分的养料。

请准备

- 红色、蓝色、绿色、黑色和玫红色的食用色素
- 水

视频演示

- 5个小玻璃杯

- 5根新鲜的芹菜

1 每个玻璃杯里装入约2.5cm高的水，将5种色素分别滴入每个玻璃杯中。

2 在每个玻璃杯里放一根芹菜，把较粗的一端放入水中。两个小时后请描述一下发生了什么。

孢子植物

你喜欢在树林里散步吗？在潮湿、阴暗的林地或灌木丛周围的地面、树木、岩石和墙壁上，经常可以看到触感柔软的亮绿色斑块，这些斑块称为苔藓。苔藓适合在潮湿的地方生长，但是许多种类的苔藓也可以在干旱的条件下存活一段时间，尽管它们已经干枯并变成棕色，但是遇到大量的水后它们很快就会重显生机。

大多数苔藓高度不足15cm，这些苔藓之所以不能长得更高，是因为它们没有维管系统，不能将养分和水从植物的某一部位运送到另一个部位。但是，苔藓可以通过细小的假根吸收水分和其他营养物质，并将苔藓固定在地面上。

苔藓没有维管系统，因此被称为无维管植物。与地钱和金鱼草一样，都属于一种叫作苔藓植物的特殊植物群。苔藓植物没有真正的叶子、茎和根，植物学家认为它们可能是最早的陆地植物。

下次去郊游时，带上放大镜，仔细观察一下苔藓，你会看到细细的茎，上面长有细小的绿叶。在苔藓的底部，你会看到将苔藓固定在地面上的假根。在叶子上方的细茎上，你可能会看到一些微小的、豆荚状的胶囊，在这些胶囊里包裹着孢子，它们借助风力传播。

苔藓一般是绿色的，但在这里，一些红色苔藓和绿色苔藓生长在一起。苔藓很少能长到15cm以上。

澳大利亚和新西兰的蕨类植物的茎长得像大树树干一样，最高可达25m，叶子长在顶端。

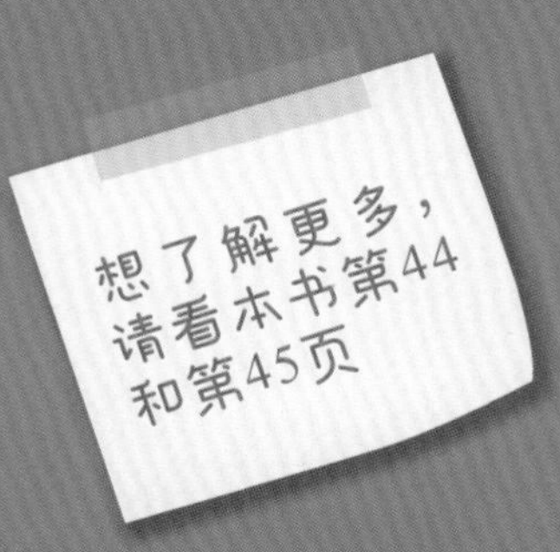

释放孢子

蕨类植物的孢子在植物叶片的下方以小簇状生长，这些簇状组织由微小的豆荚状囊组成，称为孢子囊，每个孢子囊都会裂开并释放孢子，使其落到地下。

蕨类孢子簇

孢子囊释放孢子

蕨类植物如何生长

蕨类植物生长在潮湿、阴暗的地方，所有的蕨类植物都利用孢子繁殖。蕨类植物比苔藓长得高，因为它们有维管系统。维管系统是由蕨类植物的茎和叶内部的微小细管组成的，这些细管可以将养分和水从植物的一个部位传输到另一个部位。许多蕨类植物的茎长在地下，所以那些被称为复叶的大片叶子就好像是直接从地下长出来似的，每片复叶又被分成许多小的叶片。

种子植物

你在花园里播种过吗？你可以用种子种出一片花圃或一个菜园。当然，树木和其他各种植物也可以从种子中生长出来。从种子中生长出来的植物被称为结籽植物或种子植物，种子植物种类繁多，植物学家把它们分为被子植物和裸子植物两大类。

被子植物

被子植物又叫有花植物，它们产生的种子被包裹在具有保护作用的子房中。

玫瑰、雏菊、向日葵等园林植物都是被子植物，我们吃的蔬菜、药草和谷物也是，所有能开花结果的植物都属于被子植物，几乎世界上所有的植物都是被子植物。大多数乔木和灌木也是被子植物，但不是全部！

罂粟[①]的种子荚里有数百颗微小的种子，被风吹散后，每颗种子都能长成一株成熟的罂粟。

① 罂粟是毒品原植物，严禁非法种植。

挪威云杉是一种原产于北欧和中欧的针叶树，在其他国家也被广泛种植。

针叶

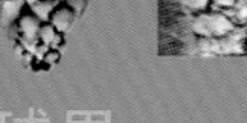

球果

挪威云杉

裸子植物

一些乔木和灌木属于裸子植物。大多数裸子植物会在球果中产生没有皮包裹的裸露的种子，没有花。针叶树，如松树、冷杉、云杉和香脂等，都是裸子植物。

还有一些其他种类的裸子植物，如苏铁。苏铁生活在热带，看起来像大型的棕榈树。它是非常古老的植物，在史前时期，它们曾覆盖了地球的大部分地区。如今，苏铁只在少数的几个地区生长。

银杏也是裸子植物，但它不生球果，是一种叶子呈扇形的大型树木，在树枝的末端结种子。银杏是在数百万年前植物种群中唯一幸存至今的物种。

苏铁树只生长在温暖潮湿的地区，它们的球果很重，长度可以长到90cm。

想了解更多，请看本书第32～37页

银杏树是一个单一的物种，它结种子，不结果实或球果。

南非苏铁

叶和球果

种子

银杏树

叶

植物的繁殖

你种过植物吗？如果种过，应该是从播种开始的。植物分为雄性和雌性两部分，在种子植物中，雄性细胞被称为精子，由被称为花粉的微小颗粒携带并释放到子房，即植物的雌性细胞。在那里，一个雄性精细胞和一个雌性卵细胞结合，便可发育成一个微小的新生代植物体雏形（即原始体），被称为植物胚。最初，植物胚和它所储存的养分一起被保存在种子中。

种子的形状、大小、颜色等因植物种类不同而各有不同，但它们的作用相同。种子被撒播到远离亲本植株的地方，每颗种子的种皮保护着植物胚，直到种子落在合适的地方。当条件适宜时，种子吸收水分，新植株从中长出，这个过程叫作发芽。

大多数花，如锦葵，既有雄性生殖器官，也有雌性生殖器官。雄性生殖器官即雄蕊，由花丝和花药组成。雌性生殖器官包括子房、花柱和柱头，同时具有雄蕊和雌蕊的花被称为两性花。如果在一朵花中，雄蕊和雌蕊彼此分开，则这种花称为单性花。一些物种甚至有单独的“雄性”和“雌性”植株。

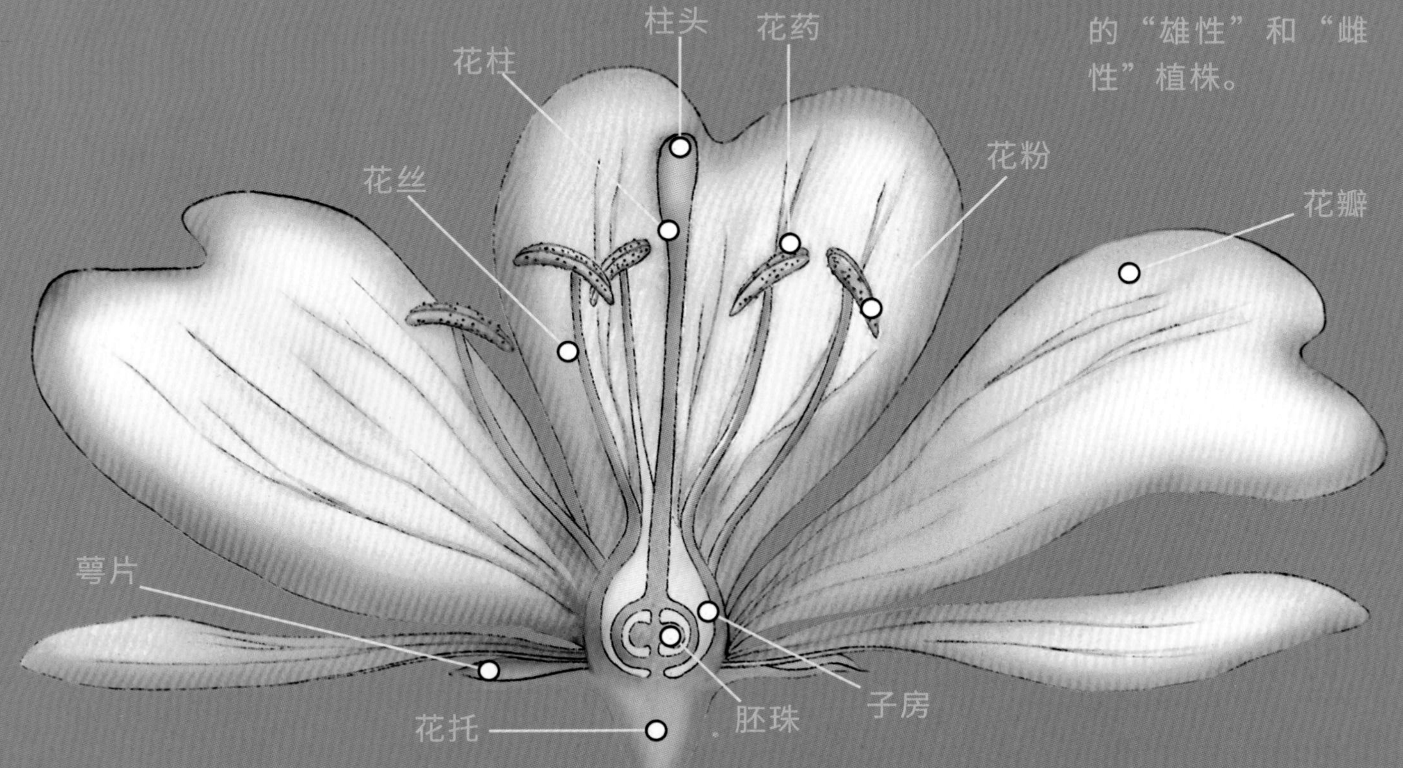

成千上万的花

世界上有成千上万种不同的花，它们形态各异、色彩缤纷、香味有别。但是花不仅仅是供我们观赏的，开花植物需要花来产生种子，以便繁殖更多的植物。

仔细观察第32页上的图片，花底部绿色的部位叫作花托。

再看看花瓣的内部，位于花的中心的是子房，雌蕊的一部分。子房里有胚珠，胚珠将发育成植物的种子。子房有一个或多个具有黏性顶部的茎状花柱，即柱头。在子房和花瓣之间是雄性器官，或称雄蕊。每个雄蕊都有花丝，花丝的顶端是花药，产生花粉粒的地方。试着观察几种不同的花，看看是否可以找到发育新种子的部位。

左图为木槿花，图中被花粉覆盖的黄色雄蕊与红色柱头彼此分开。

裸子植物

裸子植物的繁殖方式与被子植物略有不同。以球果为生殖结构的植物在每株上有两种不同的球果，雄球果产生花粉，雌球果产生胚珠。

雄球果和雌球果都由许多围绕中心轴排列的鳞片组成。在雌球果中，鳞片厚且木质化，每个鳞片上有两个胚珠，胚珠将发育成为种子。雄球果比雌球果小且软，它们的鳞片上有花粉囊，用于产生花粉粒。

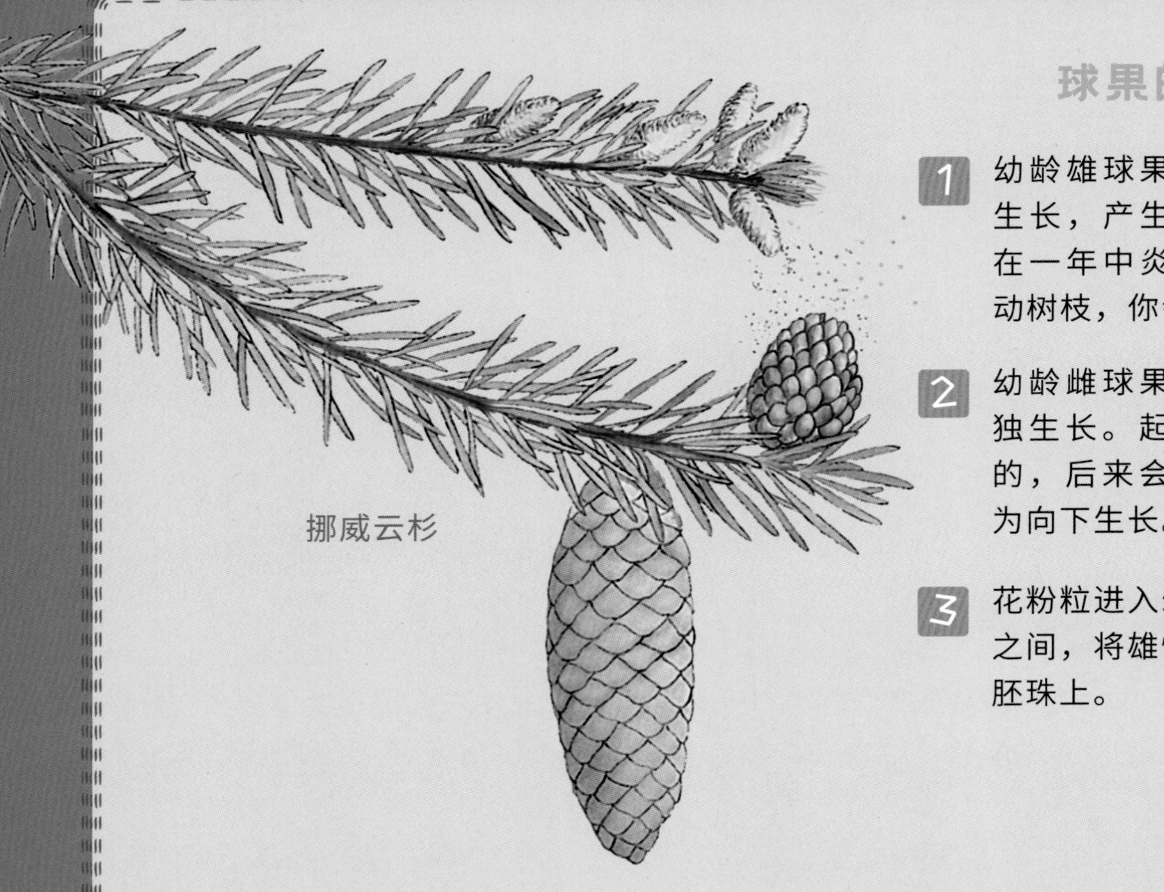

挪威云杉

球果的一生

1 幼龄雄球果在树枝末端成群生长，产生黄色花粉。如果在一年中炎热的几个月里摇动树枝，你会看到花粉云。

2 幼龄雌球果在芽端直立且单独生长。起初它们是粉红色的，后来会变成绿色，并改为向下生长。

3 花粉粒进入幼龄雌球果的鳞片之间，将雄性细胞直接传播到胚珠上。

繁育种子

花粉粒随风传播到雌球果的鳞片之间，粘在胚珠附近的黏性物质上，然后进入胚珠的花粉室，生长1～2年直至成熟。

种子被释放后，微小的“翅膀”使其旋转并漂浮在风中。如果一粒种子落在合适的地方，它就有可能长成一株新的植物。

想了解更多，请看本书第30，31，36，37页

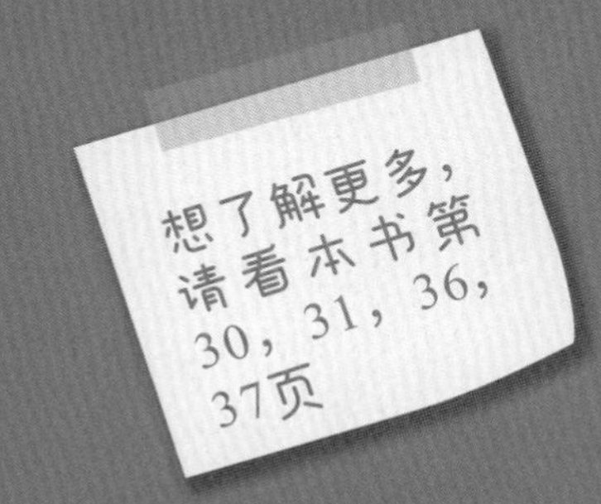

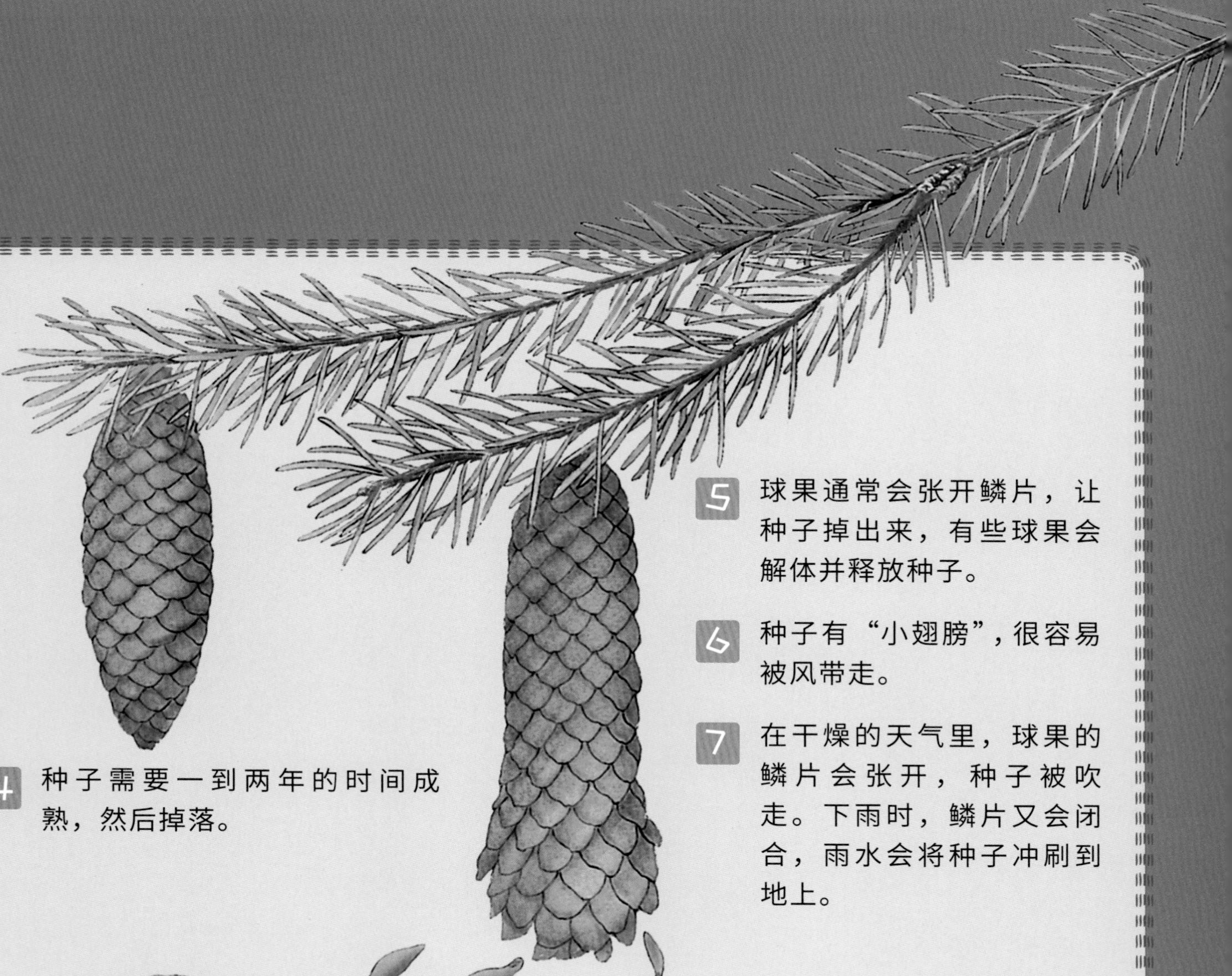

4 种子需要一到两年的时间成熟，然后掉落。

5 球果通常会张开鳞片，让种子掉出来，有些球果会解体并释放种子。

6 种子有“小翅膀”，很容易被风带走。

7 在干燥的天气里，球果的鳞片会张开，种子被吹走。下雨时，鳞片又会闭合，雨水会将种子冲刷到地上。

什么是授粉

你有没有注意到许多花闻起来香气宜人？花有诱人的气味和鲜艳的颜色，以此来吸引昆虫。昆虫以花蜜为食，在获取花蜜的过程中，昆虫会将花粉从一朵花传播到另一朵花上。

花粉粒从一朵花转移到同类植物的另一朵花的柱头上，这个过程叫作授粉。给花授粉的昆虫主要有蜜蜂和蝴蝶，这些昆虫以花蜜为食，这种蜜汁通常由花托中的特殊细胞分泌而来。

蜜蜂以花粉和花蜜为食，它们用后腿上的小花粉“篮子”把花粉带回蜂巢。

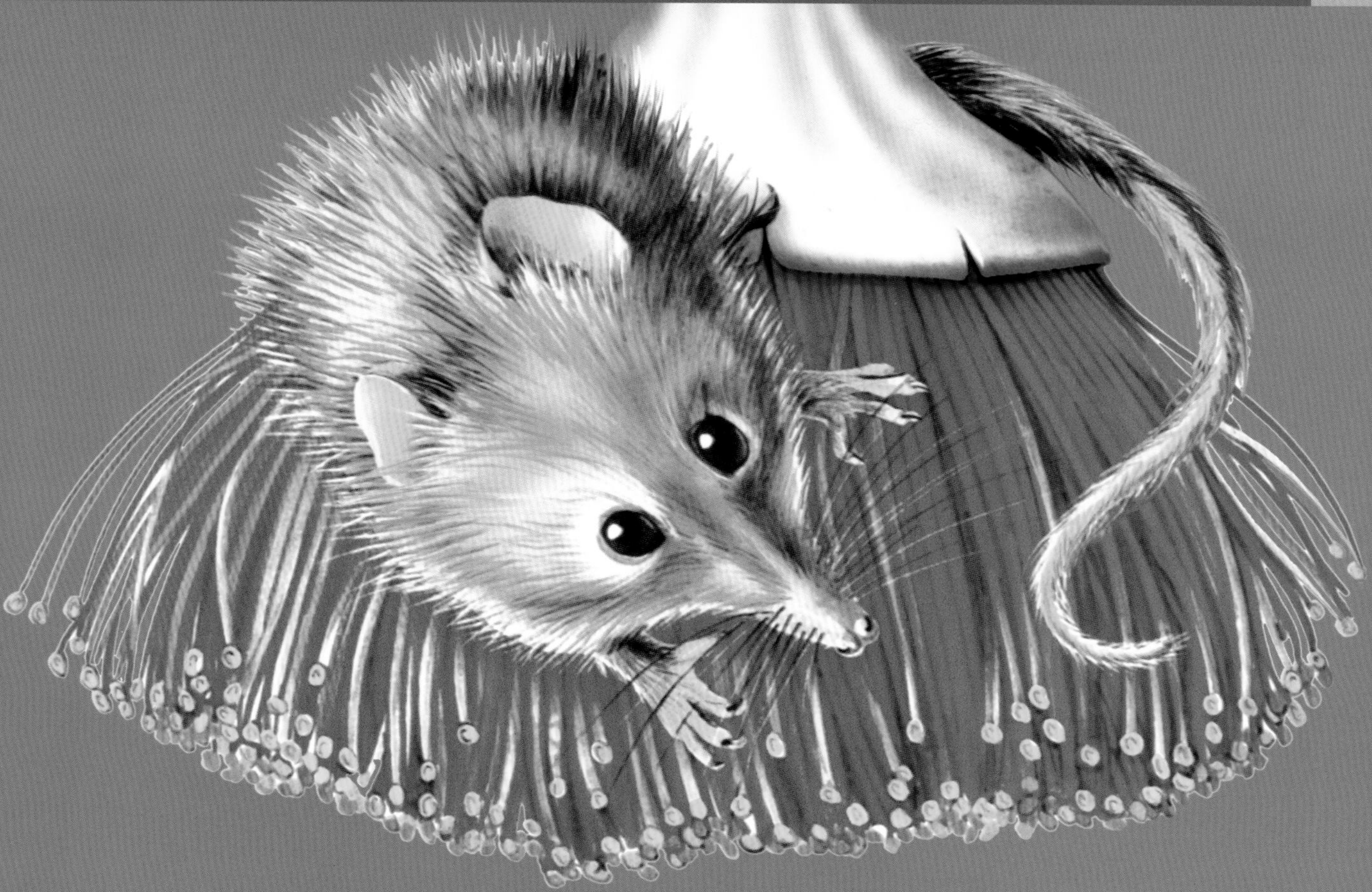

有些花是借助鸟类和小型哺乳动物授粉的。为了获取花蜜，这只负鼠正在给桉树花授粉。

在获取花蜜的过程中，昆虫必须经过覆盖着花粉的花药。一些花粉会黏附在昆虫的身体上，被昆虫携带到下一朵花的柱头上，然后花粉会长出一根细管，向下穿过花柱，进入胚珠。由花粉管携带的雄性精细胞与雌性卵细胞结合，胚珠开始发育成可育的种子。

想了解更多，请看本书第16，17，30，31，34，35页

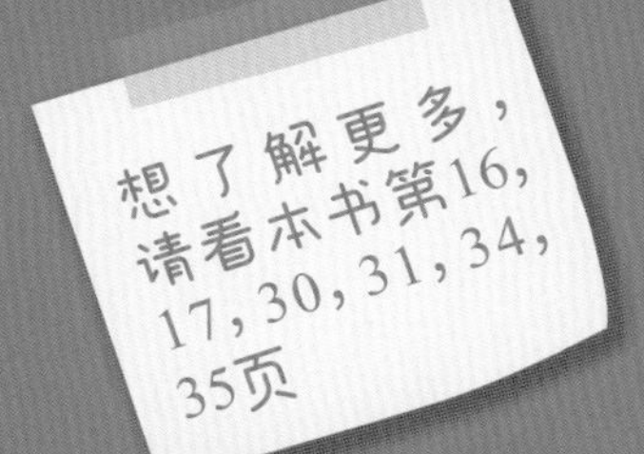

风媒授粉

有些开花植物，如草和榛子树，没有可以吸引昆虫的花蜜，所以需要风来帮助授粉，风将花粉从一朵花的花药上吹到另一朵花的柱头上。风媒授粉的植物柱头可能很大，呈羽毛状，这样更容易捕捉随风吹散的花粉。

种子的传播

你喜欢种花或种菜吗？你可以在任何地方种植，也许你家后院就可以开辟出一块菜地。许多人会在房子前面的庭院里种上矮树和花卉。如果没有太多的空间，也可以在室内的花盆里或窗台的种植槽中种植花卉和绿植。

无论在何处种植，都要从播种开始。很快，将有美丽的鲜花供你观赏，有美味的蔬菜供你食用。只要气候适宜,你可以选择任何想要种植的植物。

梧桐种子

寻找适合生长的地方

当我们种植植物时，我们会仔细挑选播种的地点，但是对于野生植物来说，就只能靠运气了。种子需要远离亲本植株才能正常生长，因为亲本植株可能会遮挡它们所需的阳光，并从土壤中抢夺大量的水分和养分。

种子是如何离开亲本植株的？有些种子会被风吹散；有些种子长着“翅膀”，可以帮助它们飞远，如梧桐树和榆树的种子；还有些种子长有细毛，可以借助风将它们带走，如蒲公英的种子。

蒲公英种子

帮助种子传播

动物可以帮助传播一些水果的种子。动物吃了有种子的水果后，种子不会被直接消化，而是进入动物的肠胃，然后和动物的排泄物一起排出体外。

刺果和猪殃殃的果实上长满了小钩子，这些小钩子会钩住动物的皮毛或人的衣服，有时这些果实要经过很长一段路程才会掉落。

有些植物的果实通过炸裂的方式散播种子。豆科植物和凤仙花的种子外壳变干后会突然裂开，使种子散落四处。

兰花种子荚开裂，微小的兰花种子随风飘向远方。

刺果是苍耳科植物，通常包含两粒种子。当动物经过时，刺果上的刺会粘在动物的皮毛或毛发上。

鸟类帮助鲜艳的浆果传播种子，它们吃掉浆果，然后把种子随排泄物一起排出体外。

种子是如何发芽的

种子开始生长的阶段叫作发芽。种子有许多不同的形状和尺寸——大的、小的、圆的、扁的等。但是，无论它们长什么样子，每粒种子都有着坚韧的种皮和充足的养分供其生长。

有些种子放置很长时间后还能发芽。如果买一包种子，并让它保持干燥，几年后种植这些种子，它们仍然会长出健康的植物。一些罂粟和草本植物的种子在生长发育成新植株之前，已经在地下埋藏了很多年！

种子发芽时，一部分向上生长，一部分向下生长，向上生长的部分称为芽，向下生长的部分叫作根。

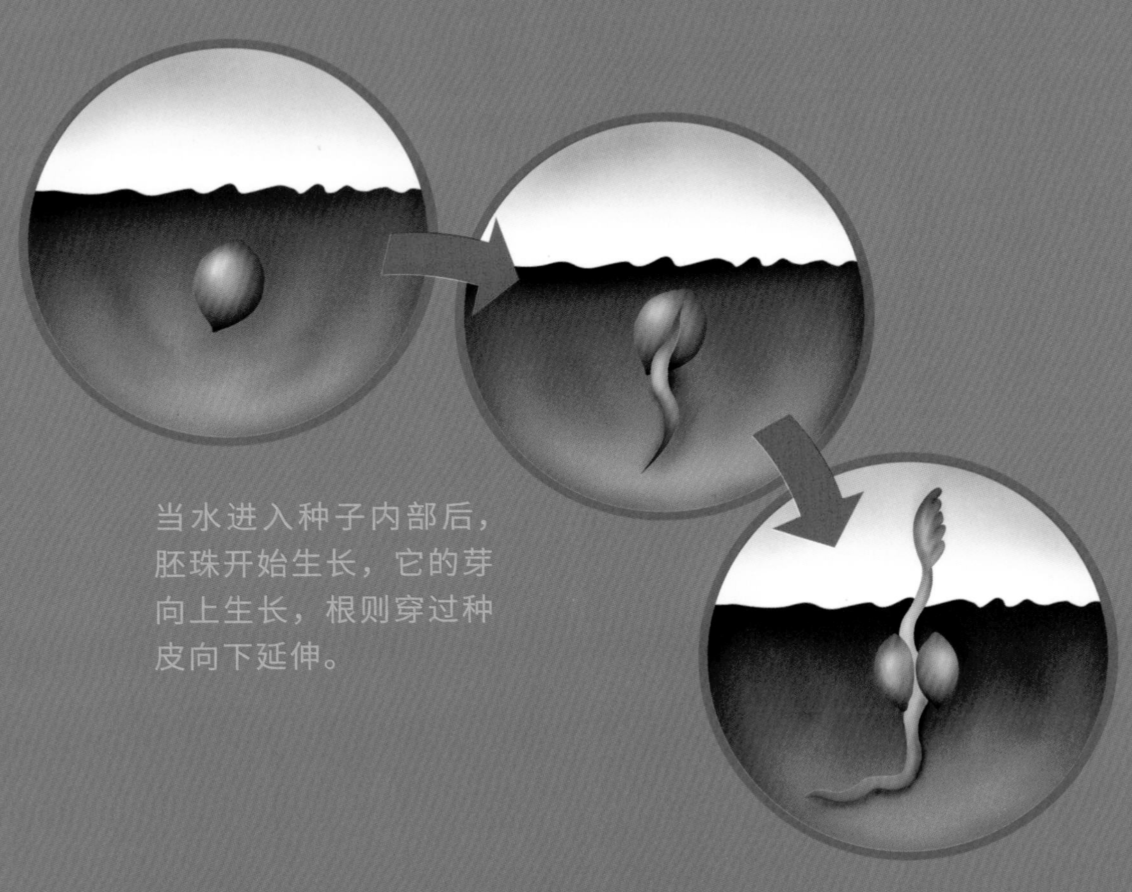

当水进入种子内部后，胚珠开始生长，它的芽向上生长，根则穿过种皮向下延伸。

化学与生物学小百科探索 种子发芽的条件

只有在同时获得适量的水、适宜的温度和足够的氧气时种子才会发芽。你可以通过一个简单的实验证明这一点。

视频演示

请准备

- 不干胶标签
- 1支马克笔
- 8张纸巾
- 1把钢勺
- 1包种子（如草、芥菜或生菜的种子）

- 4个带盖的玻璃瓶

- 一些铁钉

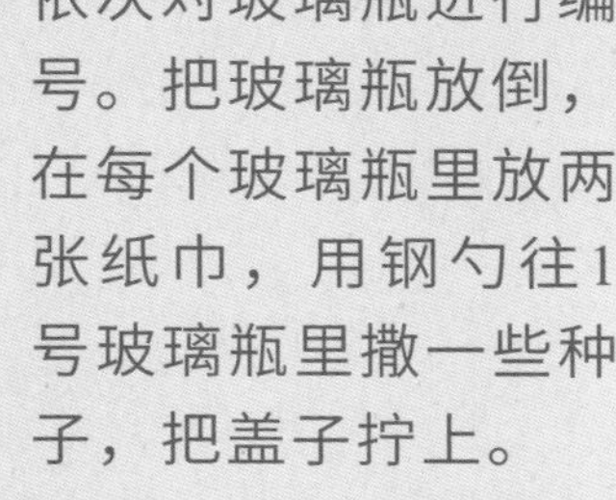

1 依次对玻璃瓶进行编号。把玻璃瓶放倒，在每个玻璃瓶里放两张纸巾，用钢勺往1号玻璃瓶里撒一些种子，把盖子拧上。

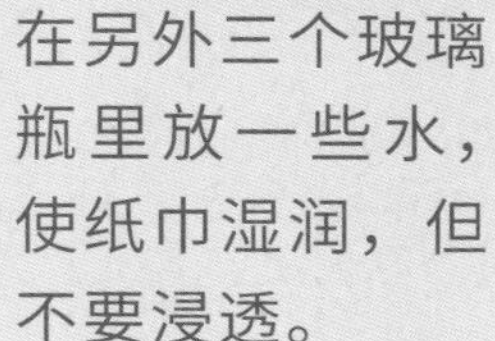

2 在另外三个玻璃瓶里放一些水，使纸巾湿润，但不要浸透。

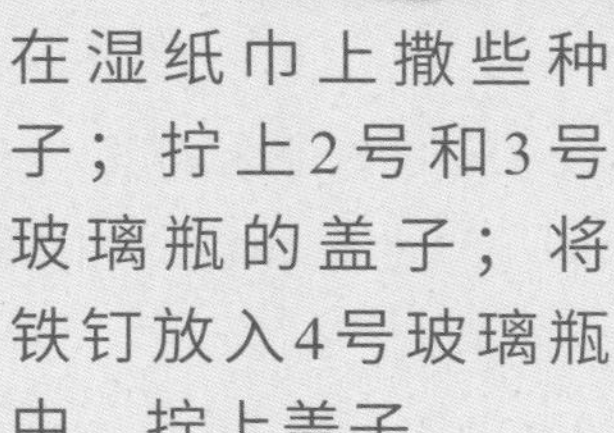

3 在湿纸巾上撒些种子；拧上2号和3号玻璃瓶的盖子；将铁钉放入4号玻璃瓶中，拧上盖子。

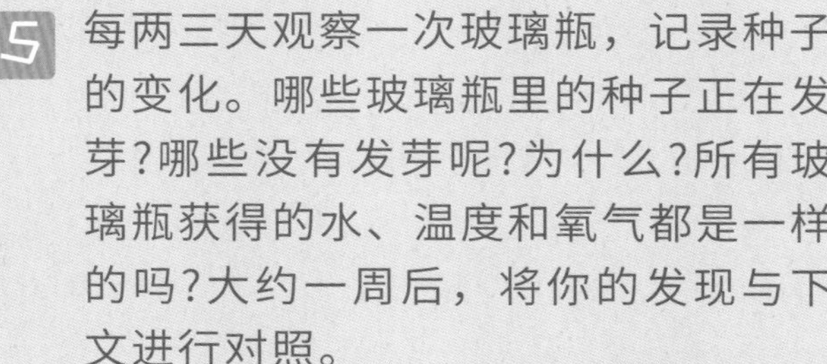

4 将1号、3号和4号玻璃瓶放入橱柜，将2号玻璃瓶放入冰箱。

5 每两三天观察一次玻璃瓶，记录种子的变化。哪些玻璃瓶里的种子正在发芽？哪些没有发芽呢？为什么？所有玻璃瓶获得的水、温度和氧气都是一样的吗？大约一周后，将你的发现与下文进行对照。

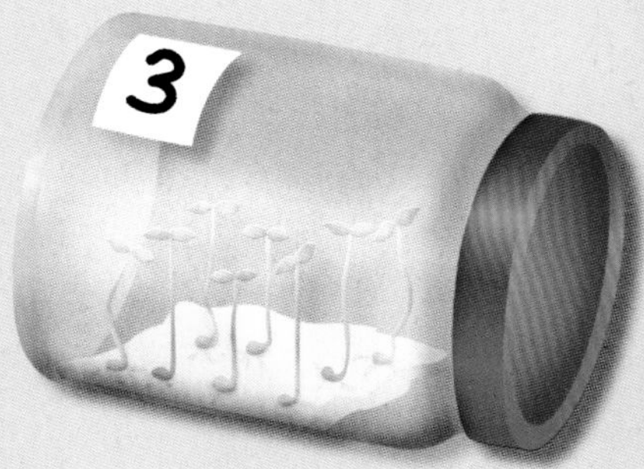

3号玻璃瓶里的种子应该已经长成又高又细的幼苗了。由此可知3号玻璃瓶中的条件是适宜的。而1号、2号、4号玻璃瓶中的种子没有发芽，条件并不适宜。那么3号玻璃瓶具备了哪些适宜的条件。

3号玻璃瓶里的种子有温度、水和氧气；1号玻璃瓶里有温度和氧气，但没有水；2号玻璃瓶里有氧气和水，但没有温度；4号玻璃瓶有水和温度，但没有氧气，因为铁钉生锈时耗光了所有的氧气。如果把铁钉取出来，种子很快就会发芽。

你有没有注意到种子不需要阳光就能发芽？所有的种子都在黑暗中开始生长，每粒种子都有自己的养分来源，但是当植株长得更大时，就需要阳光帮助它制造更多的养分了。

想了解更多，请看本书第22，23，32，33，42，43页

芽与根

你知道芽是向上生长的吗？芽向着光的方向生长，它们需要光来制造养料，阳光为植物提供了制造糖分和淀粉的能量。

你知道根是向下生长的吗？根可以将植物牢牢地固定在地上。例如，大树长有许多粗壮的、延伸的根，可以使它们屹立不倒。根系还可以吸收水分和其他营养物质来满足植物生长的需要。

化学与生物学小百科探索 芽和光

请准备

- 一些泥土或盆栽营养土

- 铝箔
- 水

视频演示

- 1个小花盆

- 一些甜玉米种子

1 在花盆里装满泥土或盆栽营养土，把甜玉米种子种在土里大约1cm深的地方。

将花盆放在温暖、黑暗的地方，确保土壤湿润，但不要浸透。

2 几天后，当幼苗长到大约2cm高时，白天光线充足时把花盆放在窗台上。剪一些小铝箔片并将它们卷成小锥体，将锥体罩在花盆中一半的芽尖上，另一半保持原状，然后将花盆在光线下放置1～2h。

发生了什么？所有的芽都朝着同一个方向生长吗？你能解释所看到的现象吗？

化学与生物学小百科探索 根向下长，芽往上长

可以通过以下这个简单的实验了解根和芽是如何生长的。

视频演示

请准备

- 豌豆或芸豆的种子
- 一些吸墨纸或纸巾
- 水

- 1个玻璃瓶

1 将种子在水中浸泡几个小时，往玻璃瓶里倒入约1cm深的水，将吸墨纸或纸巾浸湿。

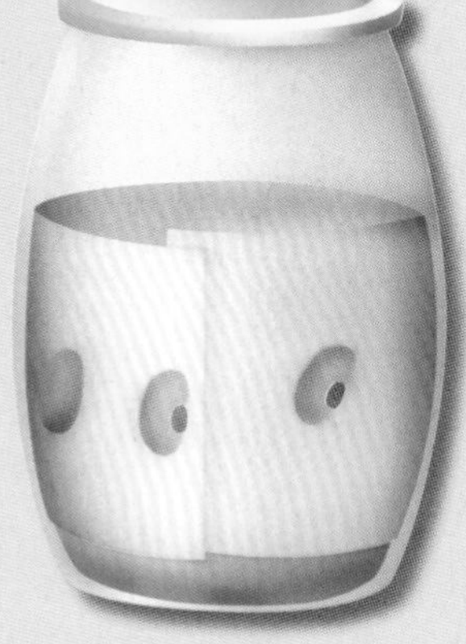

2 如图所示，将种子放在吸墨纸或纸巾和玻璃瓶的侧壁之间。

3 把玻璃瓶放在温暖的地方，始终保持水深约1cm。

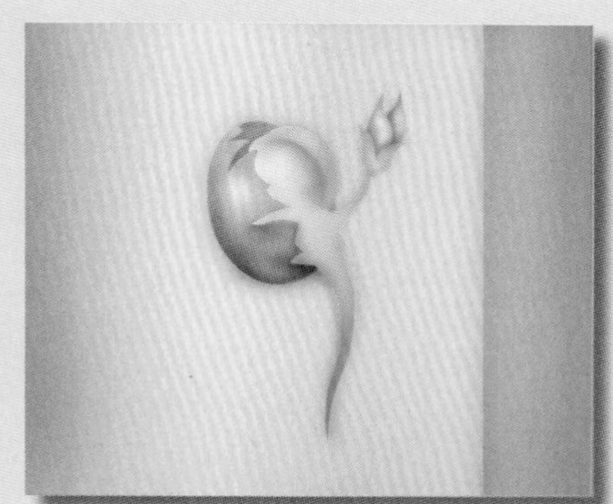

4 几天后，每颗种子的根都会冲破种皮，芽会稍晚一些长出，观察它们分别是向什么方向生长的。

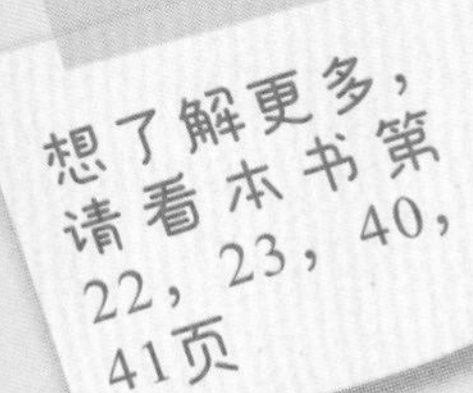
想了解更多，请看本书第22，23，40，41页

5 现在将玻璃瓶放倒，使每颗种子的根和芽都指向两侧。将玻璃瓶放置一夜，第二天早晨，你看到了什么？

非种子植物

有些植物不用种子也能繁殖，这些植物中很多都同时具有雄性和雌性器官，但却不通过它们来制造种子或孢子，而是由亲本植株上特殊的芽发育成新的植株。

马铃薯的茎和根都是从这些块茎的芽眼里长出来的。

这种繁殖方式称为营养繁殖。你可以利用亲本植株的任何部位——根、茎、叶或花来培育出新的植株。

马铃薯可食用的部位叫作块茎，块茎是生长在地下的茎的一部分。如果不把块茎挖出来，它们就会长出新的马铃薯植株。仔细观察马铃薯，你会看到很多小芽眼（块茎上凹进去可以生芽的部分），它们会长成新的植株。

落地生根是一种被认为能带来好运的植物。它们的叶子边缘可以长出新的小植株，新植株掉落到地面后扎根，并开始独立生长。

草莓有着美味的红色果实，也长着长长的茎，这些茎被称为匍匐茎。生长在土壤表面，新的植株在匍匐茎上生长，并扎根到土壤中，从中吸收所需的水分和养分。

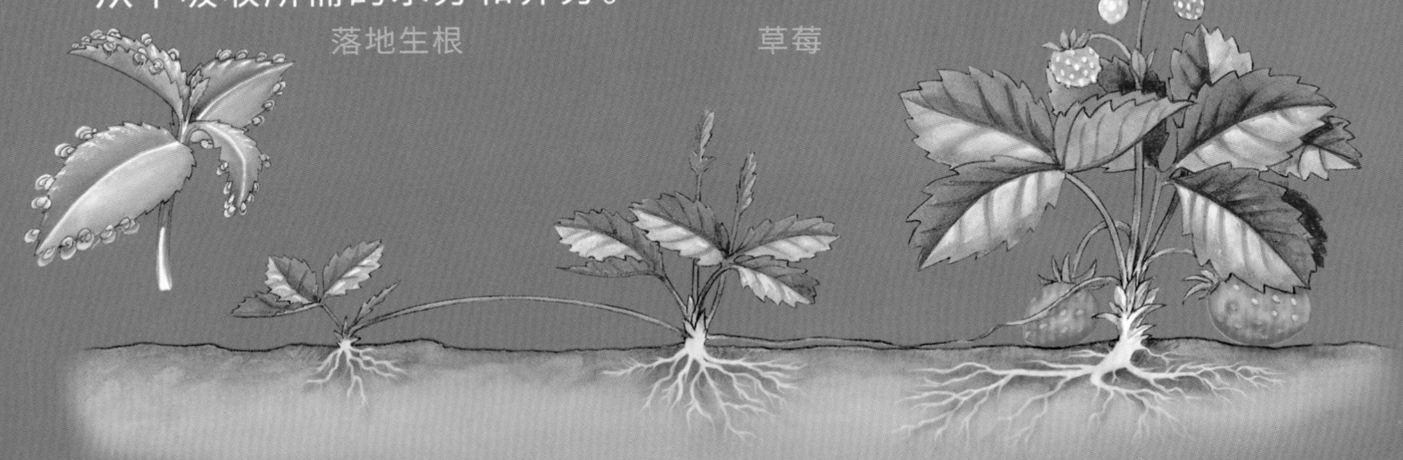

无种子植物

苔藓和蕨类植物通过孢子进行繁殖。孢子是单细胞繁殖体，很容易通过风传播。有些孢子能在炎热和干燥的条件下生存，但是只有在条件适宜时才能发芽。

想了解更多，请看本书第28和第29页

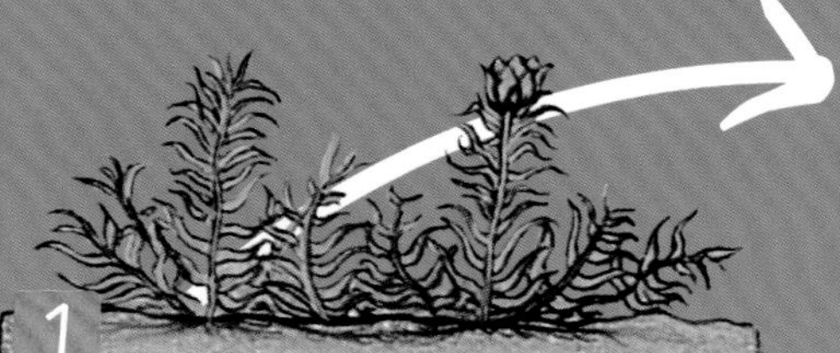

1 苔藓植物的雄性和雌性器官在茎尖的叶子中生长，彼此相邻。

2 下雨时，雄性细胞到处飞溅，如果落到雌性器官上，就会与卵细胞结合。

3 雄性细胞与卵细胞结合后，卵细胞开始生长成孢子囊。

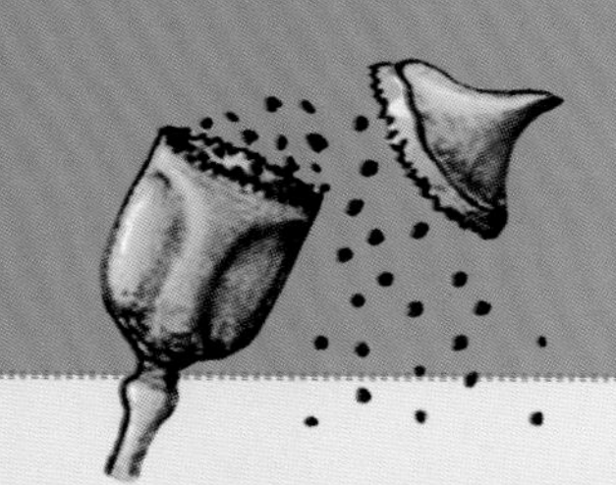

4 每个孢子囊都有一个囊盖，当囊盖脱落时，孢子囊便将孢子散落在外。

5 每一个孢子都能产生一个有分枝的丝状体或片状体，称为原丝体。

6 芽在原丝体上生长，产生新的多叶苔藓茎。

越冬植物

你生活在寒冷的地方吗？想知道花朵在冬天会发生什么变化吗？当天气变冷或下雪时，它们似乎会凋零，等到了春天，一些开花植物又会重新开始生长，甚至比原来长得更大，而有些开花植物却不会重生，这是为什么呢？

有些开花植物，如旱金莲和向日葵等，春天从种子中抽出新芽，整个夏天都开着鲜艳的花朵，当天气变冷时凋零，它们在一年内完成了其生命周期（发芽、生长、开花、结果、死亡）。因为生命周期只有一年，所以我们称这些植物为一年生植物。

还有些需要两年才能完成生命周期的植物，称为二年生植物。第一年，这些二年生植物储存养分使自己变得强壮，以便能够度过寒冷的冬季；第二年，它们用储存的养分开花、结果，最后死亡。洋地黄、胡萝卜、欧洲防风草、大黄和香草欧芹等都是二年生草本植物。

一年生植物在一个生长季节内生长并死亡。

多年生植物

有些植物可以在很多年里持续生长并开花，我们称这些植物为多年生植物。鸢尾、紫苑、百合等开花植物，以及灌木、乔木等都是多年生植物。

冬天，有些多年生植物似乎消失不见了。天气变冷时，地面上的部分就会坏死，但是地下部分仍然存活着。春天，天气变暖时又重新长出新芽。人们把这些多年生植物称为多年生草本植物。

灌木和乔木被称为多年生木本植物。冬天，它们的叶子脱落，仍然可以看到光秃秃的枝干。松树和其他针叶树等多年生木本植物，全年都能保持绿色。

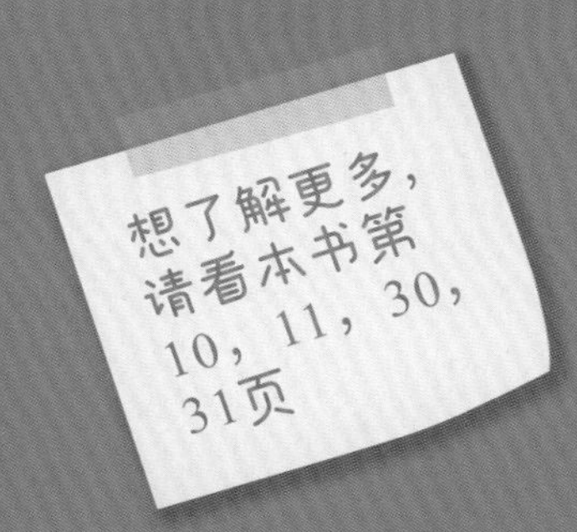

冬天的番红花

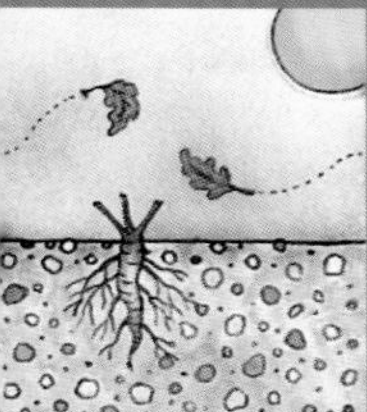

二年生植物需要两年完成它们的生命周期。

多年生植物可以在很多年里持续生长并开花。

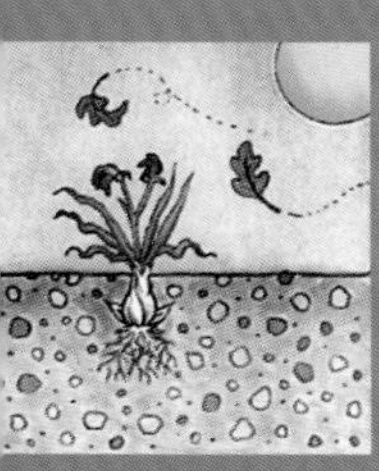

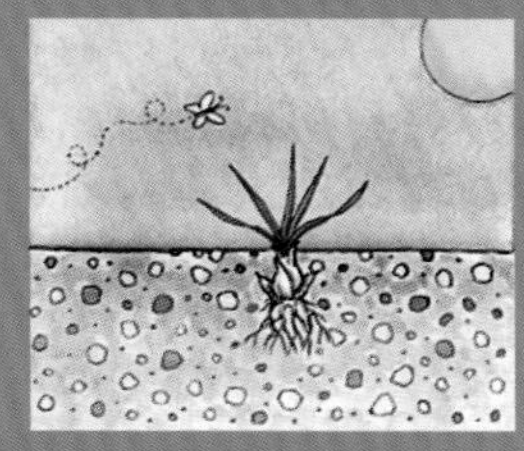

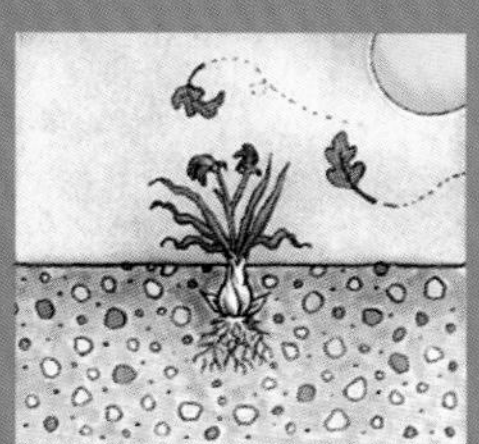

水果、根和食物

今天你吃了多少植物性食物？你吃了面包、早餐麦片、胡萝卜、土豆、花椰菜、生菜、大米、苹果或花生吗？在世界各地，人们食用的植物性食物种类繁多。

我们食用的植物组织通常是植物储存养分的部位。对于不同的植物，我们食用的部位也不同，如胡萝卜的根、生菜和菠菜的叶子、花椰菜开花前的花簇。苹果、梨和橘子等则是非常受欢迎的水果。果实是开花植物的一部分，果实内长有植物的种子。

想想你吃的东西

不是每种植物我们都能吃，有些较小的植物没有食用价值，还有些我们难以消化。许多植物可能有毒或某部分有毒，例如，马铃薯的叶子是有毒的，但生长在地下的块茎却很好吃。

显然，植物是非常重要的食物。世界上许多人只吃植物性食物，这些人被称为素食主义者。即使肉食主义者也依赖植物，大多数供人食肉的动物都以植物为食。

这些食物有一个共同点——它们都来自植物。

葡萄

最大最好的植物

很久以前，我们的祖先就发现了哪些植物或植物的哪些部位可以食用，于是他们便开始尽可能多地种植各种不同的植物。每到收获的季节，他们都选择那些长得最大最好的植物作为下一季种植的种子。通过这种方式，作物的质量逐渐得到提高，例如，今天的胡萝卜比我们祖先几百年前发现的野生胡萝卜更大、更甜。

想了解更多，请看本书第26，27，32，33页

茶和咖啡等饮料均来自植物。图片中的工人正从茶树上采摘茶叶。

你吃草吗

你能说出四种以草为食的动物吗？比如马、羊、牛和鹿。以地上的草为食的动物叫作食草动物。

你知道吗？大多数人每天都以草为食。当然，人类不是食草动物，我们不会直接到田野里啃草地。我们会种植草本植物，如小麦、水稻、大麦、小米和甘蔗等。然后用小麦种子制作烘焙面包和蛋糕所需要的面粉；烹调和食用水稻、大麦和谷子的种子；从甘蔗中榨取糖汁，用来使我们的饮料和食物更香甜；我们还可以把糖作为酵母的催化剂，帮助我们制作面包。

世界上一半以上的糖来自甘蔗。

禾本科植物的种子富含淀粉，淀粉是种子发育时的养分来源，同时淀粉对人类来说也是一种很好的食物，它可以为我们提供生存所需的大部分能量。

禾本科植物的根从土壤表层吸收水分。许多动物通过吃草获取水分。

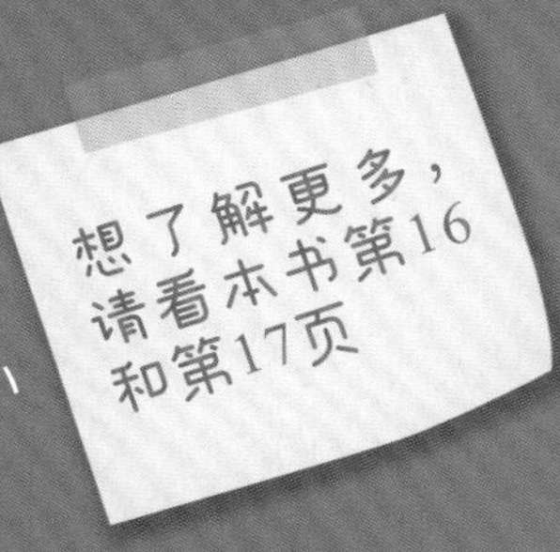

用“草”做面包

面包通常由面粉、糖、酵母和水制成。面粉来自小麦，糖来自甘蔗，小麦和甘蔗是两种不同的草本植物，所以可以说我们是用“草”做面包！

酵母使面包“发起来”。酵母通过繁殖酵母菌将多糖分解成水和二氧化碳，二氧化碳和汽水中的气泡是同一种气体。当酵母分解糖时，产生的二氧化碳会产生气泡，与面粉作用在一起，使面包膨胀起来，即发酵。酵母只有放在温暖的地方才能将糖分解。

化学与生物学小百科探索 酵母的乐趣

请准备

- 不干胶标签
- 马克笔
- 水
- 一茶匙和半茶匙的量匙
- 4份半茶匙量的糖

- 4个小玻璃杯

- 4份半茶匙量的酵母，新鲜或干燥的都可以

1. 用不干胶标签依次给玻璃杯编号。在1号玻璃杯里放半茶匙酵母，倒入半杯温水。
2. 分别向2号、3号、4号玻璃杯放半茶匙糖，再向2号玻璃杯倒入半杯温水。
3. 分别向3号和4号玻璃杯加入半茶匙酵母。再向3号玻璃杯中倒入半杯温水，4号玻璃杯中倒入半杯冷水。
4. 将1号、2号和3号玻璃杯放在温暖的地方，比如阳光充足的窗台上。将4号玻璃杯放在冷凉的地方，例如冰箱里。将玻璃杯静置三四个小时。

你猜会发生什么？酵母只能在其中一个玻璃杯里发酵，你知道是哪个玻璃杯吗？自己动手做实验，看看你的答案是否正确。

药用植物

园丁们种植各种各样的花草是为了美化环境，农民种植蔬菜和其他植物是为了人类的生存和饲养动物。但是有些植物还有另外一个重要的用途——制作药材。

数百年前，人们就已经开始利用植物治疗疾病了。到了20世纪，人们能够从植物中提取大部分药物。今天，人们服用的药物中约有四分之一来源于植物。

400多年前，西班牙探险家在南美洲发现，那里的人们用金鸡纳树的树皮治疗高烧。现在，这种树皮仍然用于制作奎宁——一种用于治疗疟疾等疾病的药物。

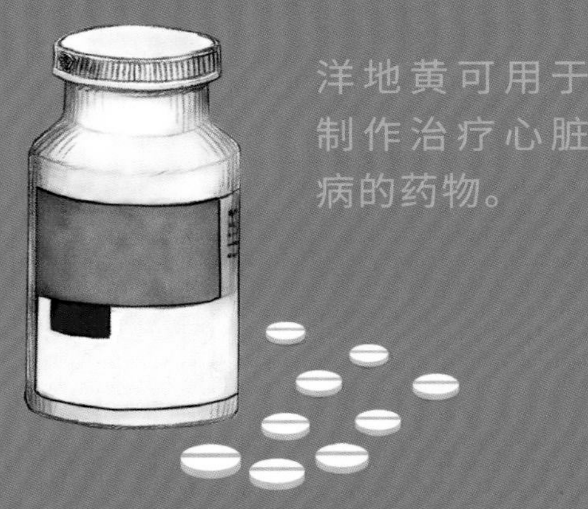

洋地黄可用于制作治疗心脏病的药物。

洋地黄也来自于植物。药品制造商用紫色洋地黄的干叶子提取洋地黄治疗心脏病。

用植物制成的药物挽救了许多生命。吐根植物的根可以制作吐根糖浆，用于治疗中毒。

山金车可用来制作消除瘀伤的药物。

许多不同的植物，如真菌，在中医治疗中均被广泛应用。

樟树油可用来制作缓解疼痛和瘙痒的洗剂。

让我们感觉舒服的植物

由植物制成的药物既可以治疗疾病，又可以帮助人们缓解疼痛和瘙痒。

秋天的番红花含有一种叫作秋水仙碱的物质，有助于减轻关节炎患者的关节肿胀；樟树油用于制作洗剂，可以缓解疼痛和瘙痒。

在使用任何植物或者植物的某一部分作为药剂之前，务必要与成年人沟通确认。

许多人习惯在厨房炉灶附近养一株芦荟，芦荟叶子中的汁液可以快速缓解烧伤引起的疼痛。

由于森林被过度砍伐，世界上许多地方的植物正面临灭绝的危险。

濒危植物

如果没有植物，地球上就不会存在生命。我们呼吸的氧气、食用的食物、大多药物等都来源于植物。许多建筑是用木头建造的，而木头也来自植物。你今天穿棉衬衫了吗？那是由棉花这种植物的纤维制成的！

因为我们生活的方方面面都需要植物，所以保护它们的栖息地至关重要。当人们管理、维护和合理利用植物，以及所有地球生命所需要的东西时，就是环境保护。致力于保护植物、动物和地球免遭破坏的人被称为自然资源保护者。

在某些地方，由于森林被过度砍伐，许多植物面临灭绝的危险。由于牛、山羊和绵羊等动物的过度放牧，太多的植物被吃掉，严重影响了植物种子的形成，进而阻碍了植物的繁殖。有的地方，为了建造房屋和其他建筑物，很多沿海沼泽已被填平。

为了建造房屋和其他建筑物，很多沿海沼泽已被填平。

一名自然资源保护主义者正在被毁坏的森林中植树。

保护植物

保护植物的方法很多。木材公司在他们砍伐木材的森林区域重新种植树木，就是一种保护。牧场主定期将饲养的动物从一个牧场转移到另一个牧场，使牧草再次生长出来，这种放牧方式被称为轮牧，也是一种保护方式。在可控制的情况下，燃烧草原也可以促进新植株的生长，这也是一种保护。

致谢

《少年科学家》出版者为在本书中使用的照片向以下摄影师、出版商、代理机构以及公司表示诚挚的感谢。

封面 © Ludmyla Kashtalian, Dreamstime; © Hans Slegers, Dreamstime

5 © Getty Images

7 ©Medford Taylor/ National Geographic/ Getty Images

8 © Eastcott Momatiuk/National Geographic/ Getty Images; © Getty Images

9 © Getty Images

10 © Getty Images

11 © Getty Images

13 © Getty Images

14 © Getty Images

16 © Getty Images

20 © Getty Images

23 © Getty Images

28 © Getty Images

29 © Getty Images

33 © Getty Images

36 © Getty Images

44 © Evan Sklar/Botanica/Getty Images

47 © Getty Images

49 © Getty Images

50 © Getty Images

52 © Getty Images

53 © Getty Images

54 © Getty Images

55 © Getty Images

插图绘制人员

Martin Aitchinson
Nigel Alexander
Hemesh Alles
Martyn Andrews
Sue Barclay
Richard Berridge
John Booth
Lou Bory
Maggie Brand
Stephen Brayfield
Bristol Illustrators
Colin Brown
Estelle Carol
David Cook
Marie DeJohn
Richard Deverell
Farley, White and Veal
Sheila Galbraith
Peter Geissler
Jeremy Gower
Kathie Kelleher
Stuart Lafford
Francis Lea
John Lobban
Louise Martin
Annabel Milne
Yoshi Miyake
Donald Moss
Eileen Mueller Neill
Teresa O' Brien
Paul Perreault
Roberta Polfus
Jeremy Pyke
Trevor Ridley
Barry Rowe
Don Simpson
Gary Slater
Lawrie Taylor
Gwen Tourret
Pat Tourret
Peter Visscher
David Webb
Gerald Whitcomb
Matthew White
Lynne Willey

少年科学家

化学与生物学小百科

[美]世界图书出版公司 编著

燃点时光工作室 译

清华大学出版社

北 京

北京市版权局著作权合同登记号　图字：01-2022-1885

图书在版编目（CIP）数据

少年科学家 . 化学与生物学小百科 / 美国世界图书出版公司编著；燃点时光工作室译 .—北京：清华大学出版社，2023.2

书名原文：Young Scientist

ISBN 978-7-302-60584-3

Ⅰ . ①少…　Ⅱ . ①美…　②燃…　Ⅲ . ①科学知识—少年读物　②化学—少年读物　③生物学—少年读物　Ⅳ . ① Z228.1　② O6-49　③ Q-49

中国版本图书馆 CIP 数据核字 (2022) 第 064550 号

责任编辑：陈凌云
封面设计：燃点时光工作室
责任校对：刘　静
责任印制：杨　艳

出版发行：清华大学出版社
网　　址：http://www.tup.com.cn, http://www.wqbook.com
地　　址：北京清华大学学研大厦 A 座　　邮　　编：100084
社 总 机：010-83470000　　邮　　购：010-62786544
投稿与读者服务：010-62776969, c-service@tup.tsinghua.edu.cn
质量反馈：010-62772015, zhiliang@tup.tsinghua.edu.cn
印 装 者：当纳利（广东）印务有限公司
经　　销：全国新华书店
开　　本：212mm×272mm　　印　　张：15　　字　　数：324 千字
版　　次：2023 年 2 月第 1 版　　印　　次：2023 年 2 月第 1 次印刷
定　　价：152.00 元（全四册）

产品编号：095760-01

目录 CONTENTS

气体是什么

你有没有想过，世界上的万物都是由什么构成的？答案是，物质。物质是任何占据空间并具有惯性的东西。惯性是指静止物体保持静止状态，或运动物体以相同的速度和方向持续运动的趋势。物体中物质的数量称为质量。

世界上有数百万种不同的物质，但只有三种主要的物质形式，分别是固体、液体和气体。世界上的任何东西都属于这三种主要物质形式之一。

你可能会想到上百种不同的固体和液体。像石头和木头这样的固体很硬，形状始终不变；像水和汽油这样的液体可以从一个地方流到另一个地方；气体则完全不同。

我们如何利用气体

你知道你周围的空气其实是气体的混合物吗？像大多数气体一样，那些干净空气中的气体是看不见也闻不到的，而且很难使它们停留在一个地方。你把某个固体放在打开的盒子里，或者把某种液体放在杯子里，它们就会停留在那里。但气体必须保存在完全封闭的容器中，否则就会泄漏。

气体种类繁多，有些是非常有价值的。氧气是一种非常重要的气体，它存在于空气中，帮助人类和动物生存，也可以帮助火焰燃烧。有些气体来自于地下，它们被用作燃料，用于取暖和烹饪；有些气体可以帮助气球飘浮在空中；还有些气体可以装入瓶中，被潜水员带入深海，以便在水下呼吸。

气体也被工厂用来制造很多其他有用的物质，如塑料、漂白剂和药品，还可以制造肥料、炸药和染料等。

左图中的天然气处理厂正在燃烧天然气。天然气管道一般会被埋在地下，将气体输送到家庭和工厂中供人们使用。

观察空气

如果在刮风的时候外出，你会感觉到风吹拂着你的身体、头发和衣服；你会看到树和花朵在风中摇曳，云彩在天空中随风飘荡；烟囱里的烟也被风吹得飘向了一边，而不是笔直向上。是什么在推来推去？是什么在移动周围的一切？答案是空气。

化学与生物学小百科探索 "看到"空气

这是一个可以让你"看到"空气的实验。

视频演示

请准备

- 1个玻璃杯
- 1碗水

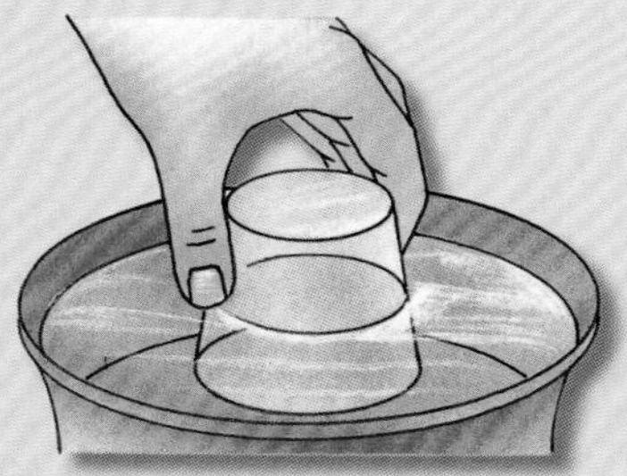

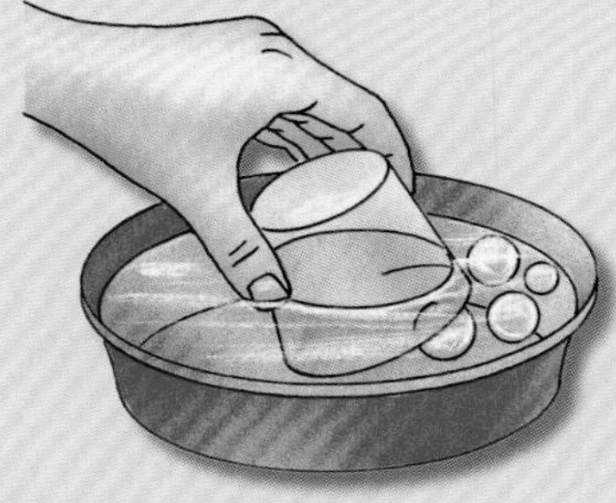

1 在碗里装满水，将玻璃杯倒置在水面上，然后将其慢慢按入水中。因为杯子里面的空气比水轻，所以很难把它按下去。

2 继续用力，玻璃杯倒置扣在碗底，此时水无法进入玻璃杯，因为杯子里仍然充满了空气，你可以"看到"里面的空气。

3 让玻璃杯倾斜，你会看到有气泡冒出水面。

化学与生物学小百科探索 空气向上推动

空气从四面八方推挤着所有的人和物，甚至可以向上推。你可以通过下面的实验来证明这一点。

请准备

- 水
- 1个玻璃杯
- 1张硬卡片

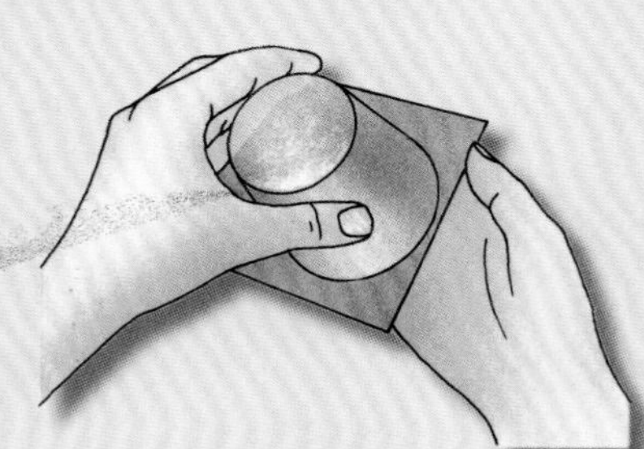

如果卡片太软，或者玻璃杯没有装满水，这个实验就不会成功，水会洒出来。请在浴缸、水槽里或室外做这个实验。

1 把玻璃杯装满水，把硬卡片平放在玻璃杯口上。

2 将硬卡片牢牢地固定在手掌中，小心且迅速地将玻璃杯倒置。

3 松开手，硬卡片将保持在原位，并将水封存在玻璃杯中。这是因为硬卡片下方的空气对卡片的推力足以将其固定在原位。

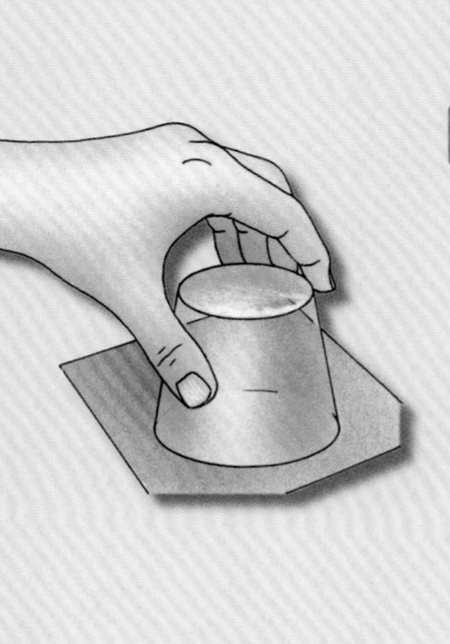

视频演示

想了解更多，请看本书第6，7，10，11页

空气中有什么

空气中大约有五分之一的气体是氧气。没有氧气，人类和其他动物将无法生存。当我们吸气时，肺会从空气中吸收我们需要的氧气。空气中另一种非常重要的气体是二氧化碳。当我们呼气时，会将二氧化碳释放到空气中。植物会吸收生长所需的二氧化碳，并制造氧气，然后将氧气释放到空气中。

空气中大约五分之四的气体是氮气。我们吸入氮气，但并不会吸收利用它。空气中也有少量的其他气体，例如氩气。我们吸入空气后，其中的氩气也不会被吸收利用。空气中还含有微量的水蒸气。

绿色植物吸收空气中的二氧化碳，利用二氧化碳和水产生葡萄糖，葡萄糖是一种用于提供能量的糖。在这个过程中，植物通过叶子释放氧气。

人和动物不同于植物。人和动物从空气中吸入氧气，同时释放二氧化碳。

消耗氧气

不仅生物在消耗空气中的氧气，燃烧也需要氧气。太空中没有氧气，所以在那里火柴不能被点燃。

氧气也会与其他物质混合，有时甚至会使物质发生改变。氧气和水混合后，能使铁生锈。当铁生锈时，会消耗空气中的氧气。

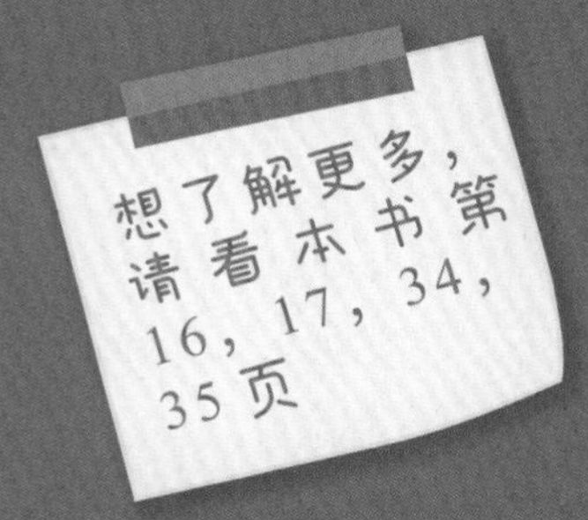

化学与生物学小百科探索　生锈的过程需要氧气

请准备

- 肥皂
- 水
- 1个浅底盘
- 食用色素
- 1个马克笔
- 钉子或大头针
- 若干铁丝
- 1个塑料杯
- 1个大玻璃瓶

1 用肥皂水清洗铁丝，去除表面油渍。

2 往浅底盘里倒入大约2cm深的水，向水中加入6滴食用色素，并使其充分混合。

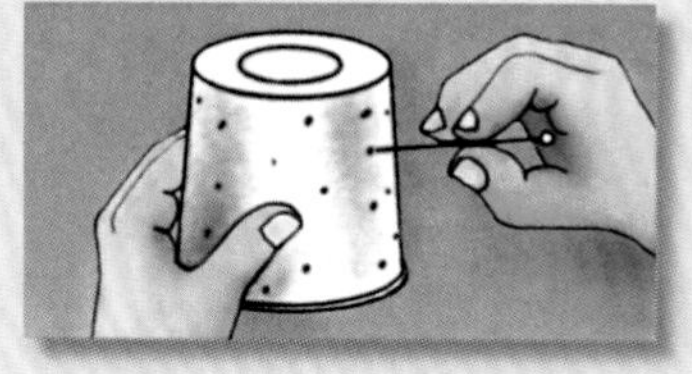

3 用钉子或大头针在塑料杯上戳几个洞，然后把杯子倒扣在水里。

4 将铁丝放在杯子顶部，把大玻璃瓶扣在铁丝和塑料杯上，在玻璃瓶的侧面标记水位。

5 等待几天，如有必要，再加些水，时不时地轻轻摇动玻璃瓶，让里面有更多的水。小心别让空气进来。

随着时间的推移，铁丝会开始生锈。生锈的过程会消耗氧气。随着氧气的消耗，玻璃瓶里的水位会上升，填补被腾出的空间。最终，所有的氧气都将被耗尽，水将占据玻璃瓶中大约五分之一的空间。

大气层

你知道我们生活在“气体海洋”的底部吗？这层由气体构成的“海洋”被称为大气层，将地球完全包围。大气层从地球表面延伸到大约1600km外的太空。我们最适合在地球表面或近地表的低层大气中生存，因为离地球表面越远，可呼吸的空气就越稀薄。

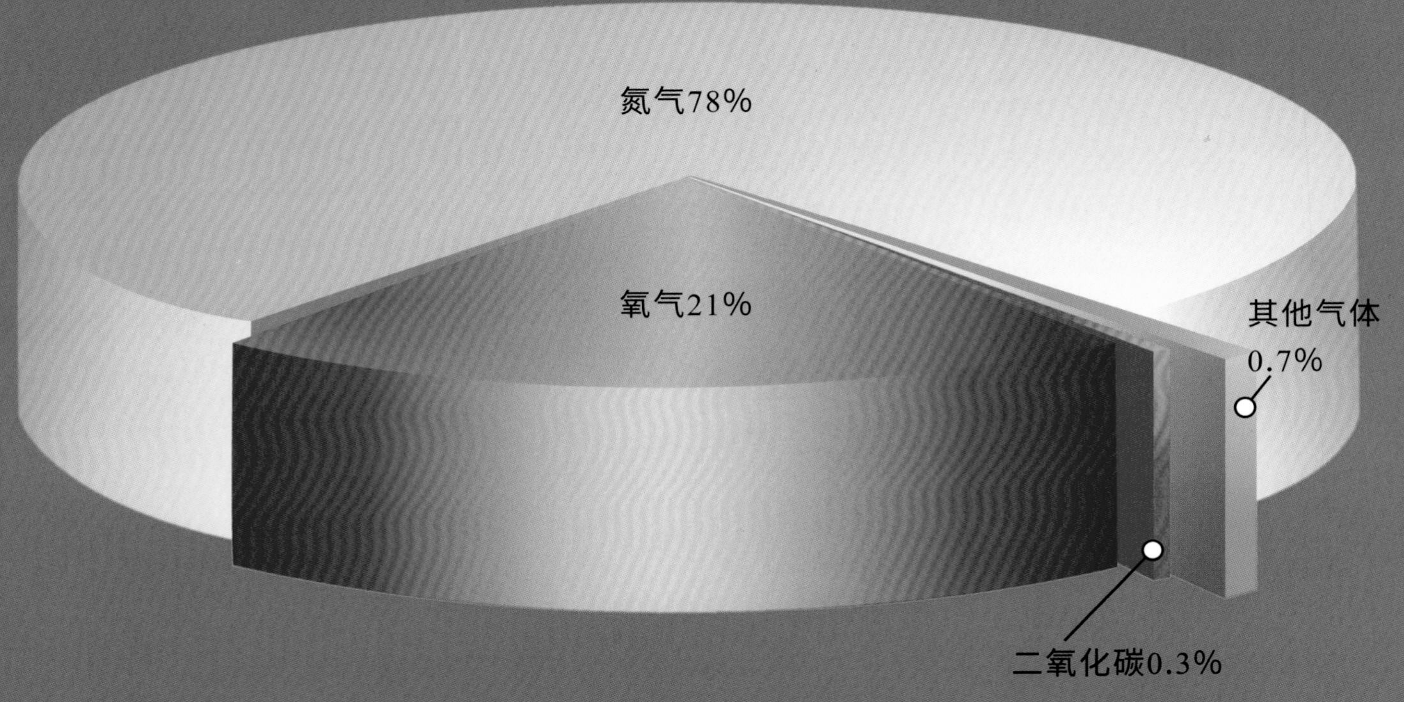

对流层含有上图中的这些混合气体。

臭氧层

大气层随着海拔的升高而变得稀薄。地球上的生物所需的所有气体都在对流层（最接近地球表面的一层大气）。再上一层是平流层，包含大部分臭氧层。

臭氧是通过太阳的紫外线将大气中的一些氧气转化而形成的一种气体。臭氧在地球周围形成一层薄薄的臭氧层，可以阻挡太阳的大部分有害紫外线到达地球。有些人说臭氧闻起来像大蒜，还有些人说它闻起来像海藻，但实际上氧气原本是没有任何气味的。平流层下面的温度只有－55℃左右。

高度/km	温度/℃	
480		外层
400	2000	
200	600	
80	−100	电离层
48	−2	中间层
16	−80	平流层
0	25	对流层

对流层以外

平流层大约有32km厚。当你自下而上穿过平流层时，温度会稳步上升，但即使在最顶部，温度仍然只有−2℃。

平流层之上是中间层，然后是暖层，暖层的下部和中间层的上部统称为电离层。在这条气体带的上端，温度变得非常高。无线电信号可以通过电离层反弹实现远距离发送。像氮气这样较重的气体更倾向于靠近地球的气层，所以在100km以上的高空中，更多的是轻气体，比如氦和氢。

如果你在400多千米以上的高空飞行，你会发现空气非常稀薄，以至于在这个区域环绕地球运行的卫星几乎不会遇到空气阻力。这里的温度极高，高达2000℃。大气层的最上层，即外层，逐渐与外层空间相互融合。

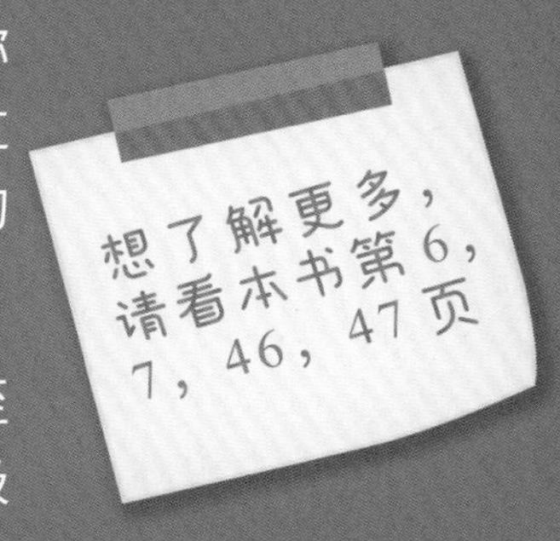

风

我们看不见风，也看不见流动的空气，但能感觉到它，看到它在吹动物体。强风可能会损坏建筑物，也可能将树木连根拔起，不过它也可以使风车的叶片转动来制造能量，所以我们可以利用风。

磨盘可以利用风车旋转叶片产生的动力磨碎小麦。许多年前，大多数小麦都是用这种方式研磨的。如今，我们可以利用风力带动风车叶片旋转来让发电机发电，即风力发电。

化学与生物学小百科探索 制作风车

请准备

- 1支铅笔
- 1把直尺
- 1张薄纸片（10cm×10cm）
- 1根针
- 1把剪刀
- 1颗小珠子
- 1根长约20cm的棍子
- 1颗小钉子

视频演示

1 用铅笔在薄纸片上画两条对角线，在每个角的线条左边用针扎一个小孔，在线条交叉的中心点也扎一个孔。

2 沿着每条线向中心剪，剪到一半的位置。

3 弯曲每个角，使四个角边缘上的孔都位于中心孔之上，把钉子从中心孔穿过去。

4 把小珠子从钉子的尖端穿过去，再把钉子的尖端牢牢地插进棍子里（你可以先用一颗小钉子在棍子上钉个孔）。

5 现在向你的风车吹气，它朝哪个方向转动？从正面吹还是从侧面吹风车转动的效果更好呢？

风的强度有多大

有时我们需要知道是否会有强风。风速是以千米/时（km/h）为单位测量的。天气预报员可以通过蒲福风级来告诉我们风的强度，蒲福风级是根据风对建筑物、树木、水等的影响程度而制定的风力等级。

当蒲福风级为0级时，基本没有风，烟笔直升到空中。

当蒲福风级为4～5级时，小树和灌木会在风中摇曳。

当蒲福风级达到6～7级时，风力相当强，会将大树吹弯。

当蒲福风级为9～10级时，意味着大风。树木可能会被吹倒，屋顶上的瓦片可能会被吹落。

飓风和龙卷风是非常猛烈的风，它们的蒲福风级是12～17级，风速可达160km/h以上。飓风和龙卷风能摧毁所经之处的所有东西。

借助气体飞行

1783年，有史以来第一位乘坐热气球升空的是法国人，他的名字叫让·弗朗索瓦·皮拉特尔·德·罗齐尔（1754—1785）。第一架飞机在120年后才成功升空。

至今，热气球仍被应用于飞行，你可能见过那种色彩鲜艳的热气球，下面有个篮子，用来搭载乘客。热气球上升是因为气球内部的气体，如热空气或氦气，比空气轻，使热气球可以上升并飘浮在空中。

小气球

最早的热气球下面装了一个火堆，火堆使热气球里充满了热空气。如今，热气球驾驶员在热气球上安装了燃烧器，燃烧器连接着丙烷罐，当气球温度过低时，驾驶员就会对气球内的空气进行加热。

当你吹气球时，气球里面的空气并不比外面的空气热多少，所以气球不会自己飘走。在集市和公园里，有时你可以买到充满氦气的气球，由于氦气比空气更轻，所以这些气球会自己飘向远方的天空。

当热气球里的空气被加热时，热气球会上升；当热气球里的空气冷却时，热气球会下降，被风轻轻地吹向一边。

想了解更多，请看本书第14和第15页

飞艇比飞机耗油量少很多，飞行速度也比飞机慢得多。

飞艇

飞艇是一种比空气轻的航空器，它机身巨大，充满气体。氦气使飞艇飘浮在空中，发动机和螺旋桨推动飞艇前进。大多数飞艇都有一个外表面，称为外壳。在艇体下方悬挂着一个吊舱，用来运载船员和乘客。

飞艇现在已经很少使用了，因为它们飞得太慢，最快的速度只有130km/h，超音速飞机现在的飞行速度可达2000km/h以上。

机翼

热气球和飞艇之所以能飞离地面，是因为它们内部的气体比外部的空气更轻或者说密度更低。而飞机比空气重，它们怎么还能在空中飞行呢？

机翼是什么

飞机机翼的形状使飞机可以向上运动，使其具有升力。如果你从侧面观察飞机，你会发现机翼的上表面是弯曲的，而下表面则比较平直，这种形状的翼叫作机翼。

当飞机在飞行时，经过机翼顶部的空气必须比机翼下方的空气流动得更快，使顶部的空气对机翼向下的推力小于底部空气向上的推力，这样，飞机才能升起并在空中飞行。

起飞和降落

飞机起飞时，需要很大的升力。观察一架大型客机，你会发现机翼后部内侧或尾部边缘有一些可移动的襟翼，这些襟翼可以下降。当襟翼下降时，增加了机翼的上表面积，因此，空气在顶部表面流动的距离比底部更远，降低的襟翼增加了起飞时的升力。除了通过降低速度保持升力外，降下的襟翼还有助于飞机缓慢下降。

当飞机在空气中飞行时，机翼会产生升力，因为在它顶部表面的空气向下的压力小于来自下面空气向上的压力。这种压力差使飞机上升。

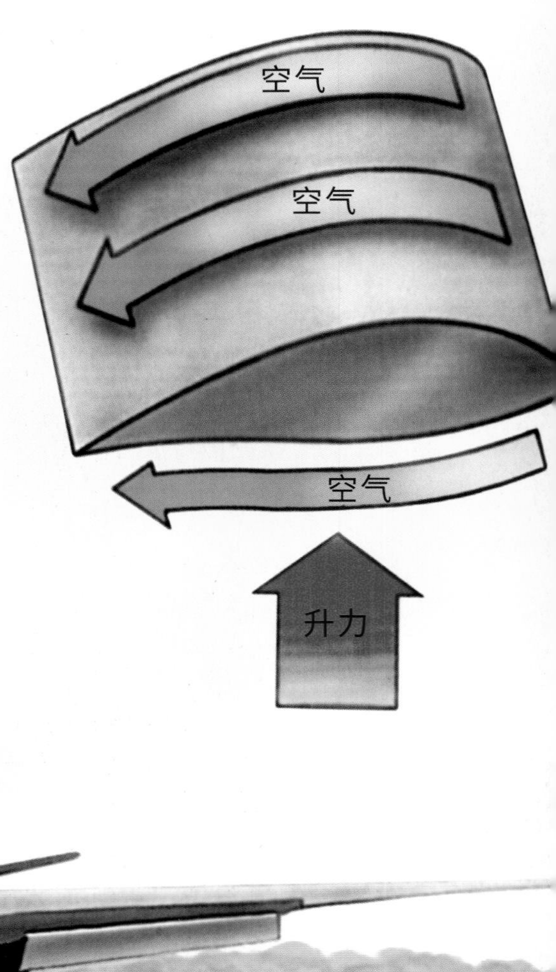

风筝种类繁多。当风筝保持在正确的角度时，风提供的升力可以使它在空中飘荡。

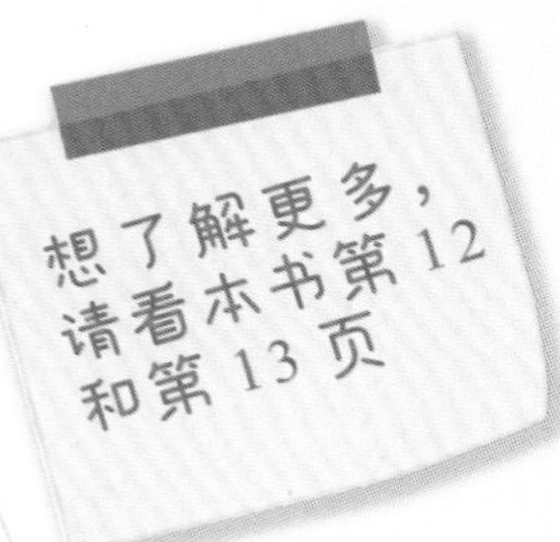
想了解更多，请看本书第12和第13页

化学与生物学小百科探索 制作机翼

请准备

- 1张纸
- 胶带

1. 把纸对折，将纸的上半部分边缘往后移一点，纸会向上弯曲。用胶带小心地把上半部分边缘粘住，这样就形成了一个机翼。

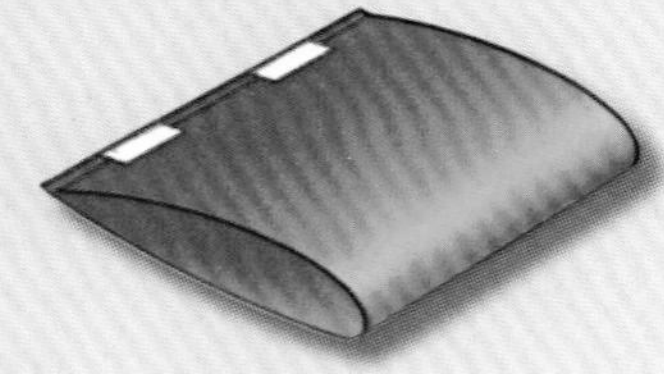

2. 把你的机翼放在桌子边上，在与桌子边缘齐平的位置用嘴吹气。这时会发生什么？为什么？

密度是什么

氦气很轻，它比空气轻。但是“轻”这个字用在这里并不准确。科学家们说，氦的密度比空气小，因为它的质量小于相同体积的空气。二氧化碳的密集程度比空气大，所以我们说它的密度比空气大。

我们可以用下面这种方法来理解密度：想象三个大小相同的盒子，一个盒子里装满空气，一个盒子里装满氦气，还有一个盒子里装满二氧化碳。如果称一下每个盒子的重量，你就会发现装有二氧化碳的盒子最重，装有氦气的盒子最轻。

每个盒子里都装有相同体积的气体，但不同密度会使它们具有不同的质量。

所有气体的密度都不同。在体积相同的情况下，有些气体，如氦气，比空气轻；而二氧化碳，比空气重。气体的质量需要使用非常精准的小计量单位的秤称量。

化学与生物学小百科探索 有些问题需要你来解答

1. 左图的气球里装的是空气，盒子里装的是氦气还是二氧化碳？这个盒子里装的可能是空气吗？
2. 右图中的两个气球大小完全相同。一个气球里装的是空气，另一个气球里装的会是什么气体？

空气

1 盒子里装的是二氧化碳。气球是浮起来的，所以盒子里的气体一定比气球里的气体密度更大。如果盒子里装的是空气，气球就不会浮起来了。

2 答案是二氧化碳。位置越低的气球越重，所以它装的一定是比空气密度更大的气体。

气压是什么

看看窗外，空气在流动吗？有时，空气的流动可以使树枝摇曳。由于空气有质量，又从不同方向不断地对地球施压，从而产生了气压。如果你住在海拔较高的地方，或者去摩天大楼的顶部，你会发现那里的气压较小，这是因为上面的空气比较稀薄，因此气压较低。

在地球表面或附近，空气总是从高压区向低压区流动。温度对气压的影响很大，当热空气上升时，地面会产生一个低压区；当较冷、较重的空气流向低压区取代上升的空气时，风就产生了。

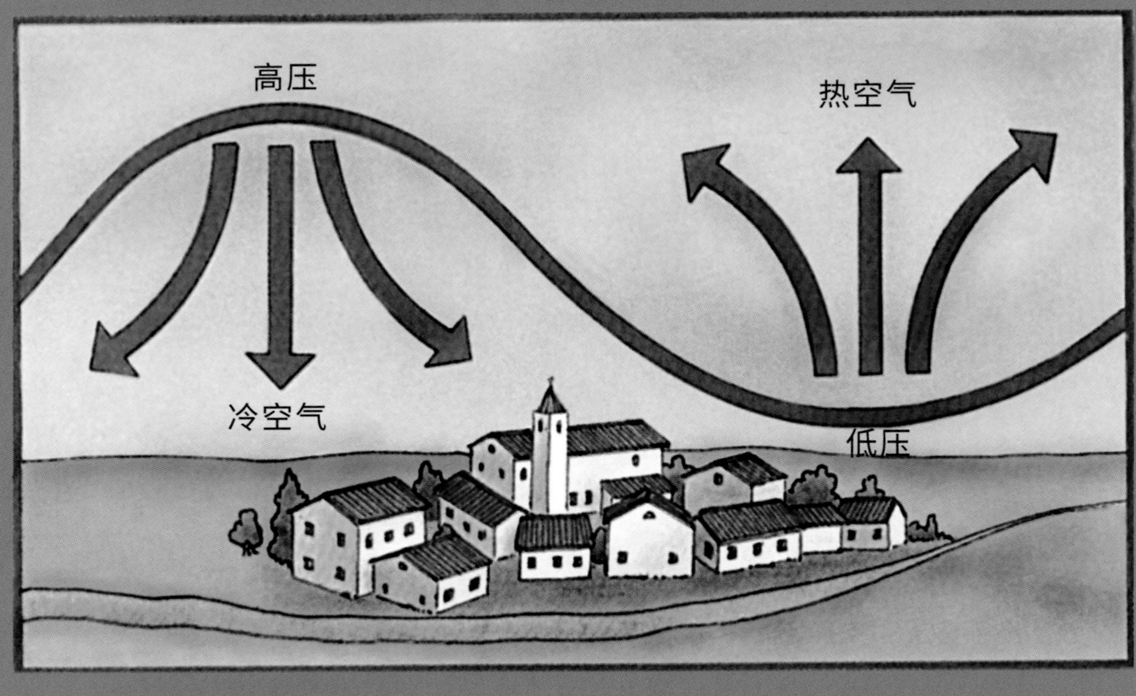

冷空气比热空气重，冷空气从高压区域下沉，热空气上升，形成低压区域。

气压计是如何工作的

你可以通过测量气压来预测未来几个小时的天气情况。

用来测量气压变化的仪器叫气压计。如果你家里有，那可能是一个无液气压计。气压计的玻璃表盘后面有一根针，上面分别标着“良好”“一般”和“暴风雨”。如果你在早上轻轻敲击玻璃表盘，指针将指向当天预计的天气情况。

气压计的类型

无液气压计内部是一个金属盒或腔室，几乎里面所有的空气都被排出。腔室的金属非常薄，以至于外部气压的微小变化都会使其弯曲，并使指针旋转，从而指向刻度盘上的一个新刻度。

水银气压计测量空气压力更精确。一根长长的玻璃管里装满了水银，水银是一种银色的液态金属。水银管的一端是密封的，开口端朝下放置在水银槽里，一些水银会留在水银管里。水银槽中水银表面的气压支撑着水银管中水银柱的高度。随着气压的变化，水银柱会上升或下降，水银管旁边的刻度即可显示压力测量值。

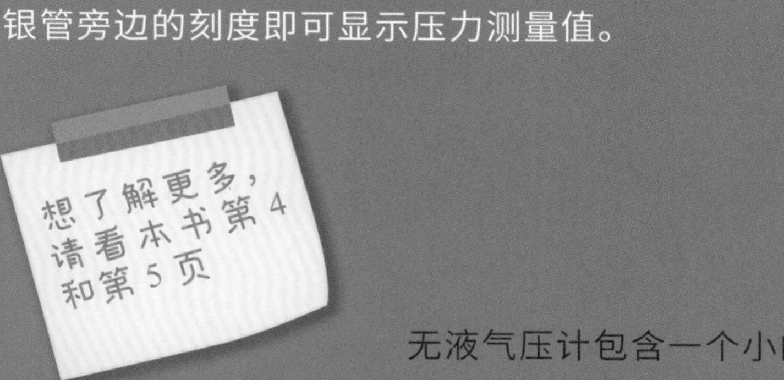
想了解更多，请看本书第4和第5页

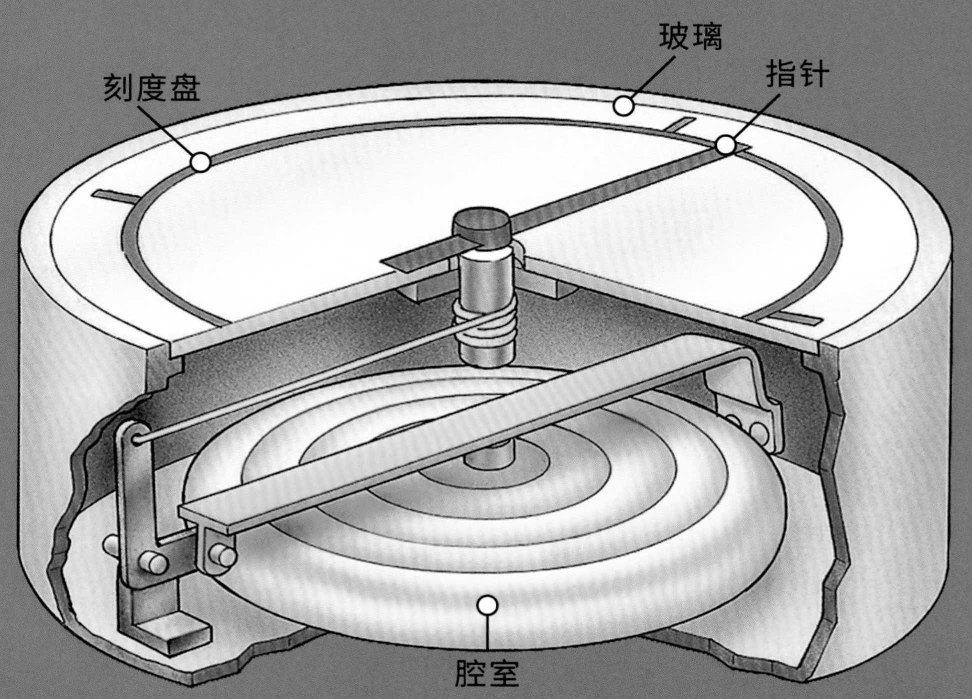

无液气压计包含一个小的金属腔，对空气压力的变化很敏感。

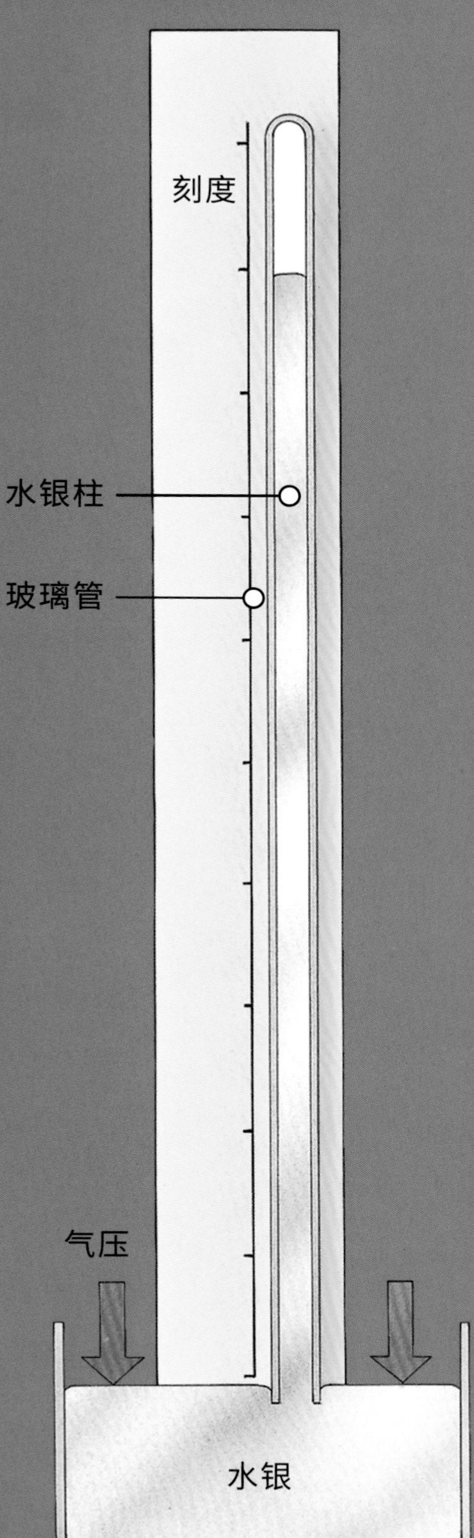

水银气压计是一种预报天气的仪器。

火箭

吹一个气球，然后松开它。从气球口流出的高压空气的力量使气球漫无目的地随处乱窜，这种推动气球前进的力称为推力，正是这种推力使火箭升空。太空火箭和烟花都是利用高温气体产生推力的，即把一些物质的混合物点燃并快速燃烧，这种燃烧所产生的力会指向一个方向，这种力使火箭朝相反的方向运动。

化学与生物学小百科探索 控制推力

你可以控制气球的无规则飞行。

请准备

- 1个气球
- 带孔的中等大小的纽扣

带左侧警告标志的实验需要成年人参与。确保带有纽扣的气球口没有朝向你的眼睛。

1 给气球充气，抓住它的开口，不要打结。

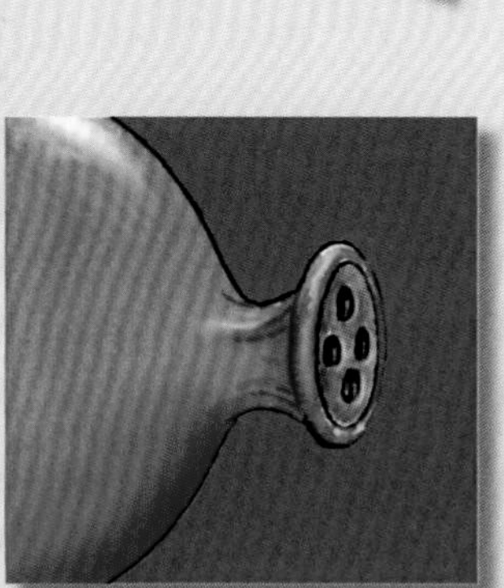

2 把纽扣塞进气球的口里，使气球口紧紧套住纽扣。

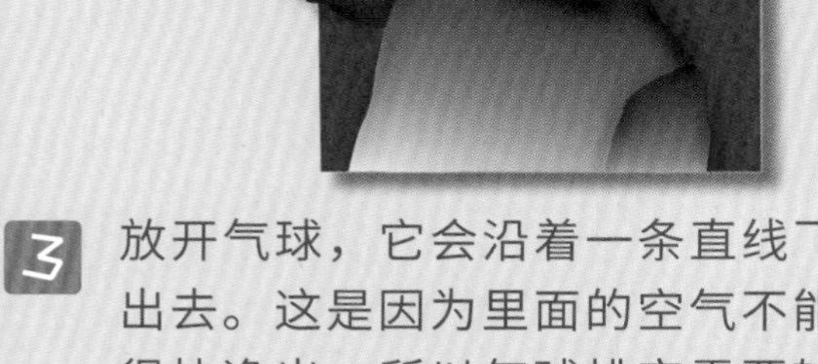

3 放开气球，它会沿着一条直线飞出去。这是因为里面的空气不能很快逸出，所以气球排空需要较长时间。

被吹鼓后的气球乳胶外皮对气球内部的空气施加压力，但纽扣开口可以控制对气球的推力。

制造推力

很多物质的混合物都可以用来产生推力。氢气和氧气这两种气体的混合物常用于太空火箭，这些气体被冷却并变成液体，储存在比正常状态所需的更小的空间中。

当氢气与氧气混合时，特别微小的火花都能使该混合物燃烧起来。高温气体在火箭内部被点燃，然后从火箭底部喷出。这种燃烧的能量可以被控制和引导，为火箭提供进入地球轨道或外层空间所需的推力。

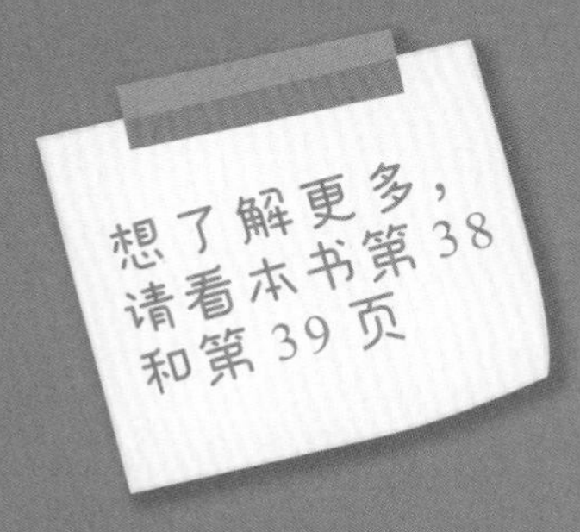
想了解更多，请看本书第38和第39页

发现号航天飞机从美国佛罗里达州肯尼迪航天中心发射，高温气体产生的推力将火箭送入太空。

冷热气体

当锅中的水沸腾时会发生什么？如果你不把锅从火上拿开，所有的水都会以气体的形式蒸发。物质可以是固体、液体或气体。我们通常将水视为液体，当水很凉时，就会变成固体（冰）；当水很热时，就会变成气体（水蒸气）。物质的状态取决于它的温度。

二氧化碳在非常低的温度下会变成固体，这种固体叫作干冰。在室温下，干冰又会变成气体。它常被用于在电影中和摇滚音乐会的舞台上制造烟雾。干冰的主要用途之一是帮助我们储存食物。

当气体被加热时，气体分子加速移动，占据更多的空间，使气体膨胀。

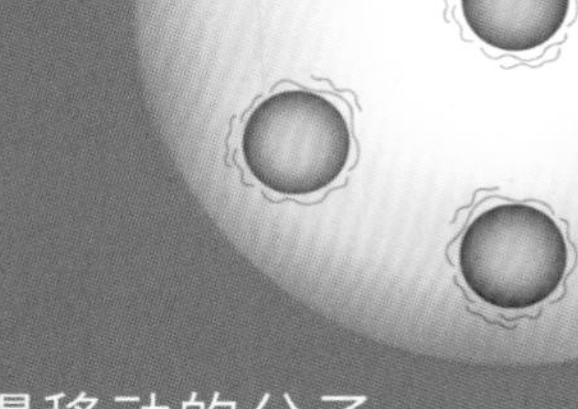

缓慢移动的分子

改变压力

改变物质状态的另一种方法是改变施加在物质上面的力，这种力叫作压力。想象一下，在几乎没有压力的外太空打开一瓶水会发生什么？水会立刻蒸发掉！

快速移动的分子

固态二氧化碳在室温下又变成气体，这种气体又重又冷，所以会落到地板上，并冷却空气中的水蒸气形成烟雾。

化学与生物学小百科探索　气体的膨胀和收缩

所有的气体都是由被称为原子的微小粒子组成的。许多气体是由成群的原子组成的分子。例如，氧气分子由2个氧原子组成。气体分子始终在运动，当气体受热时，分子运动加速，相互碰撞，分子分散，气体会占据更多的空间，密度降低；当气体冷却时，分子收缩，占据的空间变小。这个实验展示了空气在冷却时是如何收缩的。

请准备

- 1个长条状气球
- 冰箱或冰柜
- 棉线

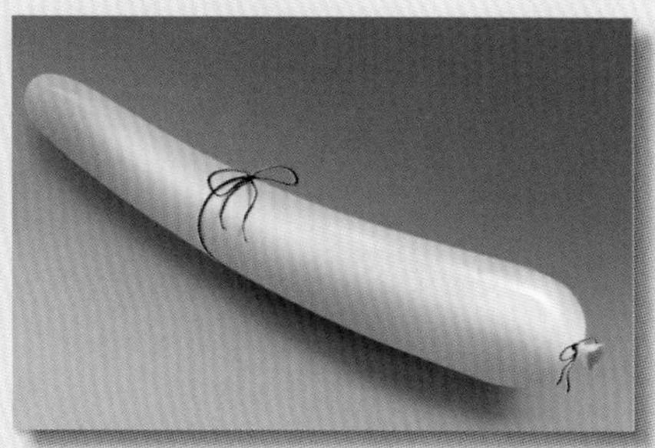

1 把气球吹起来，将末端扎好。在气球中间紧紧地系一根线，紧到让线无法移动。

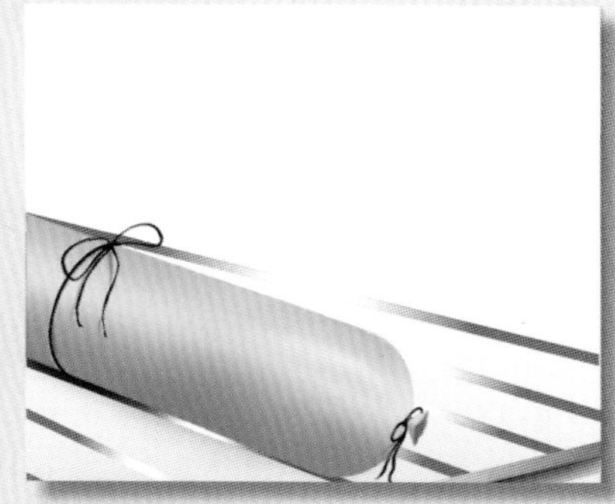

2 把气球放在冰箱或冰柜里一个晚上或更长时间。

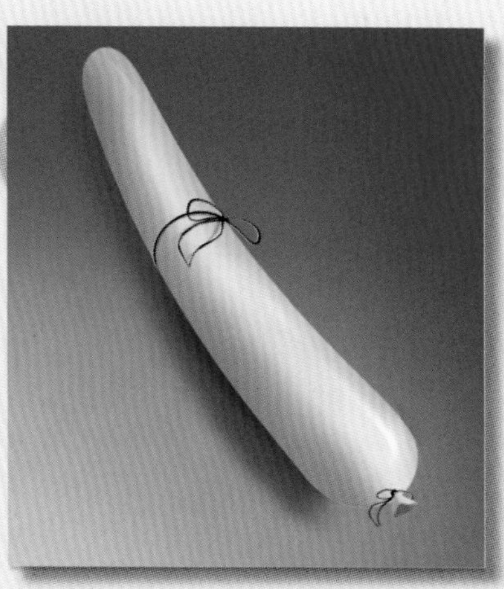

3 取出气球，观察气球的不同之处。说说发生了什么，为什么？

随着气球里的空气变暖，气球又发生了什么变化？解释一下你所观察到的现象。

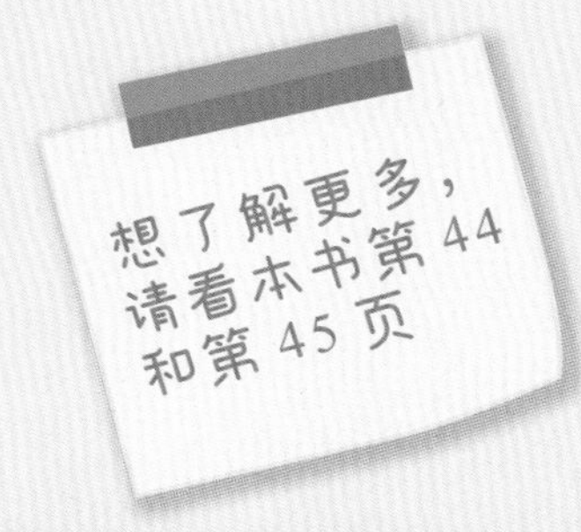

压力下的气体

气体最重要的特性之一，是它们可以被压缩到更小的空间里。你可以通过实验证明这一点。

化学与生物学小百科探索　压缩空气

你认为是压缩空气比较容易，还是压缩水比较容易？通过这个简单的实验，找出答案。

请准备

- 水

- 1个有盖子的塑料瓶

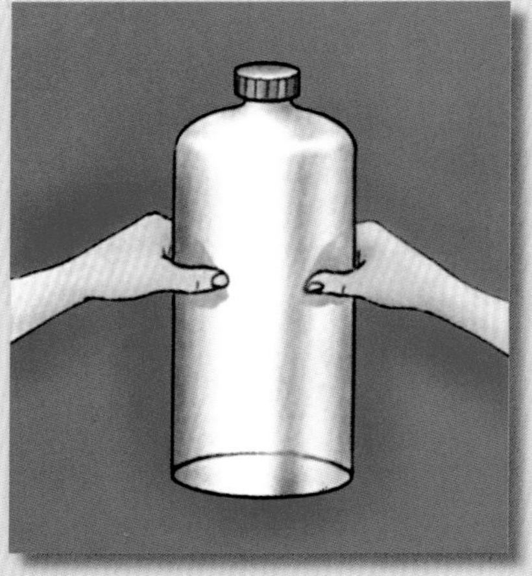

1 把瓶子装满水，拧上瓶盖。然后挤压瓶子的边缘，对水施加压力后，水有什么反应？

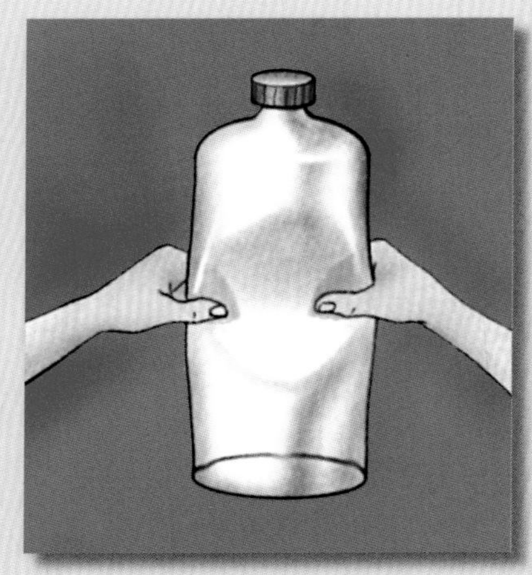

2 倒出水，拧上瓶盖。再次挤压瓶子的边缘。空气对压力的反应和水是一样的吗？

使用压缩空气

我们以许多不同的方式利用压缩气体。你可能见过工人们使用由压缩空气驱动的钻机挖掘道路，在家里或学校里可能会有一个燃烧压缩气体的炉子或加热器，这种气体被储存在金属容器中，被称为瓶装气体。丁烷和丙烷是两种常见的瓶装气体。容器中的高压使丙烷保持液体状态。

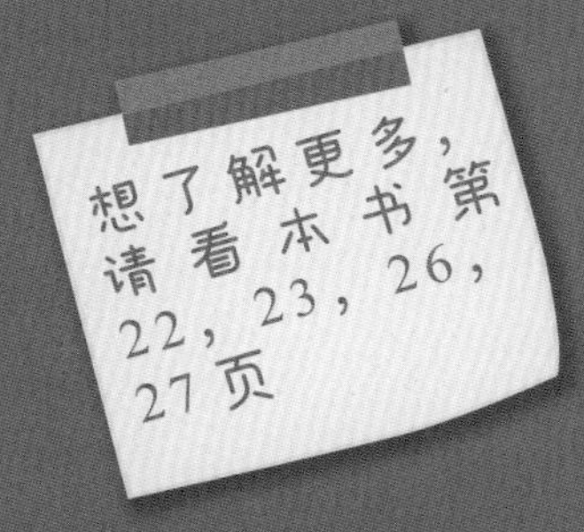
想了解更多，请看本书第22，23，26，27页

瓶装气体

瓶里的液体，被释放出来时变成气体。

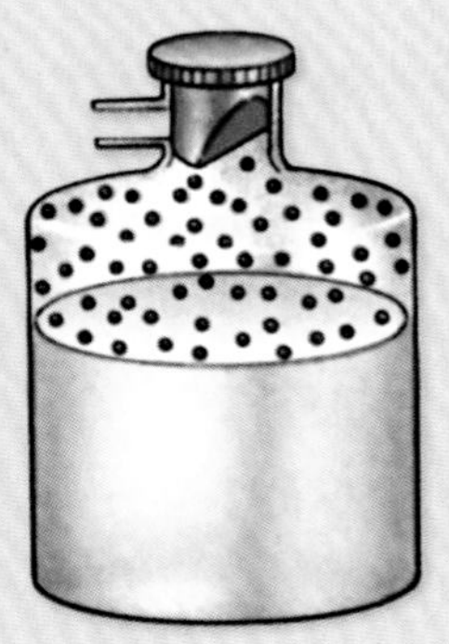

1 瓶子上的阀门是关闭的，气体充满了液体上方的空间。

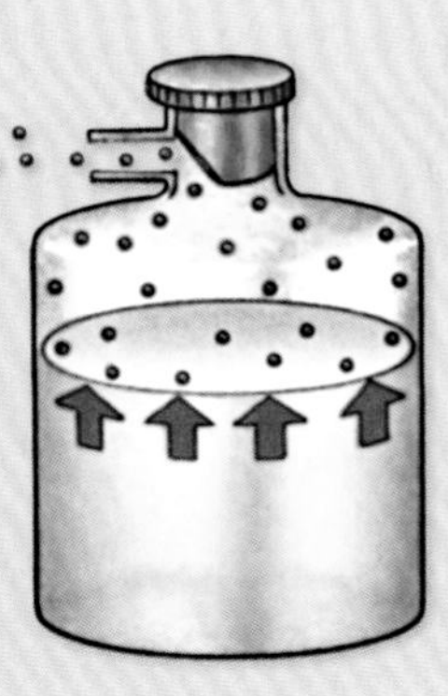

2 打开阀门，放出一些气体。瓶子内的压力会降低，更多的液体变成了气体。

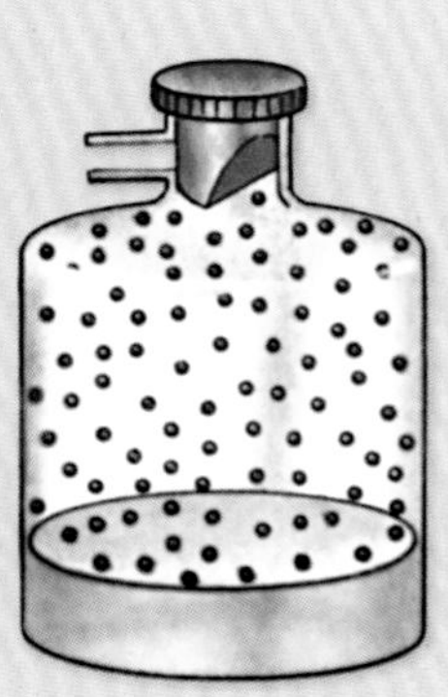

3 阀门再次关闭，现在瓶内气体增多了，液体减少了。

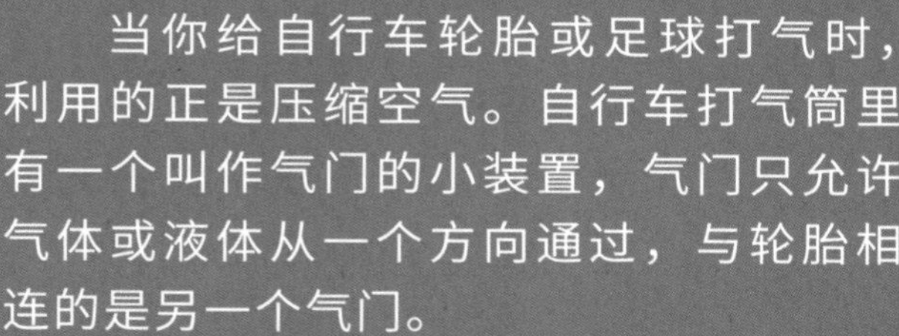

泵的工作原理

当你给自行车轮胎或足球打气时，利用的正是压缩空气。自行车打气筒里有一个叫作气门的小装置，气门只允许气体或液体从一个方向通过，与轮胎相连的是另一个气门。

当泵的活塞被向下推时，连接到轮胎上的气门打开，空气被压入轮胎；当活塞被拉回时，轮胎上的气门关闭，因此没有空气逸出。

同时，活塞末端的气门允许更多空气进入泵内，每一次向下推活塞时，这些空气便被压入轮胎。

如果把你的拇指放在打气筒末端的出口处，并推动打气筒把手，就会把里面的空气压缩到一个非常小的空间里，向下推动会变得越来越费力。

液体中的气体

在一杯水中放入一匙盐，搅拌均匀，你会发现盐慢慢从视线中消失，溶解在水里。你怎么知道盐还在水中呢？试着尝尝这杯水。

气体也可以溶于液体，咸水和淡水中都含有大量的溶解氧。鱼在水中游动时，通过用嘴吸水的方式从水中摄取氧气，这就是鱼的呼吸。

气泡

每次喝碳酸饮料时，你喝的是溶解在液体中的气体，这种气体是二氧化碳，瓶中的压力是用来溶解饮料中的二氧化碳的。

这种碳酸饮料在工厂装罐时处于压力之下。当你打开一个装着碳酸饮料的罐子时，压力被释放出来，成千上万的二氧化碳气泡涌出。当你喝饮料时，可以感觉到一些气泡在你的舌尖爆裂。

摇晃你的饮料

如果在打开罐子之前摇晃碳酸饮料，将会影响饮料的起泡性，摇动饮料会产生更多微小的气泡。当罐子打开时，这些气泡中的气体立即膨胀，使饮料产生大量泡沫。

如果让罐口一直开着，泡沫会逐渐消失，因为它不再处于压力之下，二氧化碳会逃逸到大气中。

想了解更多，请看本书第24和第25页

化学与生物学小百科探索　制造气泡

自己尝试在液体中制造气泡。

请准备

- 1把钢勺
- 泡打粉
- 1个玻璃杯
- 水

在玻璃杯中加入半勺泡打粉，加水搅拌。说说泡打粉溶解时发生了什么。

为了证明有气体溶解在水中，将玻璃杯装满自来水，静置数小时后，玻璃杯中发生了什么？

控制气体

如果你想把外面的空气带到房子里，那很容易。你可以拿一个空罐子，在外面晃来晃去，直到原来罐子里的空气完全没有了，然后把盖子盖上，回到室内打开罐子就可以了。

水上气体

把其他气体收集到容器中要比把新鲜空气收集到罐子里困难得多。有一种方法叫作排水集气法，这一方法大量应用于科研和工业中，用于收集不溶于水的气体。

在科研实验室里，科学家经常需要分析一种物质的组成成分。他们可以加热该物质，看看是否会有气体产生。排水集气法是利用一个倒置的、装满水的罐子使气体在水中冒泡，当罐中的水被排出并充满气体时，收集就完成了。用这种方法收集的气体是纯净的，没有空气混进去，这样科学家就可以对纯净气体进行测验了。

化学与生物学小百科探索 收集呼吸产生的气体

你可以很容易地在水下收集到呼吸产生的气体。

请准备

- 水

- 可弯曲的吸管

- 1个塑料盆
- 1个带密封盖的玻璃瓶

想了解更多，请看本书第6，7，26，27页

1 将玻璃瓶放在盆里，向盆中倒入足够多的水，让水完全没过玻璃瓶。

2 将玻璃瓶倒转过来，不要将瓶口提出水面，保持瓶子里一直装满水。

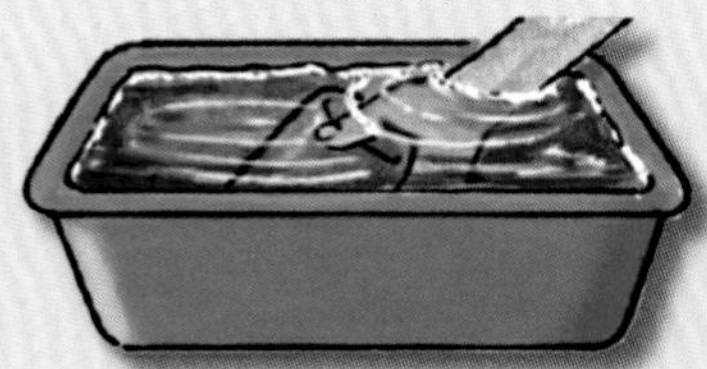

3 用一只手牢牢握住玻璃瓶将其慢慢倾斜，把吸管的一端直接放在瓶口下面，另一端放进嘴里。

4 轻轻地向吸管中吹气，你吹出的气体会慢慢排出玻璃瓶里的水。继续吹，直到所有的水都从玻璃瓶里流出。

5 现在这个玻璃瓶几乎充满了你呼出的气体。在水中拧紧瓶盖。

因为你呼出的气体中充满了二氧化碳，所以现在玻璃瓶里二氧化碳的含量比正常空气中的多。

呼吸

你试过憋气吗？有时，当我们试图听清一个微弱的声音时，会屏住呼吸，但我们很快就要重新开始呼吸。呼吸系统是自动的，我们无时无刻不在呼吸，无论是在醒着还是睡着的时候。

空气中含有多种气体，包括氧气。因为我们的身体需要使用氧气，所以我们吸入氧气。空气中的其他气体对人体没有任何用处，我们会将其呼出。

当我们和很多人一起待在一个窗户紧闭的房间里时，可能会感到困倦，这是因为这些人正在消耗空气中的氧气，同时呼出二氧化碳，使帮助我们产生能量的氧气越来越少。一旦我们打开窗户，让更多的氧气进来，就会感觉不那么疲惫了。

像这位跑步者一样，运动员们需要充足的氧气来提供能量，所以要急促地呼吸。

化学与生物学小百科探索　测试你的呼吸频率

你呼吸的快慢取决于你在做什么，呼吸的速度叫作呼吸频率。当你睡觉的时候，不需要太多的能量，只需要少量的氧气，所以呼吸得很慢；如果你在赛跑，则需要充足的能量，呼吸将更快更频繁。当你进行不同的运动时，观察自己的呼吸频率。

请准备

- 请一位朋友帮你记数
- 笔记本和铅笔

- 有秒针的手表

1. 闭上眼睛，在椅子上静坐5min左右，让你的朋友记录你1min呼吸了多少次。

   用手表精确地测量时间，1次吸气和1次呼气算作1次呼吸，然后写下结果。

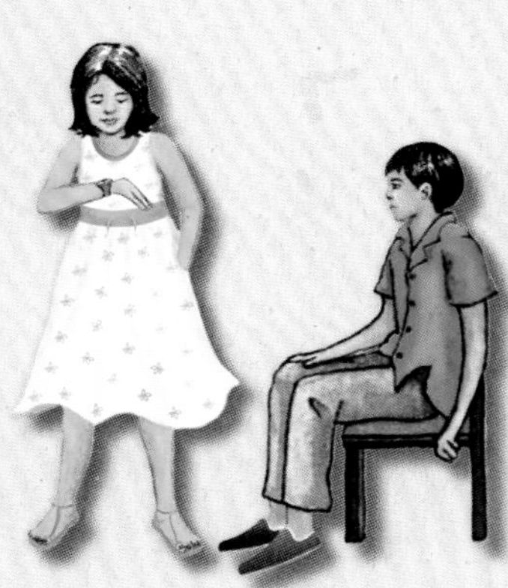

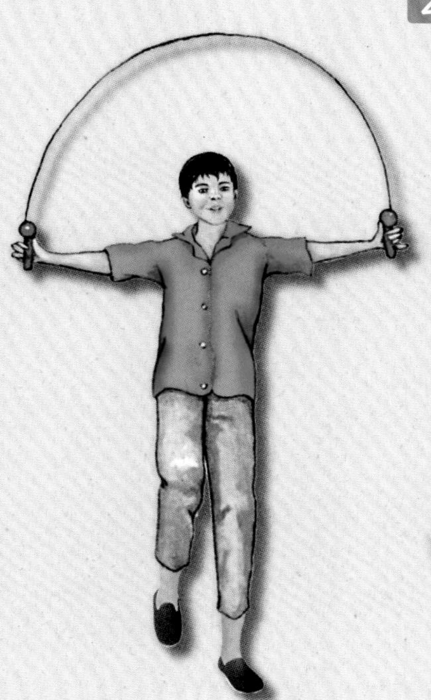

2. 分别进行如下运动：跑步60m、骑自行车、跑步上楼、跳绳20次，重复使用上述方法进行计数。每次活动之后休息几分钟，让你的呼吸平静下来。

   哪种运动让你呼吸得最快？哪种运动让你呼吸得最慢？

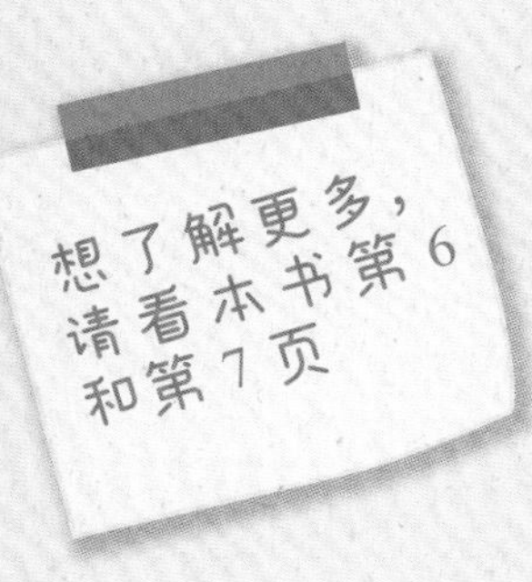

燃烧

在寒冷的夜晚，坐在煤炉或柴火旁是很惬意的，你觉得呢？下次有机会坐在火炉旁烤火时，你可以仔细观察一下舞动的火焰。火焰通常是红色、橙色或黄色的，但有时也会是蓝色、绿色或淡紫色的。

煤或木材受热时会释放可燃气体，火焰是燃烧这些气体时产生的，燃烧的另一种说法是氧化反应。

当空气中的氧气与另一种气体、固体或液体结合并释放出能量时，便是发生了氧化反应，这种能量通常以光和热的形式释放。

表面燃烧

当你进行烧烤时，燃烧木炭使其变热，木炭直接与空气中的氧气结合并开始发光，木炭不会先释放气体，所以炭火中没有火焰，这种燃烧叫作表面燃烧。

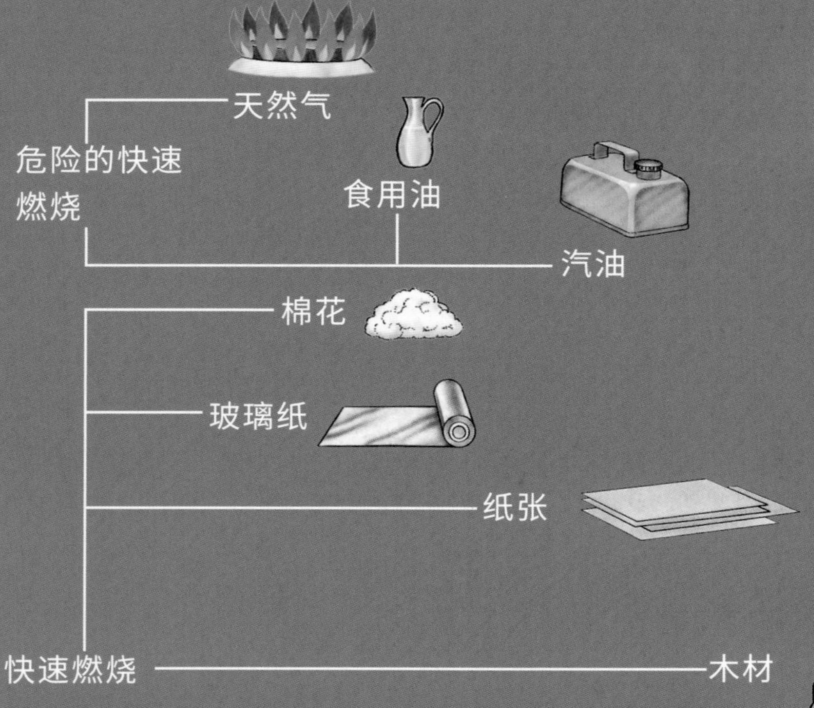

任何燃烧的东西都有危险性。除非有成年人在场，否则千万不要玩火，也不要划火柴。

如果附近有火焰，天然气、食用油和汽油会立刻开始燃烧。其他材料，如棉花、玻璃纸、纸等，如果火焰接触到这些材料，很快也会燃烧起来。但是木头需要在火焰中加热才能燃烧。

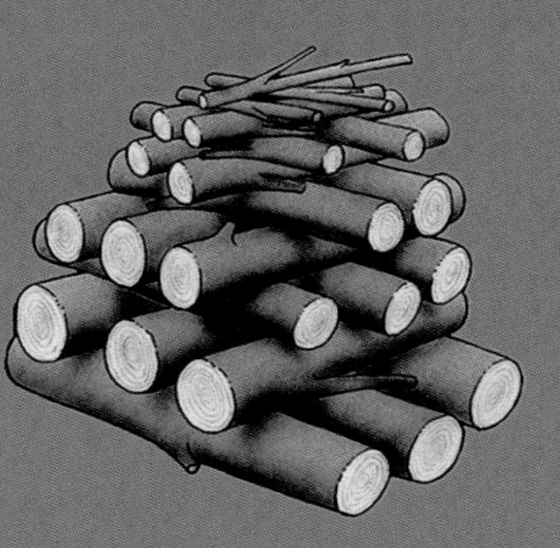

燃烧需要氧气

物体燃烧需要氧气。为了阻止火灾，我们必须切断氧气供应。当你吹灭蜡烛时，你吹出的气体带走烛芯较多的热量，使烛芯冷却，烛焰缺少温度和氧气，自然就灭了。为了确保火焰熄灭，你可以把它埋在沙子里，阻止它与氧气接触。

人们通常用灭火器来扑灭较大的火灾。有些灭火器使用二氧化碳来切断火源的氧气供应，还有一些则用化学制品制成的泡沫或粉末来灭火。水也可以切断氧气供应，同时也会使火冷却，但在涉及电气设备或电线的火灾中，使用水来灭火是不安全的。

身着防护服的消防员向燃烧的飞机喷射泡沫。

空气的用途

空气中含有四种主要气体——氮气、氧气、氩气和二氧化碳。氮气约占78%，氧气约占21%，氩气、二氧化碳和其他气体占剩下的1%。这些气体各自有不同的用途。

氮气

氮气本身用处不大，但它与其他化学物质结合后就变得重要起来。我们的身体需要一种特殊的物质——蛋白质，蛋白质就是由氮原子构成的。蛋白质可以促进身体生长发育，为身体提供能量，以及更新和修复身体细胞等。

我们只能从植物（植物从土壤中吸收氮）或者从食草动物的肉中摄取氮元素。氮原子可以与氧原子和其他化学物质的原子结合，形成硝酸盐物质。一些硝酸盐被用作肥料，为农作物的生长发育提供养分。

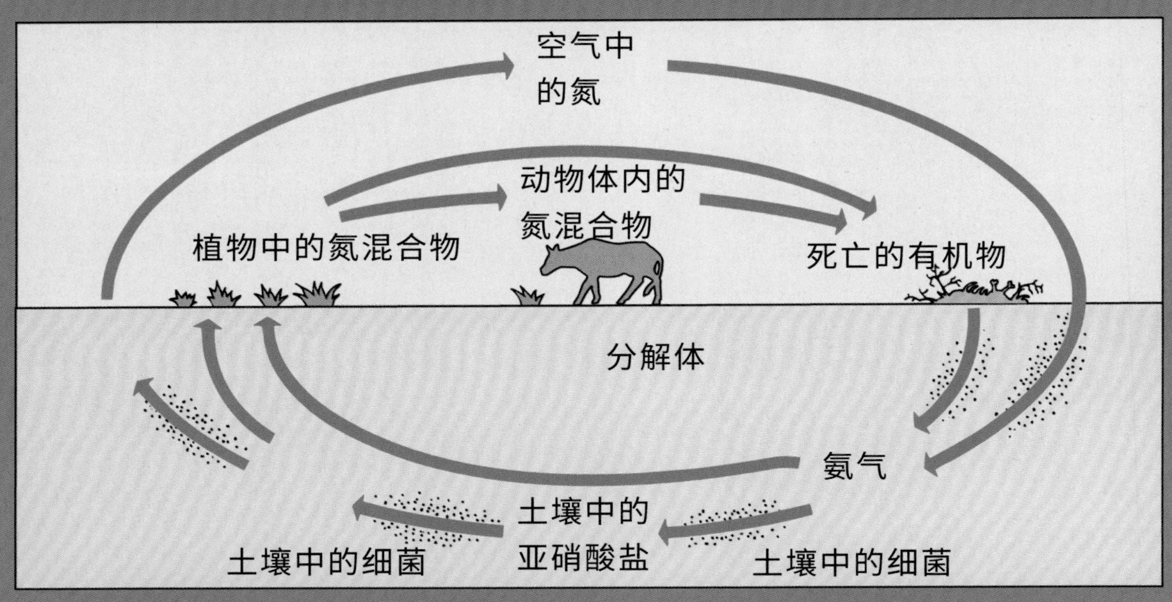

氩气

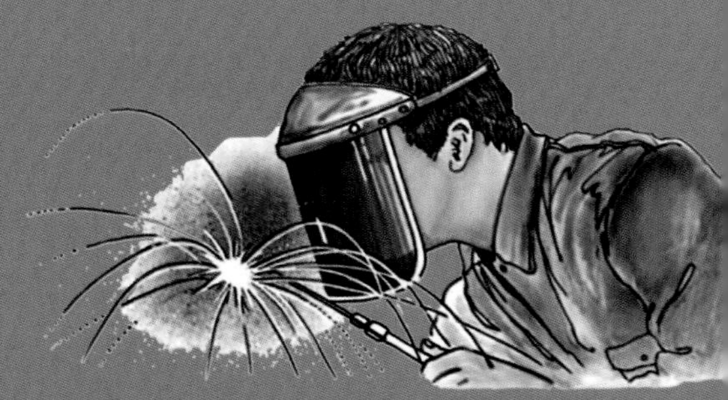

氩气不易与其他物质发生反应，可用于填充灯泡，防止发热的金属灯丝氧化，延长灯丝寿命。焊接时有时也会借助氩气使空气远离焊接火焰，以防止某些金属焊材着火。

二氧化碳

二氧化碳常用于制作碳酸饮料以及生产灭火器；干冰是固态二氧化碳；植物利用空气中的二氧化碳制造养分。

氧气

氧气与其他气体一起作用可以熔化并连接金属，这就是焊接的原理；氧气也用于炼钢；液氧和液氢混合在一起可以制成火箭燃料；宇航员、深海潜水员和登山者从他们随身携带的特殊气罐中吸入氧气和其他气体的混合物。

氧气也被广泛应用于医院，有严重呼吸问题的患者可以通过特殊的氧气面罩吸氧。

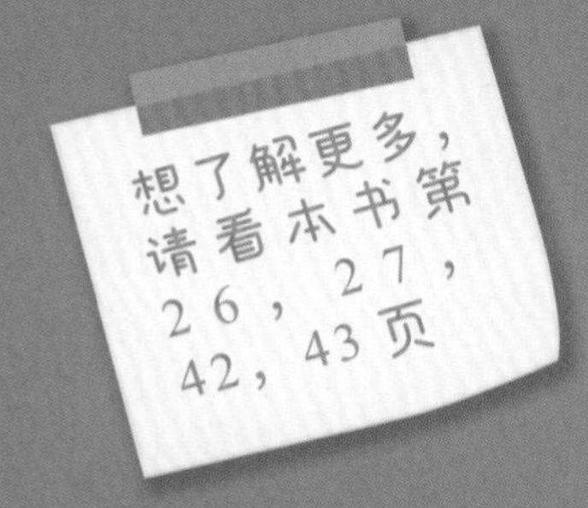
想了解更多，请看本书第26，27，42，43页

分离空气

空气中不同的气体有不同的用途，但首先它们必须彼此分离。通过蒸馏可以将氧气从空气中的其他气体中分离出来。

液体蒸馏

想象一下在寒冷的季节洗热水澡，一些热水变成了水蒸气，使浴室充满雾气。当雾气接触到冰冷的浴室瓷砖或窗户时就会凝结，这意味着它又变回了液体。这种液体是纯净水，因为它已经从溶解在自来水中的所有其他物质中被蒸馏或分离出来了。

为了从空气中获得液氧，必须先将空气变成液体，然后通过蒸馏的方式分离不同的气体。

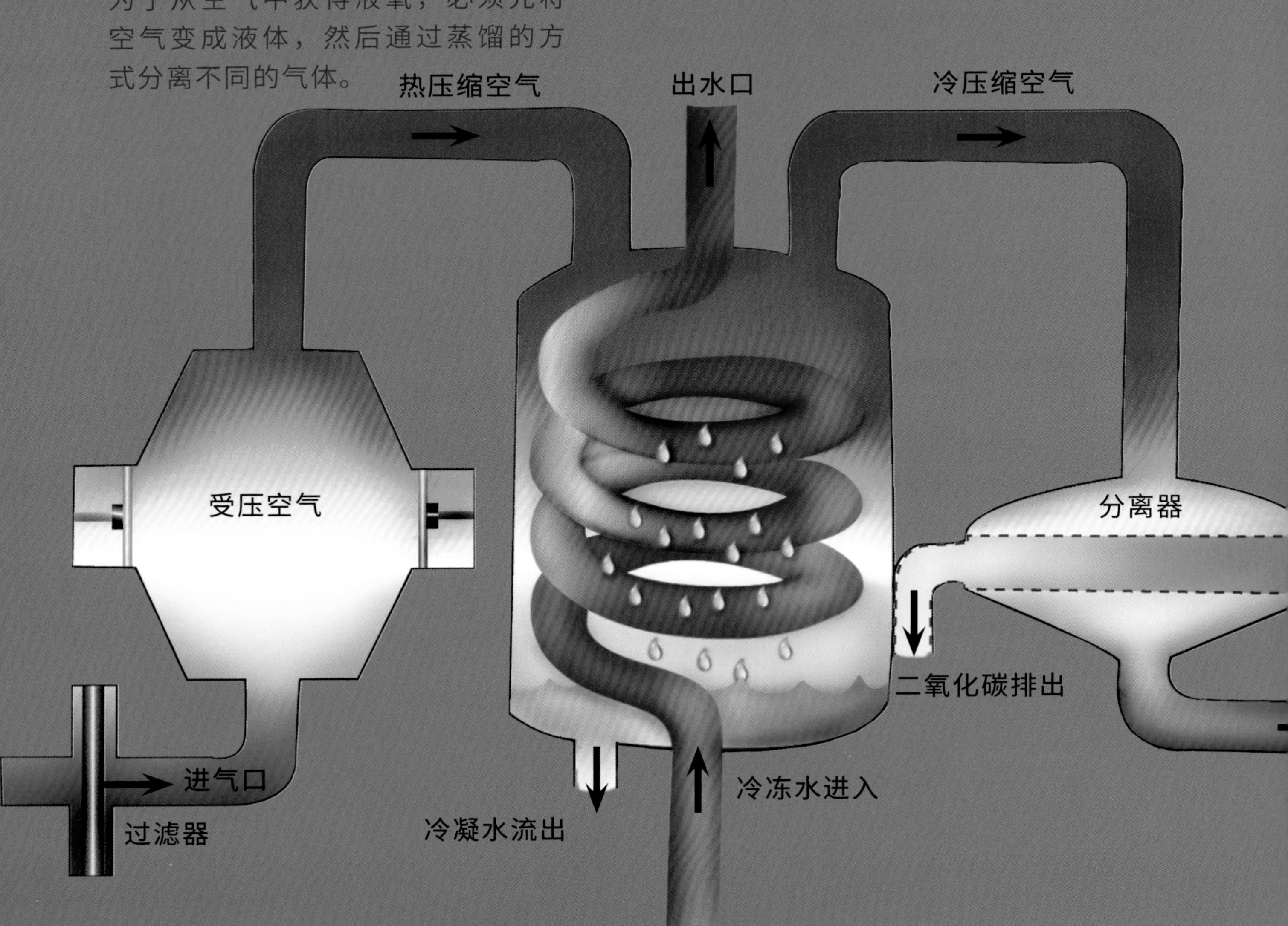

蒸馏气体

蒸馏气体的过程类似于蒸发液体，但有一个重要的不同，蒸发液体需要热量，而蒸馏气体则需要低温。

不同的气体在不同的温度下会变成液体或固体。如果降低空气温度，第一个改变状态的气体是二氧化碳，它在−78.5℃时变成干冰；氧气是下一个发生变化的，在−183℃左右会变成液氧；然后是氩气，在−185.7℃时也会变成液体；但要制造液氮，温度必须达到−195.8℃。

还有一种蒸馏气体的方法是冷却空气，直到气体变成液体，然后再让温度缓慢上升。当每种气体在不同的温度下蒸发时，将其各自收集起来并储存在密封容器中。

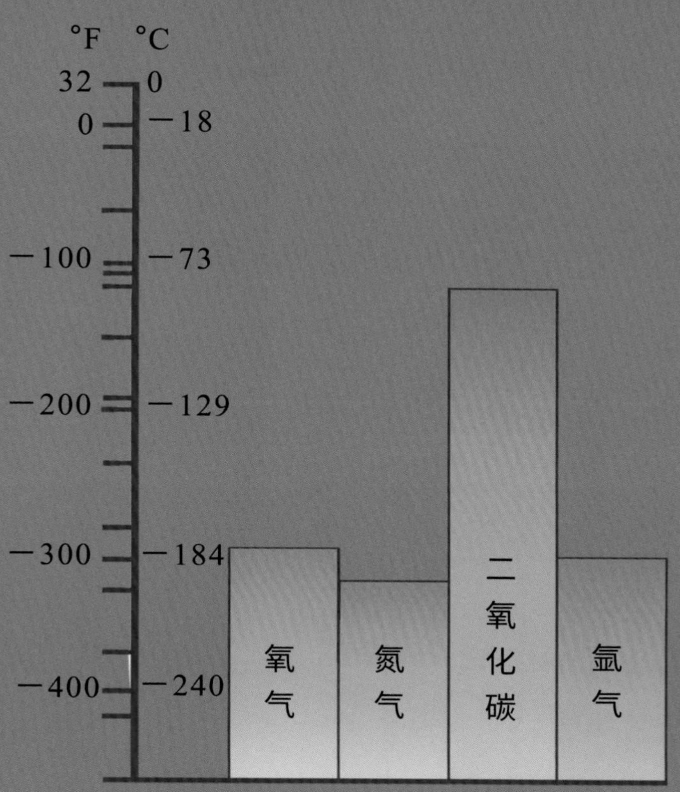

这张图显示了空气中四种主要气体的沸点，当气体达到沸点时，它的状态就会改变。

想了解更多，请看本书第24，25，38，39页

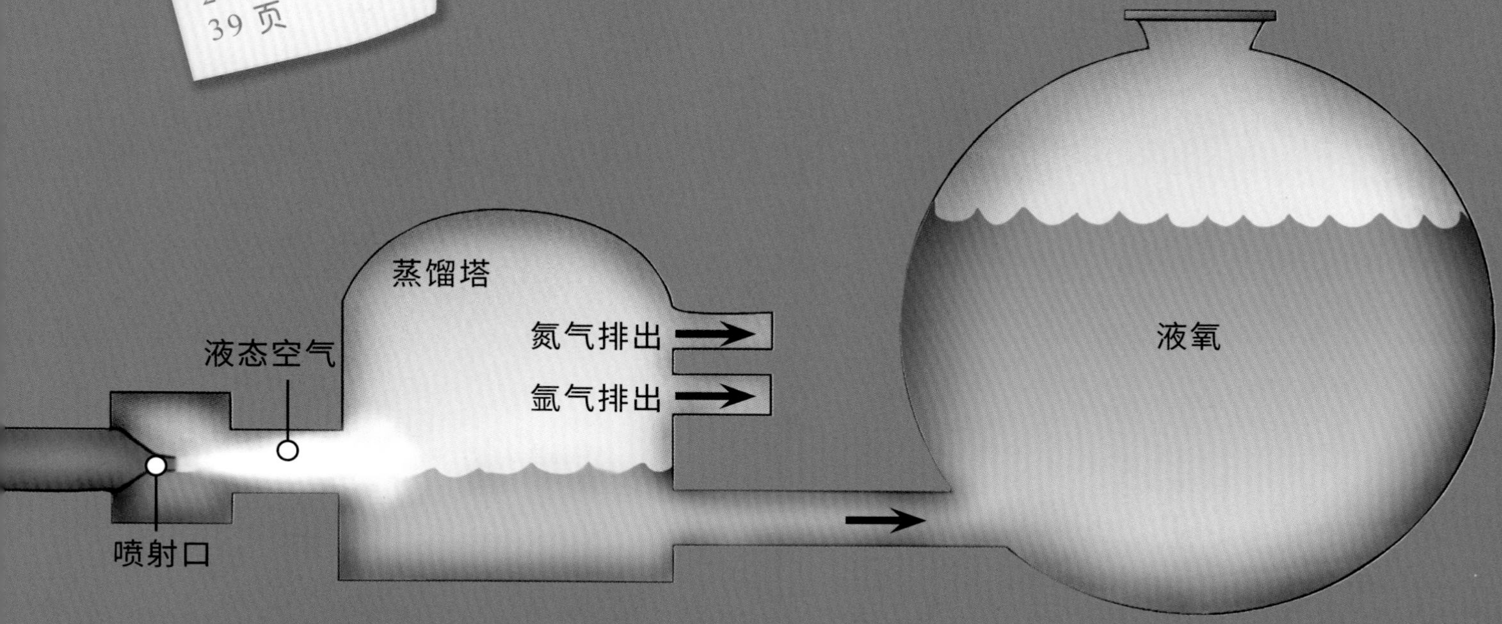

液态气体

气体可以通过冷却变成液体，不过有些气体只有温度达到足够低的时候才能变成液体。氦气只有在温度达到−268.9℃时才会变成液体。你可以将此温度与水的冰点0℃进行比较，想象一下该有多冷！

你还记得气体被加热时会发生什么吗？气体中的分子会变得更加活跃，相互碰撞并扩散开来。液体受热时也会发生同样的情况，分子之间的空间变大，从而液体变成了气体。

当气体变成液体时，情况则正好相反。随着气体冷却，分子变得不那么活跃，它们集聚在一起，因此占用更少的空间。但是把气体变成液体是相当困难的，为什么人们还要如此费心费力呢？

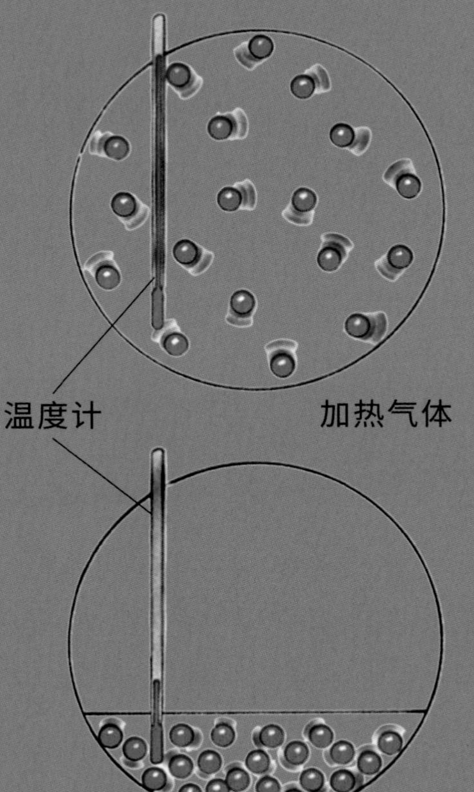

气体受热时，分子运动加速；当气体冷却时，分子靠得越来越近，运动越来越缓慢。如果温度足够低，气体就会变成液体。

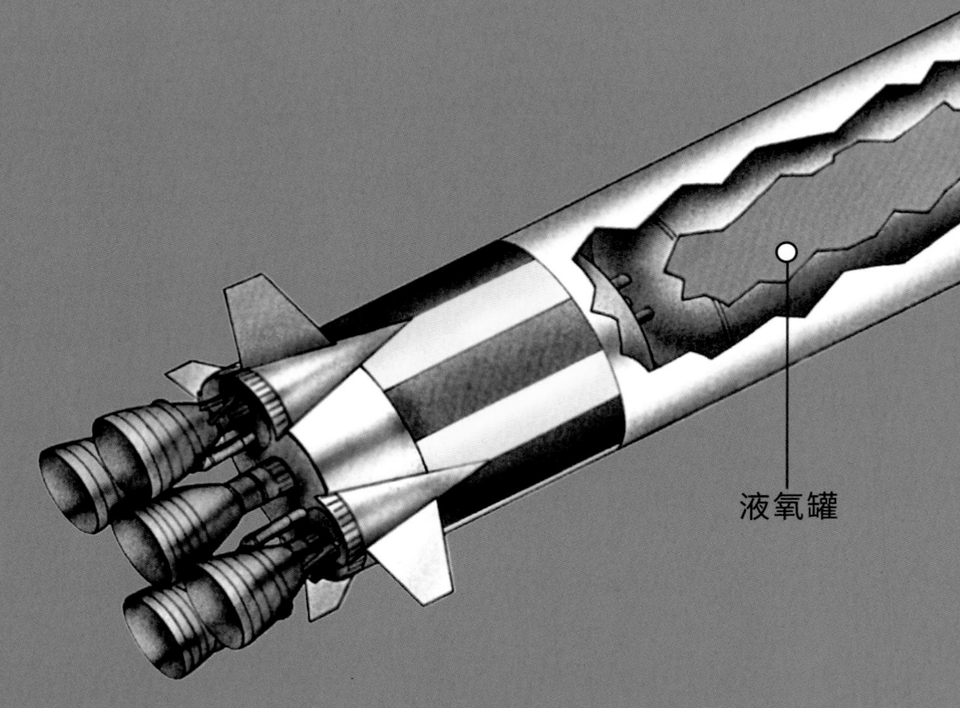

多级火箭使用液氢和液氧作为燃料，燃料保存在燃料罐中。当某一部位燃料罐中的燃料耗尽时，这个部位就会脱落，并由火箭其他部位的发动机接管，使火箭继续运行。

想了解更多，请看本书第22～25，36，37页

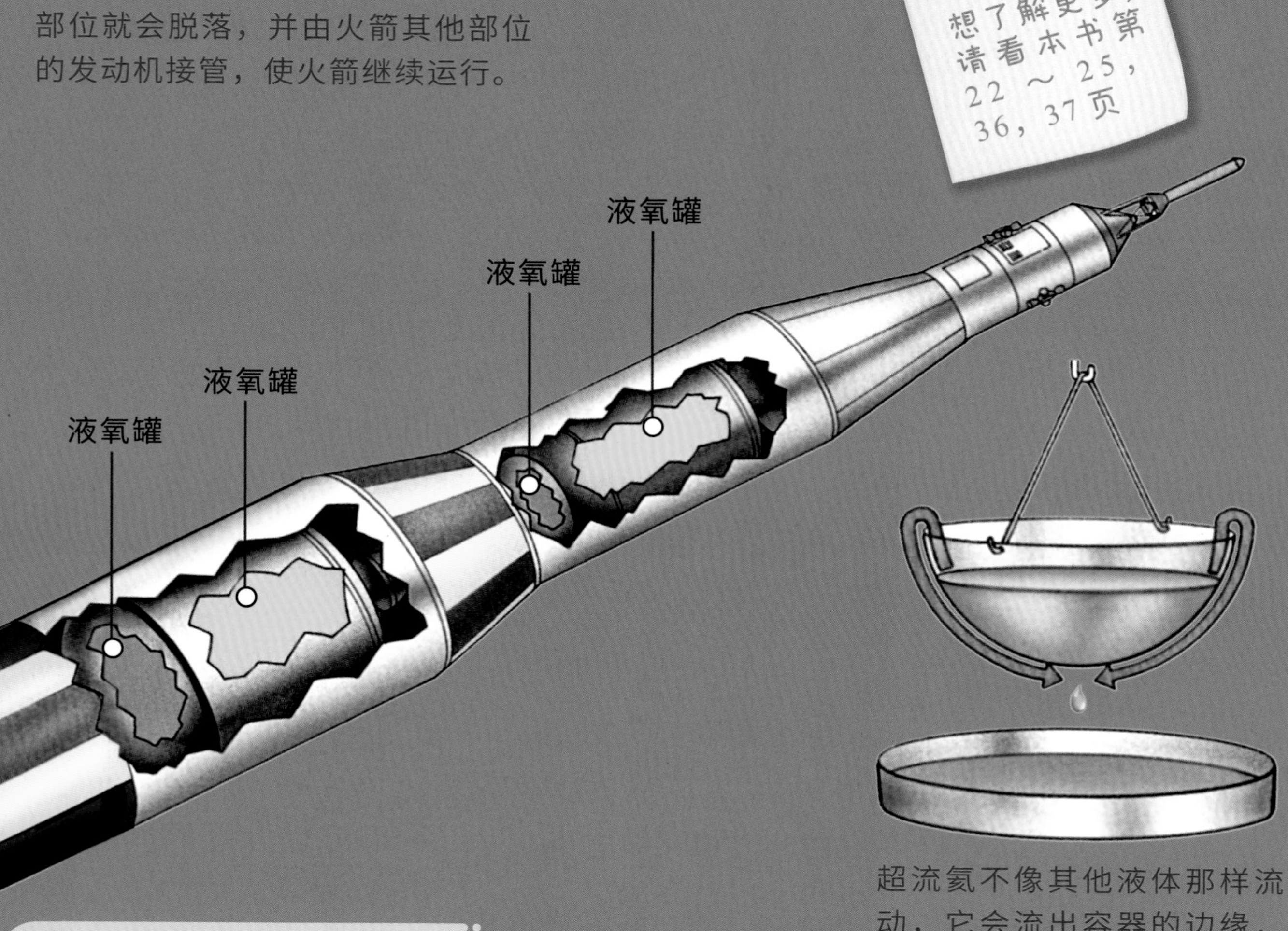

超流氦不像其他液体那样流动，它会流出容器的边缘，然后缓慢流下。

液态气体的应用

工业中某些加工流程需要使用液态气体。例如，在一些大型冰箱中，会使用液氮冷藏食物。液态气体更容易储存和运输，因为它们比气态气体占用的空间更少。

同时，液态气体也更易于把控。液氢和液氧被用作太空火箭的燃料，人们可以控制它们流向火箭发动机的量，以产生恰到好处的推力。

科学家们对某些液态气体非常感兴趣，因为它们有时会产生非常奇怪的现象，例如液氦，当冷却到极低温度时，它就会变成超流体，不遵循液体的一般特性，它可以向上流动并越过容器的边缘。

这样的发现有助于科学家进一步了解物质是什么，以及物质所产生的各种现象。

随身携带空气

太空和海洋深处都没有空气，所以宇航员和深海潜水员必须自己携带空气。高空飞行的机组人员和登山者也必须携带空气，因为他们前往的地方空气非常稀薄。

呼吸氧气

为了生存，我们必须吸入氧气。如果我们要去一个氧气很少或没有氧气的地方，则必须携带氧气装置。

我们吸入的空气是气体的混合物。因此，呼吸器中的氧气通常必须与另一种气体混合，以确保呼吸安全。与之混合的气体通常是氮气，有时也会是氦气。

深海潜水员和消防员使用相似的呼吸器，他们都在背上背着压缩空气罐。

呼吸压缩空气

宇航员或潜水员随身携带的空气必须经过压缩，否则他们就得背着体积巨大的气罐了。

由于空气被压缩，潜水员吸入的空气分子比平时多。当潜水员上升到水面时，来自水的压力降低，吸入的空气膨胀，如果潜水员过快地上升到水面，膨胀的空气会使他们受到伤害，甚至死亡。

想了解更多，请看本书第24和第25页

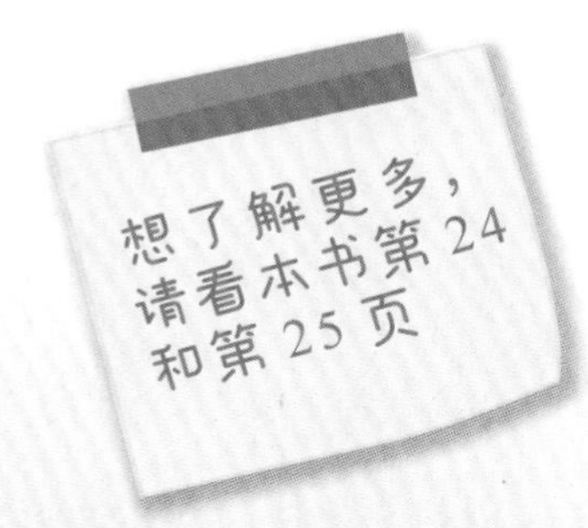

有一种呼吸装置叫作自携式水下呼吸器，又称水肺，有经验的潜水员可以借助它潜入海面以下40m深的地方。

消防员也需要携带压缩空气罐，并佩戴类似水肺的呼吸器，因为燃烧的材料会产生烟雾和危险气体，呼吸器可以帮助消防员从空气中过滤出氧气。

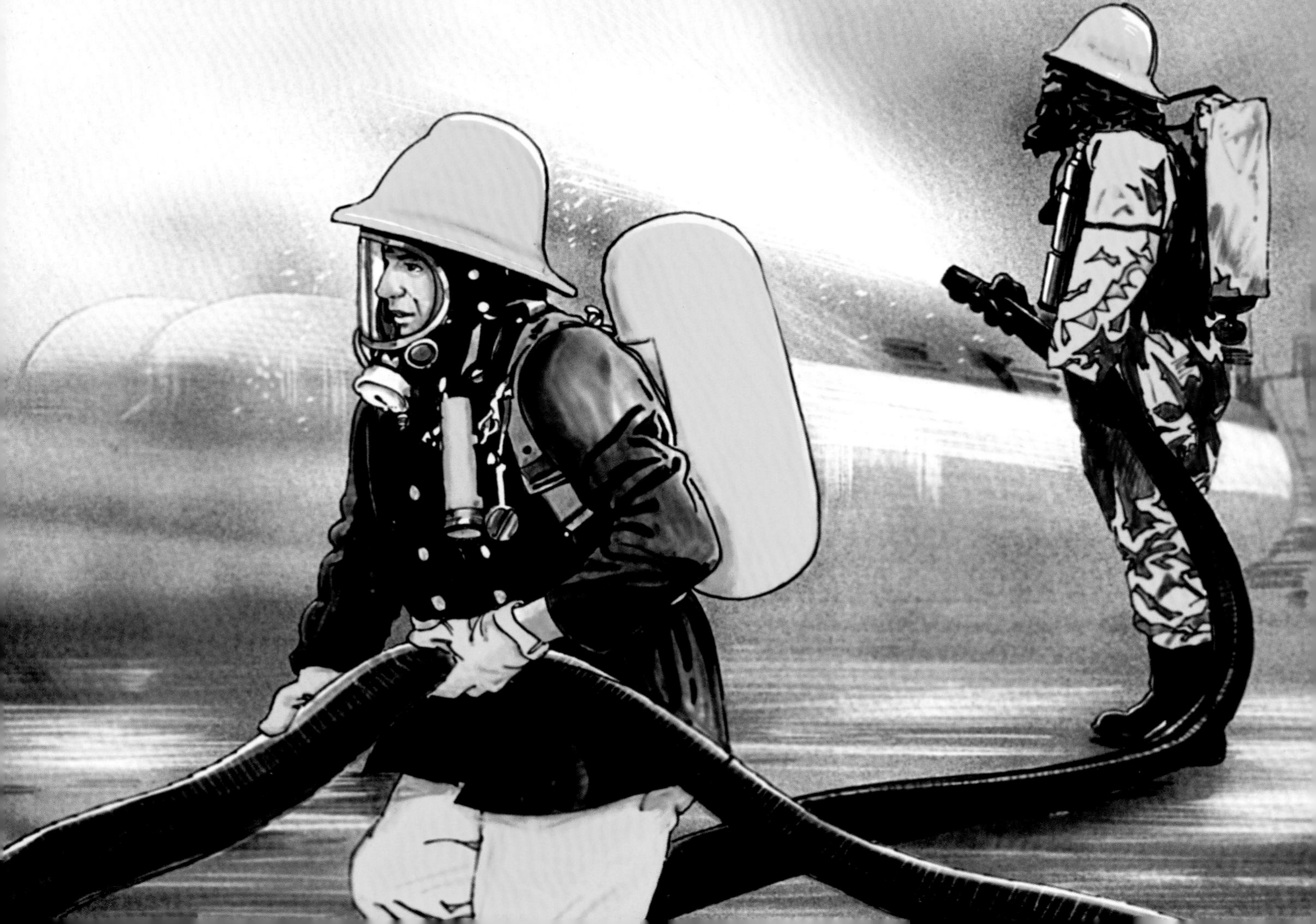

切割和焊接

焊接是一种将金属熔化并连接在一起的方法，使金属不会断裂或松动。焊接金属时，两块金属被加热到极高的温度，使它们的边缘变成液态，然后将两块金属固定在一起，再次冷却时，这两块金属就会紧紧地粘在一起了。

乙炔的应用

焊工必须把极高的热量集中在一个很小的空间里。如果想把两块金属焊接在一起，他们只需加热金属的边缘就可以了。

焊接以燃烧的乙炔气体火焰作为热源。乙炔是一种碳氢化合物，当它在纯氧中燃烧时，会产生巨大的热量。

焊工通常使用一种叫作气焊的工具，气焊可以通过控制乙炔用量来产生温度极高的短小火焰，然后把小火焰直接对准需要焊接的地方。

焊工在焊接金属时，必须戴上防护面罩，穿上防护服，否则金属的火花和强光很容易伤害到他们的眼睛。

切割金属

氧乙炔焊（气焊）既可以焊接金属，也可以切割金属。热喷枪也能切割金属。热喷枪一般以丙烷为燃料，其铁管内装有钢丝、铝丝和镁丝，利用铝热反应产生的高温来切割金属。热喷枪甚至可以用来切割混凝土！

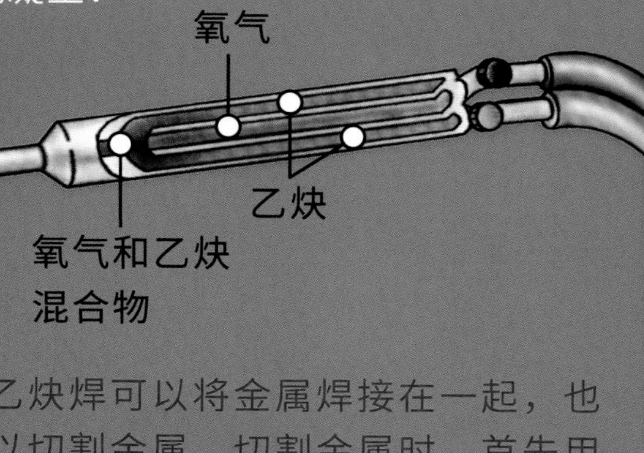

氧乙炔焊可以将金属焊接在一起，也可以切割金属。切割金属时，首先用乙炔火焰对金属进行加热，然后喷射一股纯氧穿透金属。

化学与生物学小百科探索

轻而易举的切割

你可以做个实验来看看用热喷枪切割物体有多么容易。

请准备

- 2根蜡烛
- 带塑料或木制手柄的刀

请在成年人的陪同下进行这个实验！

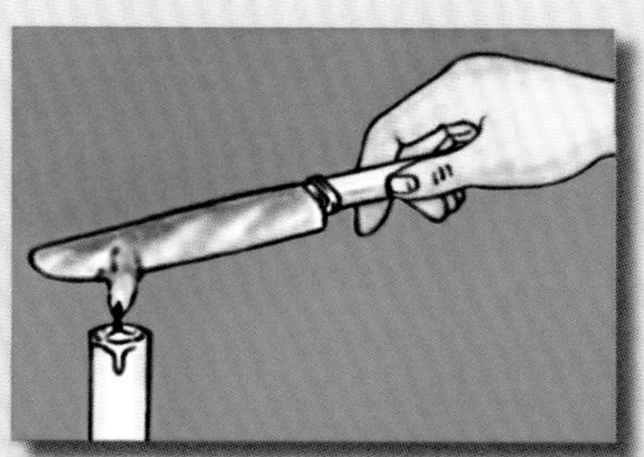

1 把一根蜡烛放倒，用刀把它切开。注意体会你的手需要用多大的力才能将它切断。

2 请一位成年人点燃另一根蜡烛，将刀在火焰中放置几分钟。注意，手不要触碰刀片。

3 用加热过的刀再次切割第一根蜡烛。如果刀足够热，就可以很轻松地将蜡烛切断，而不需要用手施加任何压力。

水蒸气

你是否曾在一个寒冷的冬天早晨醒来时，发现窗玻璃上布满了像树叶一样的窗花？这些窗花是在玻璃位于房子内部的一面上形成的一层薄冰。

结冰

冰是怎样形成的呢？我们认为水一般是液体，但它也可以是气体。我们呼出的气体中会混杂水蒸气，这些水蒸气在空气中凝结。

如果室外比室内冷，则窗户的玻璃是冰冷的。当房子里的水蒸气接触到冷玻璃时便会冷却，并变成液态水，这种变化叫作冷凝。我们已经知道热水在浴室里会凝结。如果窗玻璃足够冷，水也会冻结形成一层薄薄的冰。

这辆汽车的挡风玻璃一夜之间就结了霜。水蒸气在寒冷的天气里凝结成液态水，这些水被冻结成了冰，比雪更难清除。

左边装满水的罐子代表了在温暖潮湿的气候下，房间里空气的含水量；右边的罐子是空的，因为在炎热干燥的沙漠气候中，空气中几乎没有水分。

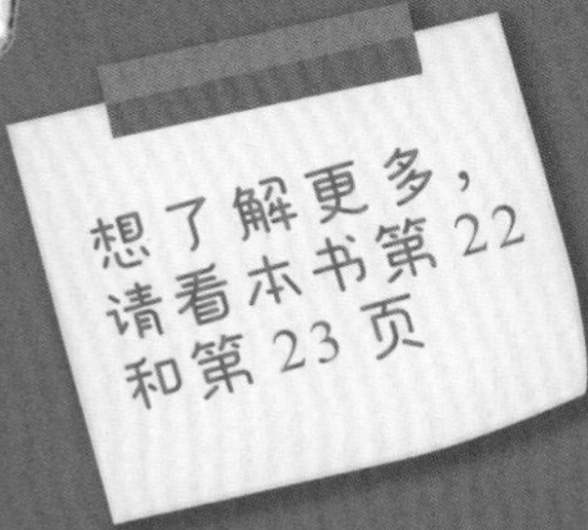

化学与生物学小百科探索 空气的湿度

我们用“湿度”这个词来描述空气中水蒸气的含量。热空气中包含大量的水蒸气，冷空气的含水量相对少一些。下次你在冷天外出时，注意观察自己的呼吸，你可能会看到呼出的气体中的水蒸气凝结成了一团小水滴。如果你试着做下面这个实验，会发现在炎热的天气里也会发生这种情况。

请准备

- 1个玻璃杯
- 冰箱

1 把玻璃杯放在冰箱里一晚上，让玻璃杯变得很凉，第二天早上把它拿出来。

2 往玻璃杯里吹几口气，描述一下发生了什么。

太空中的气体

氧气对地球上的生命来说是非常重要的气体，动物必须呼吸氧气才能生存。还有一种重要的气体是氢气。氢原子约占宇宙所有物质的四分之三。

氢原子

氢原子是结构最简单的一种原子，它只有1个电子围绕1个质子旋转。氧原子的结构比氢原子复杂，它有8个电子围绕8个质子和8个中子旋转。

几乎所有的科学家都认为，宇宙最初形成时发生了爆炸，成了一个巨大的火球。当火开始冷却时，首先产生的是氢原子。大火中也产生了少量的氦，氦原子是仅次于氢原子的第二种最简单的原子。这种对宇宙起源的解释被称为“大爆炸宇宙论”。

氢原子（上图）的结构与氧原子（右图）大不相同，氧原子的结构更复杂。

恒星主要由氢气和氦气组成。两个氢原子可以聚变成一个氦原子。

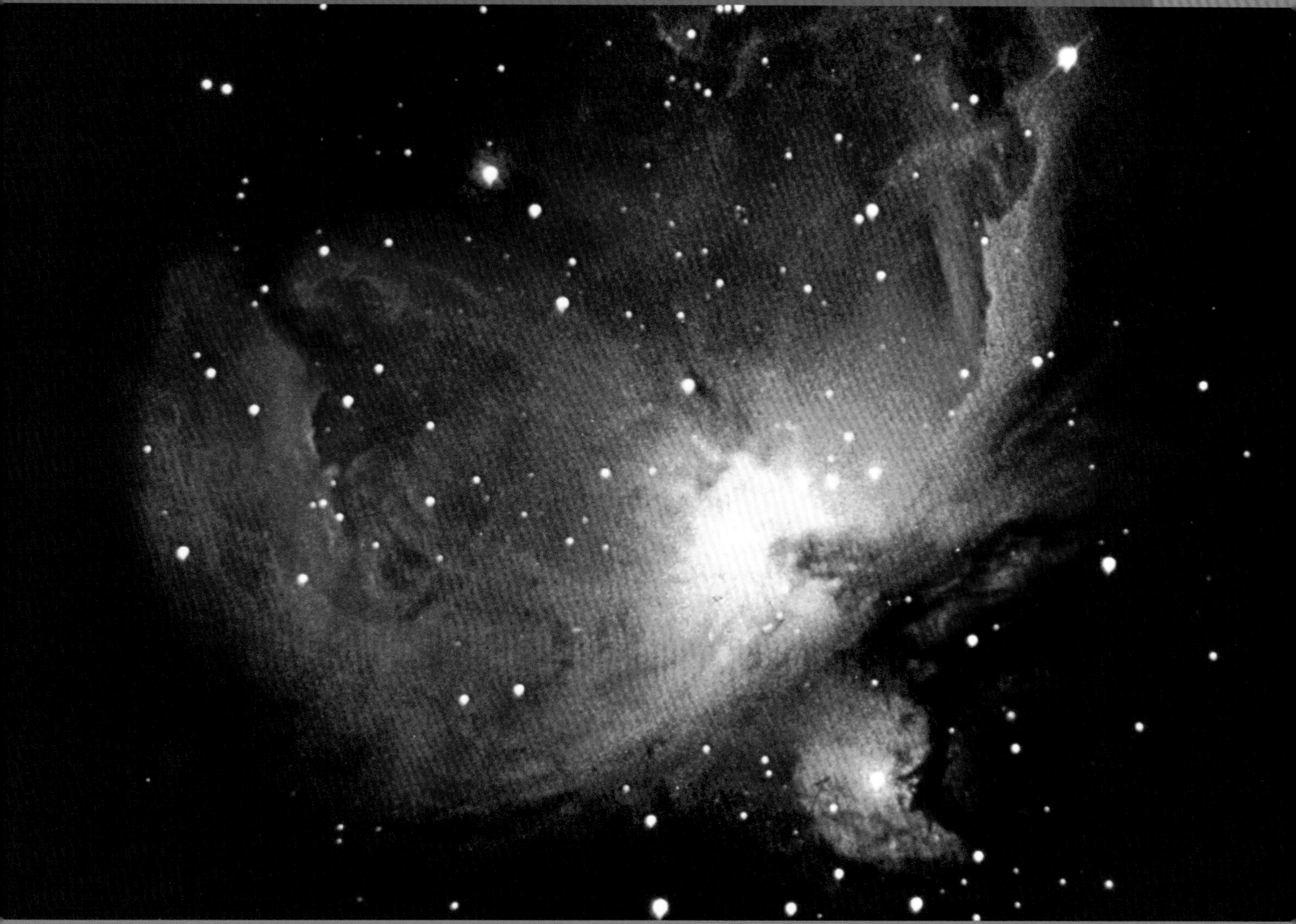

最初的恒星

大量的氢原子和氦原子聚集在一起，形成了最初的恒星。其他恒星内部的核聚变反应产生了不同且更重的原子，这种情况一直持续到宇宙中不同种类的物质被创造出来，并且至今仍未停止。

当我们观察太阳和其他恒星时，我们看到的其实是氢原子转化为氦原子时所释放出的巨大能量，这个过程被称为核聚变。

宇宙大约有140亿年的历史，这么长时间以来，氢原子和氦原子几乎构成了太空中所有的物质。

想了解更多，请看本书第8，9，22，23页

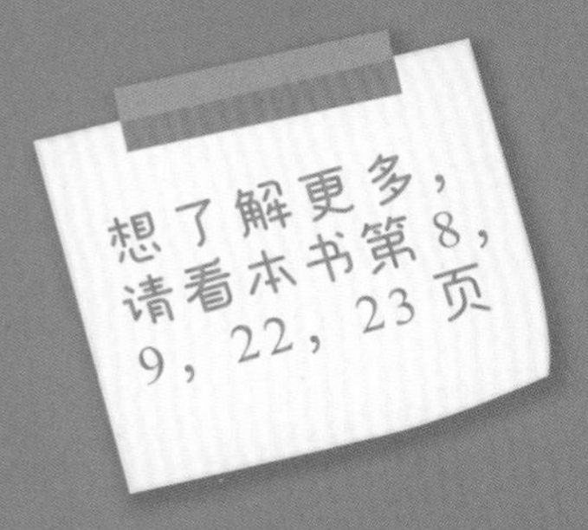

气体和垃圾

总有一天，地球上的每一种动植物都会死去。如果这些死去的动植物没有发生任何变化，那么它们的遗骸就会遍布在地球的各个角落。但这是不可能的，因为大多数生物的细胞死亡后，很快就会开始发生变化或被分解。

大部分分解工作是由叫作细菌的微小生物完成的，这些微小生物可以分解死去的植物和动物体内的化学物质，并将它们转化为简单的物质。其中一些物质会返回土壤，例如氮。氮有助于植物的生长，肥料中含有一定比例的氮，这里的氮通常与氧元素组成化合物。

垃圾产生的气体

分解产生的一些物质会以气体的形式释放，其中包括二氧化碳、氢气、氮气、氧气和甲烷等。其中，甲烷是一种可引起爆炸的危险易燃气体，因此露天堆放腐烂垃圾会带来风险。

今天，大多数不能回收的家庭垃圾都被收集并运送到垃圾填埋场。在那里，人们用拖拉机把垃圾压实，然后盖上泥土。垃圾填埋场内衬塑料或黏土，以防止分解物质进入地下水源，造成污染。

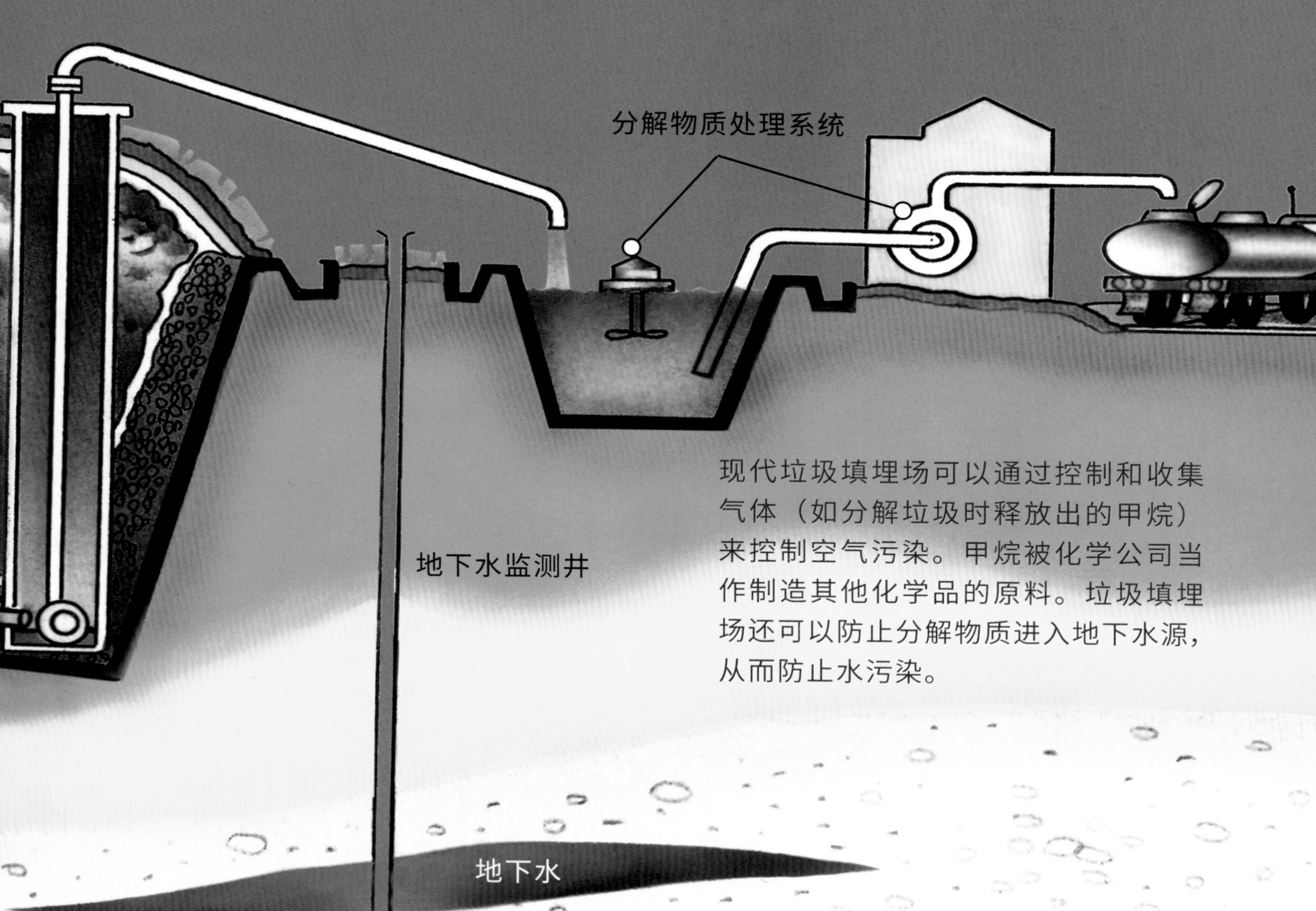

现代垃圾填埋场可以通过控制和收集气体（如分解垃圾时释放出的甲烷）来控制空气污染。甲烷被化学公司当作制造其他化学品的原料。垃圾填埋场还可以防止分解物质进入地下水源，从而防止水污染。

气体燃料

你露营过吗？露营时，我们可能会用一个便携式燃气炉来加热食物，这种炉子使用的气体是被压缩在瓶子里的。当打开炉子时，煤气从喷嘴喷出，然后被点燃，为烹饪提供热量，这种气体被称为瓶装气体。瓶装气体通常是丁烷或丙烷，有时是两者的混合物。

从石油中提炼气体

天然气中含有少量的丁烷和丙烷，工业上使用的大多数丁烷和丙烷都是通过石油提炼出来的。

油是不同物质的混合物，它们在不同的温度下沸腾或凝结。石油从地下被抽上来后，在炼油厂通过加热分馏形成不同的物质。

原油蒸气首先进入一个巨大的分馏塔，不同类型的物质彼此分离，较轻的气体浮到顶部，最重的石油沉到底部。

分馏塔

丁烷和丙烷

喷气式飞机燃料

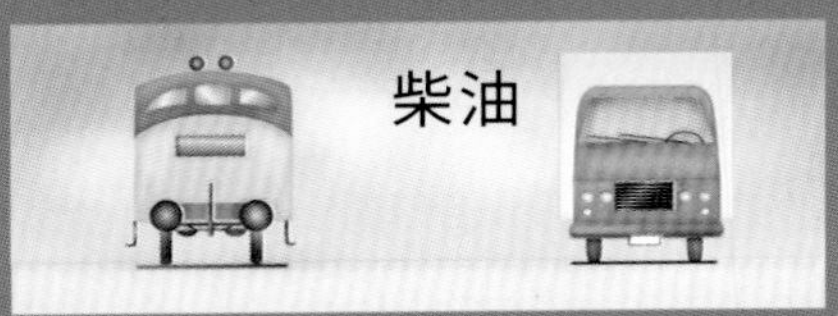

润滑油

铺路用的沥青

炼油厂

首先，石油在锅炉中沸腾，蒸气混合物进入分馏塔。蒸气在上升中逐渐冷却并凝结成液体。丁烷和丙烷以气体的形式从顶部逸出，然后被冷凝成液体，以便运输到工厂。

煤炭厂煤气

煤气也可以通过加热煤炭，然后收集逸出的气体来获取，其中包括甲烷和氢气。焦炉气，又称焦炉煤气，是炼焦过程中的副产品。如今，它主要在生产它的工厂里使用。

曾经有一段时间，煤气被广泛用于家庭、工厂以及焦化厂。但是这种气体有一个很大的问题——有毒。现在城市和乡镇里供应的大部分能源都是天然气，它不含一氧化碳，而且毒性较小。天然气是在地球表面下方发现的一种无味的气体混合物。

想了解更多，请看本书第20，21，24，25，48，49，52，53页

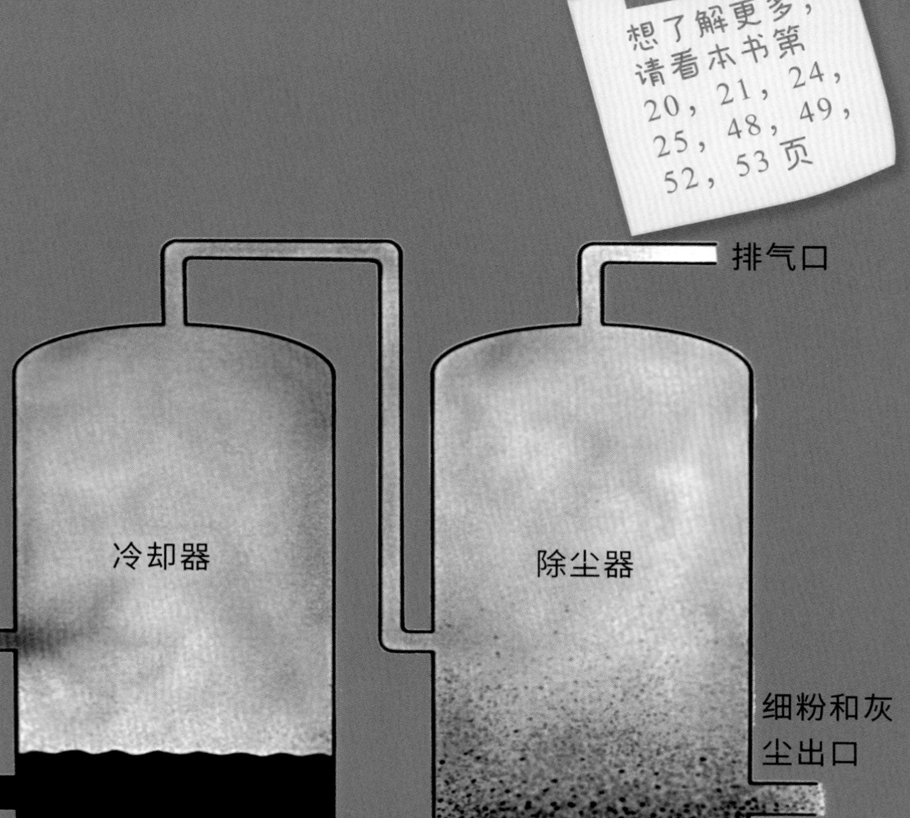

煤燃烧释放出的气体经过蒸气和水时被净化，煤气提供的热量没有天然气多。

天然气

我们使用的最重要的能源是天然气。我们不必制造天然气，它存在于地下的沉积物中，通常在储藏石油沉积物附近。

天然气是几种气体的混合物，包括甲烷、丁烷和丙烷，其中大部分是甲烷。天然气来自数百万年前被分解的植被。

天然气可以为工业提供热量，也可以用于家庭烹饪和取暖。它通过铺设在城镇和乡村街道下的管道输送到我们的家中。

在一些地方，天然气从海底或地层深处被抽上来后，直接到达天然气钻井平台，通过管道输送；在另外一些地方，天然气以液体的形式装在冷藏罐内，然后从船上抽到码头的储气罐中。

天然气常常在石油沉积物附近被发现，天然气钻井平台将天然气从地下或海床下抽出。

给天然气添加气味

与煤气厂生产的煤气不同，天然气没有气味，这意味着我们无法判断管道中的天然气是否在向空气中泄漏。因为天然气的主要成分是甲烷，与氧气混合时很容易发生爆炸，因此，人们在天然气中添加了一种气味，以帮助我们检测任何可能出现的泄漏。

有限的供应

数百万年前形成的天然气不会永远取之不尽。许多科学家认为，截至20世纪前几十年，已知的天然气供应可能只够持续到2100年左右。将来人类可能会发现一些额外的补给，到那时，甲烷也许可以从污水等来源中获取。当细菌分解污水处理厂的污水时，会释放出甲烷，被人们收集和储存起来，作为燃料使用。

天然气中含有什么?

气体和光

你观察过电灯泡吗？小心地拿着灯泡仔细观察，在里面，如果你能看到金属丝“腿”支撑着一根更细的金属丝，或线圈缠绕在灯丝上，那么这个灯泡就是白炽灯泡。

白炽灯正在被紧凑型荧光灯和其他更节能的灯泡所取代。紧凑型荧光灯的电流通过封闭在管中的气体发光，而不是通过灯丝来发光。

白炽灯是如何工作的

点亮白炽灯时，电流沿着灯丝流动，使其发光。为什么白炽灯会发出白色的光，而不是像电热器里的电线那样发出红色的光呢？为什么这根细丝不会很快被烧断呢？

一般灯泡里充满了氩气和氮气。因为氩气是稀有气体，化学性质不活跃，所以它可以让灯丝发光而不燃烧。如果灯泡里充满了空气或氧气，灯丝就会被烧毁。灯丝会发白光，是因为它的温度太高，超过了2482℃。灯丝由一种叫作钨的金属制成，只有在极高的温度下才会熔化。

中国香港五然六色的霓虹灯源自灯泡和灯管内不同的气体。

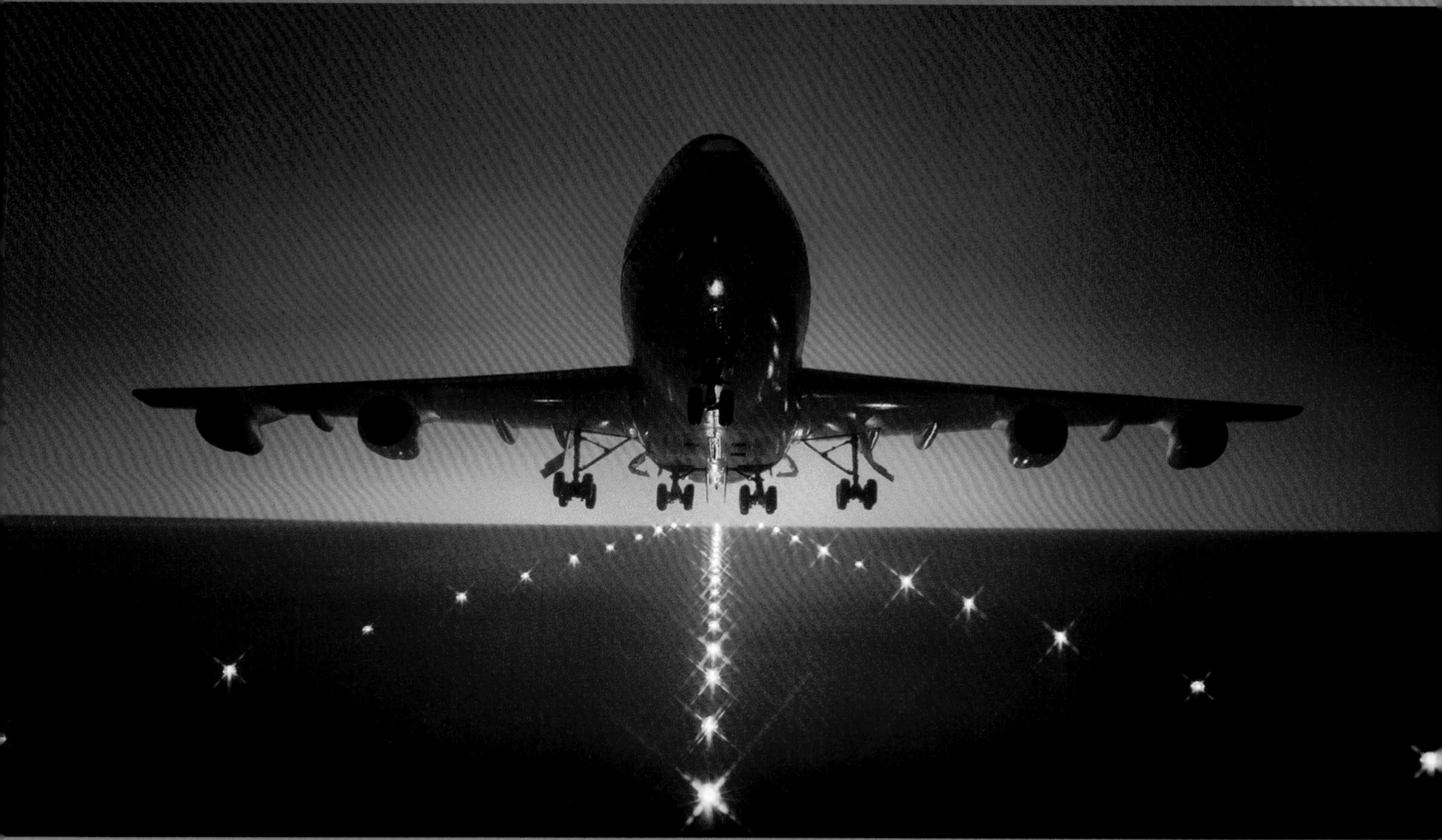

卤素灯可以帮助飞机中的飞行员看到跑道。这种类型的光即使在白天或雾中也清晰可见。

灯管中的气体

许多灯泡和灯具中没有灯丝，电流通过气体发光，这种气体是氩气和汞蒸气的混合物，装在一种叫荧光灯的玻璃管里。当电流通过时，气体产生紫外线，玻璃管的内部有一层化学涂层，可以将紫外线转换成可见光。荧光灯的使用寿命是白炽灯的几倍，而消耗的能源却少得多。

有些灯里含有能产生彩色光的气体，不同的气体发出的颜色不同，发出黄色光芒的街灯含钠气；氖气可以发出橙红色的光；氪气可以发出黄绿色的光。事实上，特殊灯具中不同的气体混合物可以产生许多不同的颜色。

卤素灯的用处很多，因为它可以穿透雾气，所以经常被用于制作机场的警示灯。氙气是一种可以远距离观看到的气体，这就是为什么一些灯塔使用的大功率电灯都含有氙气。氙气也用于照相机的电子闪光灯装置。

想了解更多，请看本书第32和第33页

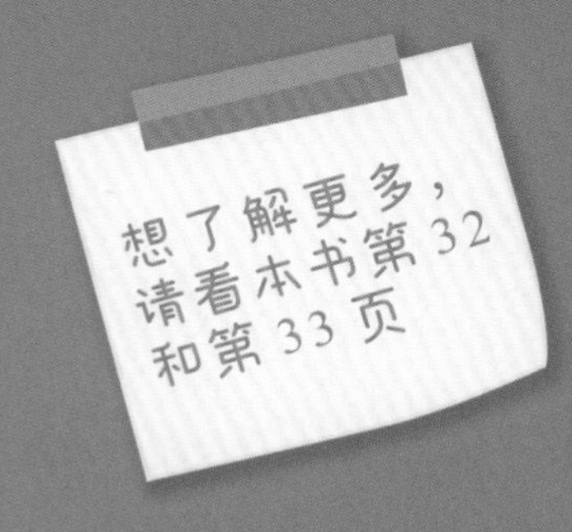

致谢

《少年科学家》出版者为在本书中使用的照片向以下摄影师、出版商、代理机构以及公司表示诚挚的感谢。

封面	© Julien Grondin, Dreamstime
2	© Getty Images
11	© Getty Images
12	© Getty Images
13	© Getty Images
21	© Getty Images
22	© Getty Images
30	© Getty Images
33	© Getty Images
35	© Getty Images; NASA
42	© Getty Images
44	© Shutterstock
47	© Getty Images
54	© Getty Images
55	© Getty Images

插图绘制人员

Martin Aitchinson
Nigel Alexander
Hemesh Alles
Martyn Andrews
Sue Barclay
Richard Berridge
John Booth
Lou Bory
Maggie Brand
Stephen Brayfield
Bristol Illustrators
Colin Brown
Estelle Carol
David Cook
Marie DeJohn
Richard Deverell
Farley, White and Veal
Sheila Galbraith
Peter Geissler
Jeremy Gower
Kathie Kelleher
Stuart Lafford
Francis Lea
John Lobban
Louise Martin
Annabel Milne
Yoshi Miyake
Donald Moss
Eileen Mueller Neill
Teresa O'Brien
Paul Perreault
Roberta Polfus
Jeremy Pyke
Trevor Ridley
Barry Rowe
Don Simpson
Gary Slater
Lawrie Taylor
Gwen Tourret
Pat Tourret
Peter Visscher
David Webb
Gerald Whitcomb
Matthew White
Lynne Willey

少年科学家
化学与生物学小百科

[美]世界图书出版公司 编著
燃点时光工作室 译

清華大學出版社
北 京

北京市版权局著作权合同登记号　图字：01-2022-1885

图书在版编目（CIP）数据

少年科学家. 化学与生物学小百科 / 美国世界图书出版公司编著；燃点时光工作室译. —北京：清华大学出版社，2023.2
书名原文：Young Scientist
ISBN 978-7-302-60584-3

Ⅰ. ①少…　Ⅱ. ①美…　②燃…　Ⅲ. ①科学知识—少年读物　②化学—少年读物　③生物学—少年读物　Ⅳ. ① Z228.1　② O6-49　③ Q-49

中国版本图书馆 CIP 数据核字 (2022) 第 064550 号

责任编辑：陈凌云
封面设计：燃点时光工作室
责任校对：刘　静
责任印制：杨　艳

出版发行：清华大学出版社
网　　址：http://www.tup.com.cn, http://www.wqbook.com
地　　址：北京清华大学学研大厦 A 座　　邮　　编：100084
社 总 机：010-83470000　　邮　　购：010-62786544
投稿与读者服务：010-62776969, c-service@tup.tsinghua.edu.cn
质量反馈：010-62772015, zhiliang@tup.tsinghua.edu.cn
印 装 者：当纳利（广东）印务有限公司
经　　销：全国新华书店
开　　本：212mm×272mm　　印　　张：15　　字　　数：324 千字
版　　次：2023 年 2 月第 1 版　　印　　次：2023 年 2 月第 1 次印刷
定　　价：152.00 元（全四册）

产品编号：095760-01

水的循环

当你坐上旋转木马，会在它旋转时一次又一次地看到相同的场景。水也一样，从陆地到天空，再从天空回到地面，就像旋转木马的圆周运动。这种水的“圆周运动”叫作水循环。

当太阳使海洋表面的水变暖时，一些水就会变成水蒸气，这个过程叫作蒸发。水蒸气会在空气中上升，热量会散失到周围的空气中，于是水蒸气又会变成液体。起初，这些微小的水滴悬浮在空中的云里，然后它们汇聚在一起形成大水滴，这个过程叫作冷凝。当大气中的条件适宜时，水滴就会以雨的形式落到地面上。当天气较冷时，水滴还可能变成冰雹、雨夹雪或雪。冰雹也是一种降水，大自然中还有其他各种形式的降水，比如天上下小冰块。雨夹雪中的固体部分是由直径不超过5mm的小冰块组成的。

大部分雨水会落在海洋里，但也有一部分雨水会落在陆地上，并最终流入河流或小溪。有些雨水还会渗入土壤和岩石的缝隙，作为地下水汇聚在地下。

化学与生物学小百科探索 植物和水循环

植物在水循环中发挥了很大的作用。它们从地面吸收水分，然后通过树叶和枝干将水分以水蒸气的形式排入大气，这叫作蒸腾作用。通过下面的实验可以观察到植物的蒸腾作用。

请准备

- 一些刚刚采摘的新鲜绿色蔬菜或叶子
- 1个干燥的、中等大小的塑料袋
- 1根橡皮筋

1 将蔬菜或叶子放入塑料袋中，用橡皮筋将塑料袋顶部密封。

2 把袋子在窗台上放一天。当你再看袋子时，会发现袋子里面有水滴，此时的蔬菜或叶子已经进行了蒸腾作用。又因为这些蔬菜或叶子已经离开了土壤，无法吸收更多水分，所以蒸腾作用很快就会停止。

水以冰雹、雨夹雪或雪的形式降至地面

动物和植物汲取水分

动物排出水分

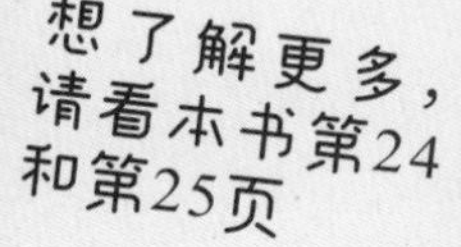
想了解更多，请看本书第24和第25页

流动的水

地球上的一切都被一种叫作重力的力向下“拉”着，因此，我们所看见的雨，就是重力把大气中的水“拉”向地心的结果。

水总是往低处流，它会一直流到地面最低的地方，在低洼处汇聚起来，从而形成河流、湖泊和海洋。

水的归处

你见过大卡车倾卸砂石吗？砂石被倒在地面上，形成高高的一堆，需要推土机或几个强壮的人才能把石堆移平。但不管人们往地上倒多少水，水都不会堆积起来，它总是朝最低的地方流去。

中国广西壮族自治区壮观的瀑布景色——瀑布飞泻，水石相击，响声如雷鸣。

把水倾置会发生什么

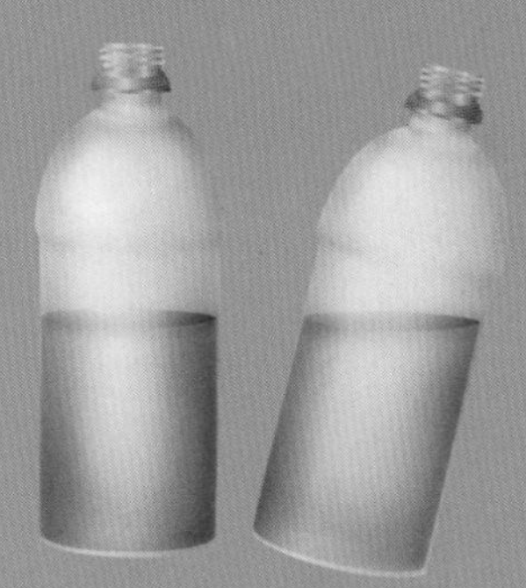

试试这个实验：找一个干净的塑料瓶，装半瓶水。慢慢地倾斜瓶子，瓶子倾斜时水面变化了吗？无论你如何倾斜这个瓶子，瓶子里的水面都会保持水平。

化学与生物学小百科探索 你能让水向上流动吗

虽然你不能让水面倾斜，但你可以让水向上流动。为此我们需要做一个虹吸管。

想了解更多，请看本书第10和第11页

请准备

- 2个矮粗的玻璃杯
- 2本厚书
- 一些塑料管或橡胶管
- 2个衣夹

视频演示

1. 将一个玻璃杯装满水，然后把它放在书上。
2. 把另一个玻璃杯放在书旁边的桌子上。
3. 向塑料管或橡胶管内注水并捏紧末端，防止水流出（如果难以将管子两端都用手捏紧，可使用衣夹夹住）。
4. 将管子的一端放进盛满水的玻璃杯里，然后松手。确保放入水中的那端不会掉出杯子。
5. 将管子弯曲，并将另一端放进空的玻璃杯中。
6. 松手，接着你就会看到水从满杯流进了空杯里。请观察，水是否只向下流进了空杯？

? 这是怎么做到的呢？其实，是重力将水“拉”到了管子的最低处。与此同时，气压又在向下推动高处的玻璃杯中的水。于是，在重力和气压的共同作用下，高处的玻璃杯中的水通过管子进入了空玻璃杯。这种利用液面高度差，使水上升后再流到低处的U形管子就是虹吸管。

填充与排空

化学与生物学小百科探索 猜水位

把水倒入不同的容器中，试着猜猜水位。

请准备

- 一些大小不一的罐子和瓶子
- 1个量杯
- 水
- 1支马克笔

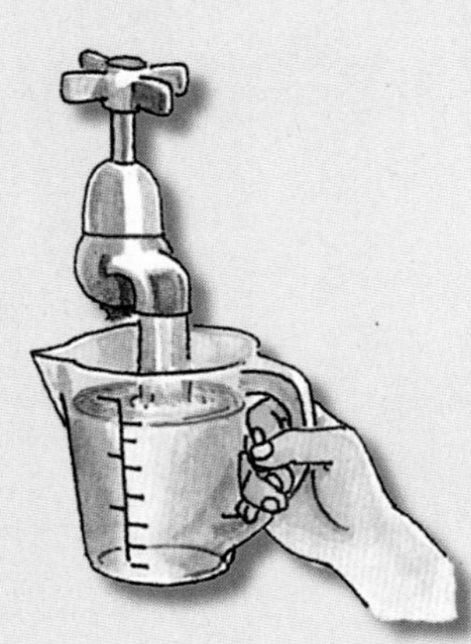

1 将量杯装满水，标记水的位置。

2 用马克笔在不同的容器上标出你预估的水位，然后将量杯中的水倒入每个容器中。

3 你猜对了吗？或许你会发现有些容器中的水低于你标记的水位，有些又高于你标记的水位。容器的形状是怎样影响你对不同容器所能达到的水位的预估呢？

请准备

- 水
- 1个锤子
- 1个钉子
- 1个盖子很紧的玻璃瓶

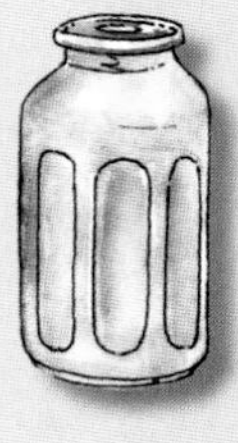

化学与生物学小百科探索

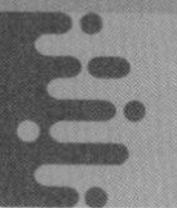

困在瓶中的水

当你把水从瓶子里倒出时，会听到咕噜咕噜的声音，这是因为在水被倒出的同时空气进入了瓶中。如果瓶颈很窄，空气就不那么容易进入，因为流出的水会和流入的空气“争夺”狭窄的瓶口。如果瓶口非常小，水甚至无法流出。接下来你可以试一试。

带左侧警告标志的实验需要成年人参与。

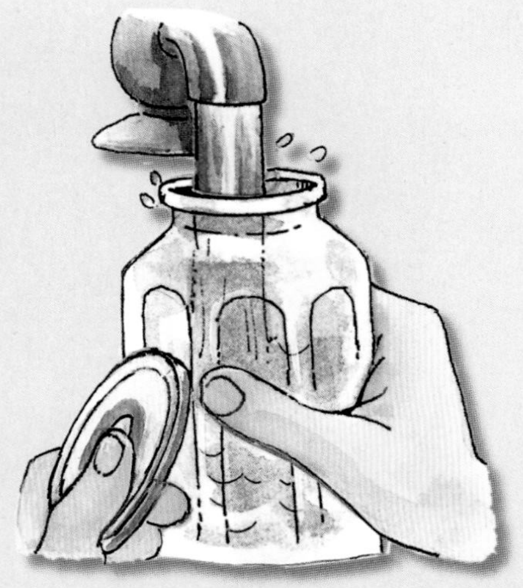

1 将玻璃瓶装满水并拧紧盖子。

2 用锤子和钉子在盖子的一侧打一个小孔，可以让大人来帮助你。

3 将玻璃瓶倒置，你会发现水没有滴出来。这是因为小孔太小，空气和水都无法出入。

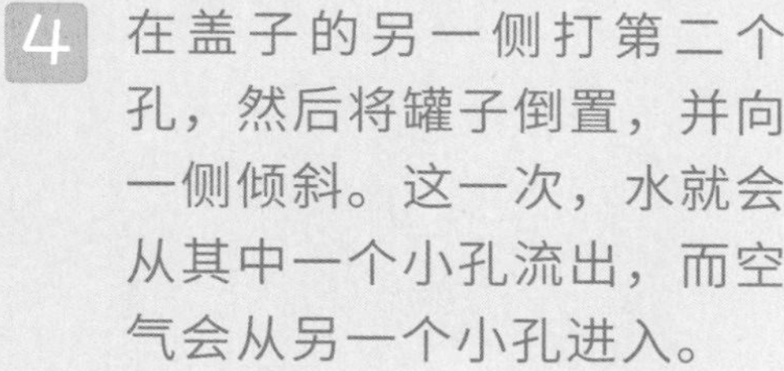

4 在盖子的另一侧打第二个孔，然后将罐子倒置，并向一侧倾斜。这一次，水就会从其中一个小孔流出，而空气会从另一个小孔进入。

视频演示

地下水

地球上的一切，包括水，都受到重力的影响。在重力试图将水“拉”向地心时，水就会渗入地下。当水遇到土壤和岩石时，水会渗入其中。可以渗水的土壤叫作多孔土壤。水不会渗入无孔土壤中。你认为砖是多孔的还是无孔的？石头呢？下面的实验将会为你揭晓答案。

化学与生物学小百科探索 浸水实验

请准备

- 2个较浅的托盘
- 一些石块和小石子
- 水
- 1块砖

- 1把直尺

1. 把1块砖放在一个托盘中，石块和小石子放在另一个托盘中。
2. 将水倒入托盘中，用尺子测量，确保水深5cm，然后放置1h。

当你查看的时候，记得再测量一下水位。你会发现，装着石块和小石子的托盘的水位几乎没有什么变化，而装着砖块的托盘的水位却下降了不少。

砖块是由黏土烧制而成的。黏土被烧制时，它会形成很多孔，水就在这些黏土颗粒之间的小孔中流动。

如果你继续把砖块泡在水里，所有的小孔都会被注满水，砖块也就无法吸收更多的水了。但是，如果你将被浸湿的砖块放在表面干燥的砖块上，重力就会把水“拉”到下面那块砖上。

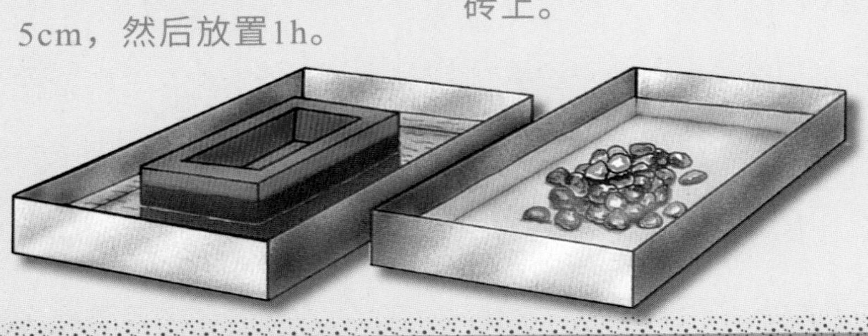

无孔岩

地球上很多地方的地下水都被堵塞在无孔岩上方。地下水也在慢慢地流动，但要流进海洋可能需要数千年的时间。

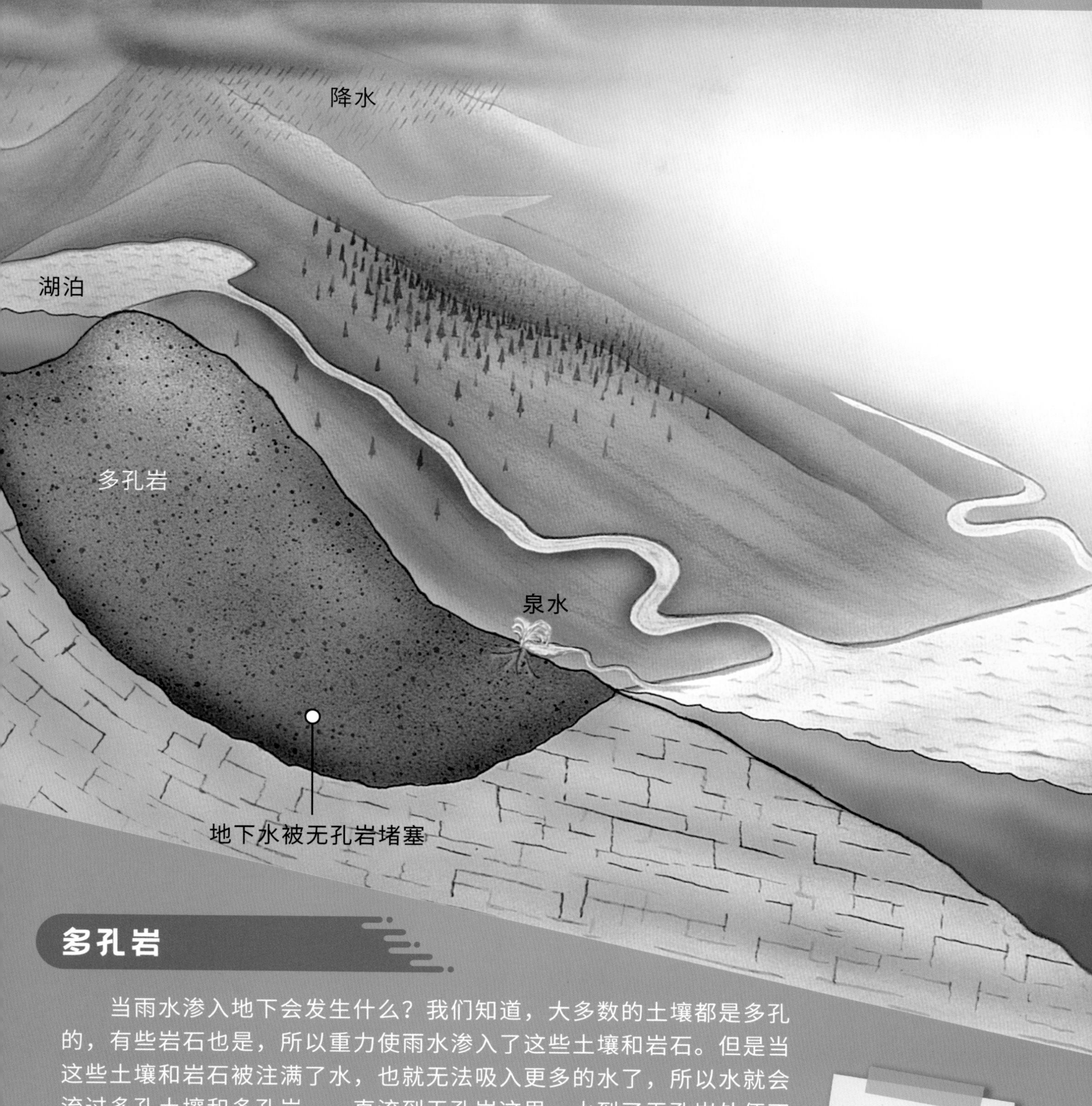

多孔岩

当雨水渗入地下会发生什么？我们知道，大多数的土壤都是多孔的，有些岩石也是，所以重力使雨水渗入了这些土壤和岩石。但是当这些土壤和岩石被注满了水，也就无法吸入更多的水了，所以水就会流过多孔土壤和多孔岩，一直流到无孔岩这里。水到了无孔岩处便不能继续向下渗入了，于是会作为地下水留存在岩石的空隙中。

世界各地都储有丰富的地下水，这些地下水有时会从地表的孔洞中溢出，变成泉水。我们也可以通过挖井找到泉水。

想了解更多，请看本书第4和第5页

饮用水的安全

孟加拉国的一位妇女正在收集用于饮用、做饭的井水。然而不断上涨的洪水会对井水造成污染，导致井水不适宜饮用。

如果你在大海里游过泳，就会知道海水是咸的。覆盖我们星球的约97%的水都是海水。海水不适宜饮用，很少有植物可以在海水里存活，就连工厂也不会使用海水进行生产。但幸好，地球上还有3%的水是淡水，这意味着如果它不咸，并且干净，就可以饮用，也可以用于烹饪和洗涤。

储水

在世界许多地方，人们收集并存储河水、雨水；而另一些地方的人会将地下岩石中的地下水抽到地表；城市中的人使用的水一般来自附近的河流，人们还修建被称为水库的人工湖来蓄水。

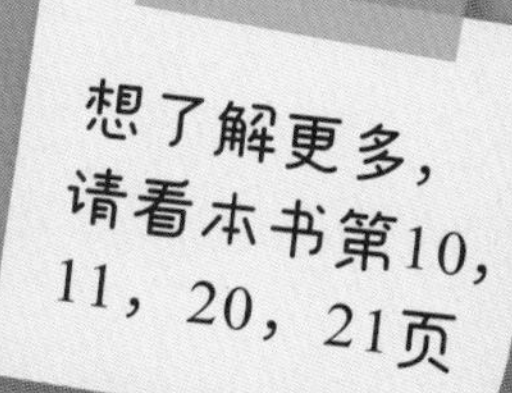
想了解更多，请看本书第10，11，20，21页

大部分直接从水库取的水是不安全的，因为里面含有有害物质。将这些水抽到水处理厂，其中的土壤颗粒和植物杂质会被过滤掉；同时，里面会加入少量氯气，以消灭水中的各种有害细菌。在这之后，水便可以通过地下管道泵送到每家每户。

化学与生物学小百科探索　净化污水

通过过滤，我们可以从水中提取出土壤颗粒和植物杂质。下面我们用沙子、小石子、鹅卵石和纱布制作一个自己的滤水器。

请准备

- 剪刀
- 纱布
- 1个量杯
- 小鹅卵石
- 小石子
- 水
- 一些土
- 1把钢勺
- 1个玻璃瓶
- 1个塑料瓶或漏斗

⚠ 禁止饮用过滤后的水，细菌和有害化学物质仍可通过过滤器留在水中。

1. 用剪刀剪掉塑料瓶的底部，可以请大人帮助你。
2. 将纱布塞入瓶颈处，然后将塑料瓶倒置在玻璃瓶上方（塑料瓶要和玻璃瓶挨紧，但也不能太紧）。
3. 依次用小鹅卵石、小石子填充塑料瓶，这些材料在放入前要清洗干净。
4. 往量杯中倒一些水，再放入两勺土，搅拌均匀。
5. 将量杯中水和土的混合物倒入塑料瓶。
6. 观察滴进玻璃瓶中的水。

视频演示

水的使用

在世界上的一些地方，水资源十分稀缺，所以废水在被倒掉前会被多次使用。

在大多数城市，水都是存储在城外，直接通过管道输送到各家各户的。

家庭用水

在供水可以直接输送到家里的国家和地区，人们很少关心他们使用了多少水。世界上的一些经济发达地区用水量较大。在美国，每人每天平均使用超过380L的水；在英国伦敦，每人每天大约使用150L水。

在这些地方，人们早已习惯了有充足的水资源可以使用，一旦因为干旱而导致用水短缺，人们将会感到十分震惊。

工业用水

工厂使用的水要比我们在家中使用的多得多，工厂生产的几乎所有的食品，诸如面包、汉堡包等，都需要水。

除此之外，大多数工厂需要用水清洗材料、冷却机器和清洁工厂设备。据调查，美国工厂每天的用水量大约为6×10^{11}L。

在印刷厂，300L水只能印制一份周日的报纸。

水对于制造业是必不可少的，工厂中的大部分水都用于冷却设备。

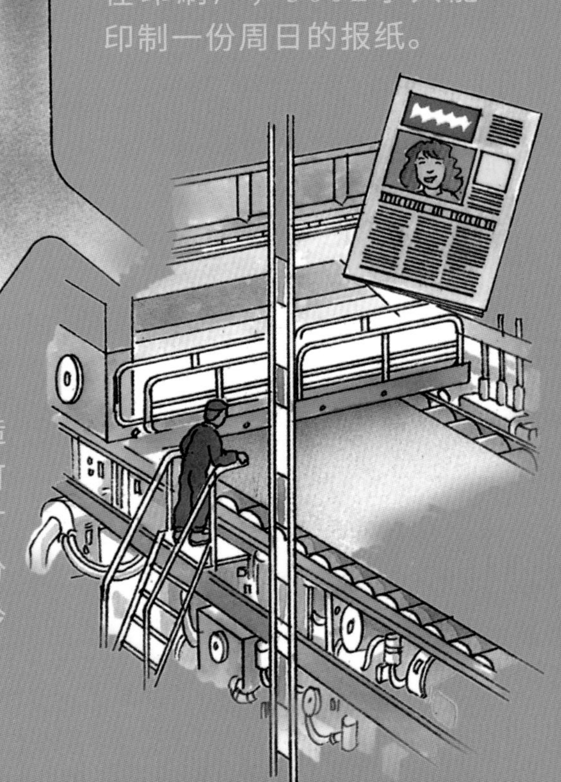

在苏丹，每人每天的用水量可能不超过5L。

你每天会用多少水

150L

57L

36L

76～114L

灌溉

为田地补充作物所需水分的技术措施叫作灌溉。植物健康生长离不开水，否则就会因为干旱失去养分。

全世界有2.2亿公顷农田得到了灌溉，这相当于非洲面积的三分之二。大量的灌溉土地用于种植水稻，因为这是世界上近一半人口的主要食物。

印度尼西亚巴厘岛山区的稻田已得到了雨水的灌溉。

水和人体

如果没有足够的水，人体很快就不能继续工作了。人体的血液主要由水构成，血液将氧气和营养物质分别从肺部和肠道运送到身体的各个部位。营养素是从食物中摄取的有用的化学物质。另外，水还有助于保持肌肉和关节顺畅运动。

人体内的一部分水会因为呼气而流失。在天气寒冷的时候，当水汽从鼻孔和嘴里呼出时，我们可以看到它在冷空气中凝结。我们在出汗和上厕所的时候也会排出一些水分；而当我们生病的时候，会出更多的汗，这就是为什么每当我们生病时，医生都会告诉我们要多喝水。

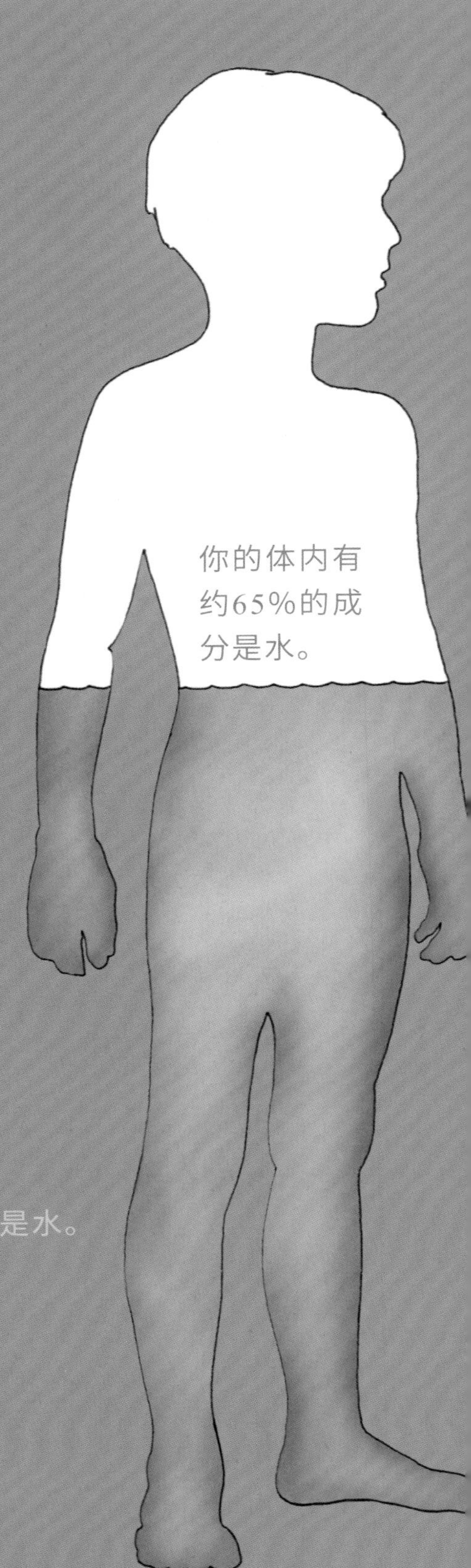

“水”灵灵的你

你知道吗？我们人类在没有水的情况下还能持续生活1周左右。你可能认为你的身体很结实，因为它由强健的骨骼和肌肉构成。但事实上，你的身体约65%的成分是水。因为我们会不断地流失水分，所以我们需要持续地补充水，每天大约需要补充2.4L。

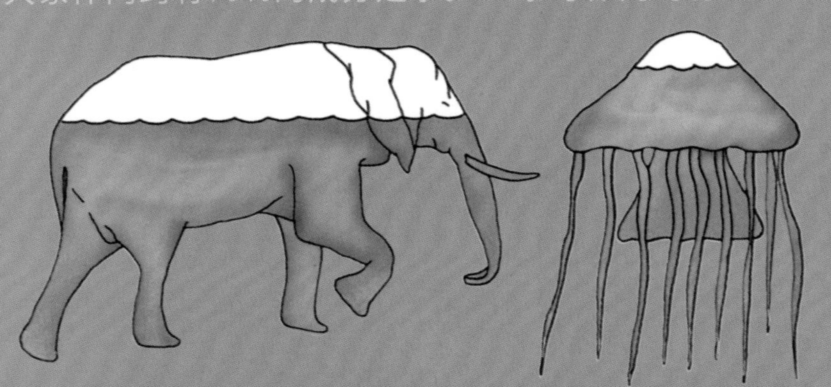

化学与生物学小百科探索

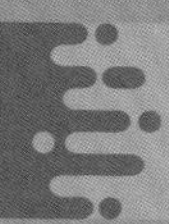

喝水喝不停

我们可以从水龙头或瓶子里喝水，也可以饮用柠檬水或果汁，一些固体食物里也含有大量的水。1个苹果或1个橙子中大约85%是水，1棵生菜中大约95%是水。

请准备

- 1个量杯
- 1个笔记本

想了解更多，请看本书第18和第19页

你喝了多少水

记录一下你每天摄入了多少升水。

水 100%

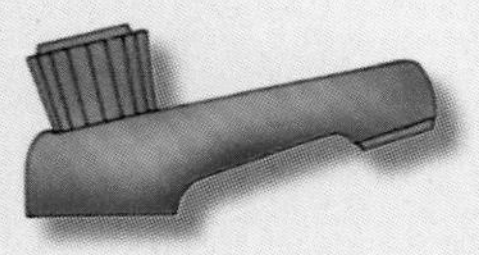

牛奶 88%

橘子 85%

土豆 80%

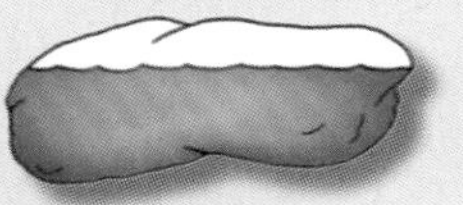

生菜 95%

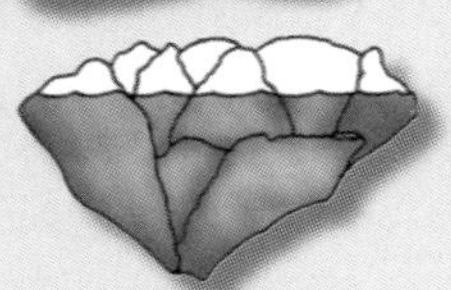

面包 30%

西红柿 95%

牛排 73%

1 用1个量杯测量你手边所有的饮品，记得把含乳饮料也算进来，因为牛奶中有88%是水。

2 每测量一样，就记在笔记本上。

一天结束后，把这些总数加起来看一看，你或许会感到十分惊讶。但这只是一个不完全的统计，因为你吃过的一些固体食物中也有大量的水分。

一生要喝的水

？

你知道吗？世界上平均每个人一生要摄取大约44000L水（按平均年龄80岁计算）。

喝水的益处

从各家各户水龙头里流出的水其实已经“走”了漫长的路才来到我们面前。起先它作为雨穿过大气层降至地面，又流进了某一条河，还可能在地下待了很长一段时间。

在途中，水流会携带许多被水溶解的物质，这意味着这些物质已经被分解成微小的颗粒，水和颗粒又形成了溶液。

有些溶于水的是矿物质，它们是岩石中的化学物质。有些矿物质是有害的，所以含有这些矿物质的水不能直接饮用。而其他有些矿物质对人体健康却至关重要。

有益的矿物质

我们每天需要摄入大量的矿物质，其中就有钙，它多存在于奶酪等食物中，牛奶和水中也含有钙。我们日常还需要少量的其他矿物质来保持健康，因为只需要微量，即很少的量，所以这些矿物质被称作微量元素。氟是一种微量元素，以化合物氟化物的形式存在于水中。氟化物能帮助我们长出坚固的牙齿。

很多医生认为，有些地方的水会比其他地方的水更健康，这是因为水中溶解的有益矿物质和微量元素的比例较高。

我们也从植物中获取矿物质，因为植物从土壤里的水中吸收矿物质。所以当我们食用这些植物时，也就摄入了植物中的矿物质。

井水来自地下深处，可能富含从岩石中溶解出的矿物质，非常适合饮用。

想了解更多，
请看本书第10，
11，46，47页

泉水会直接在装瓶厂装瓶，不需要过滤和处理。

下水道

想想我们每天用水的方式就会觉得神奇，我们不仅为了健康喝水，还用它洗澡、冲厕所、洗衣服、洗碗，等等。

那些被我们用过的水大多会流入下水道，里面会有肥皂、清洁剂、排泄物、剩饭剩菜和很多其他固体和液体，这样的废水叫作污水。污水中通常含有可能传播疾病的有害细菌，所以必须谨慎处理。如果污水和废水未经处理就排放，会污染水源，因为污水中的有害物质和细菌过多，会破坏江河湖泊的生态平衡。

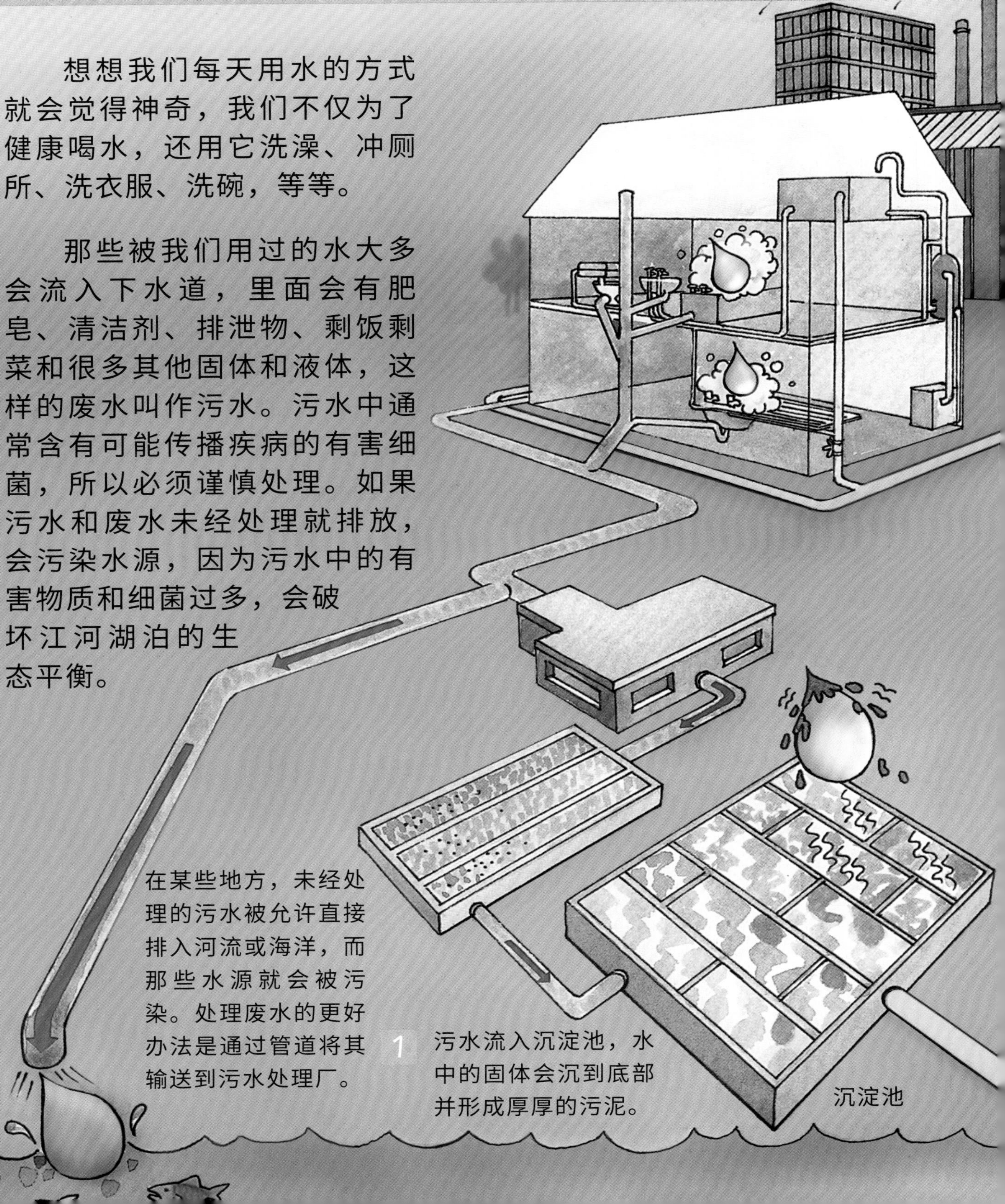

在某些地方，未经处理的污水被允许直接排入河流或海洋，而那些水源就会被污染。处理废水的更好办法是通过管道将其输送到污水处理厂。

1 污水流入沉淀池，水中的固体会沉到底部并形成厚厚的污泥。

沉淀池

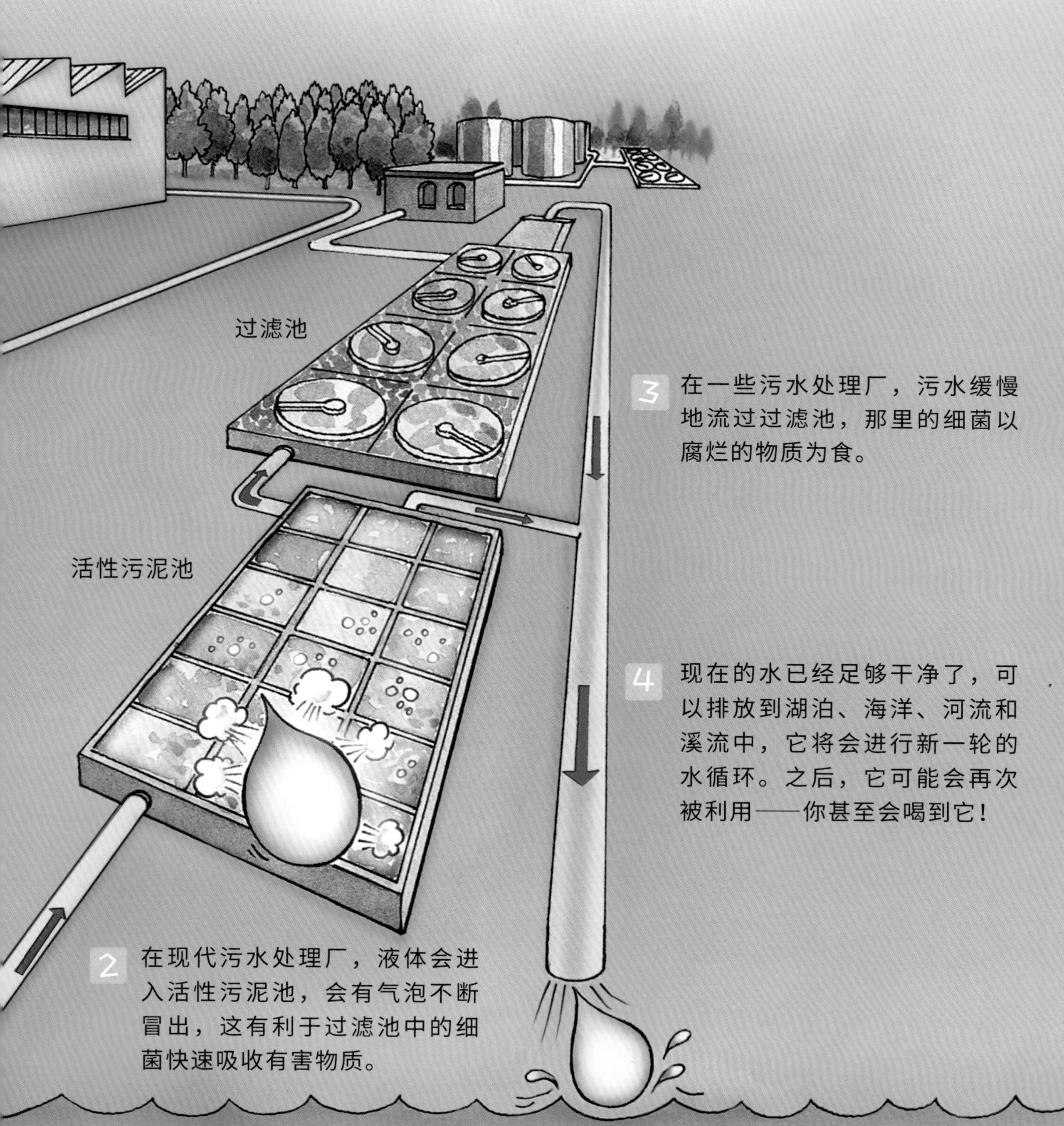

3 在一些污水处理厂，污水缓慢地流过过滤池，那里的细菌以腐烂的物质为食。

4 现在的水已经足够干净了，可以排放到湖泊、海洋、河流和溪流中，它将会进行新一轮的水循环。之后，它可能会再次被利用——你甚至会喝到它！

2 在现代污水处理厂，液体会进入活性污泥池，会有气泡不断冒出，这有利于过滤池中的细菌快速吸收有害物质。

水的形态

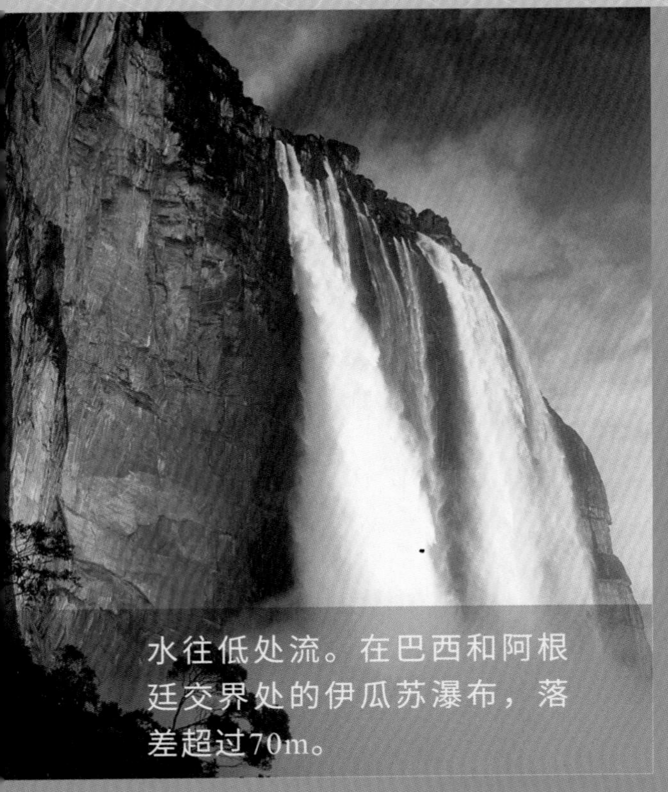
水往低处流。在巴西和阿根廷交界处的伊瓜苏瀑布，落差超过70m。

水是地球上最常见又最不寻常的物质之一，没有其他物质可以像水一样改变形态。

与所有物质一样，水由被称为分子的微小颗粒组成，一滴水含有约10万亿亿个分子，每一个分子又由更小的粒子——原子组成。水分子包含氢、氧两种原子，2个氢原子和1个氧原子结合就形成了1个水分子。科学家赋予氢的符号是H，赋予氧的符号是O，这两个符号组成了水——H_2O，你知道为什么吗？

水的三种形态

水能够以固体、液体、气体三种形态存在。构成液态水的分子是可以自由运动的，而当水变冷时，分子的运动会变慢，如果温度足够低，水就会变成冰。当雨水结冰时，它会呈现出其他形态，比如雪、冰雹或雨夹雪。

当水被加热到沸腾时，水就会变成水蒸气，这时的分子会以极快的速度和极高的能量在空气中运动。

当水汽凝华成冰晶时，分子运动速度会减慢并形成一个规则的图案。雪花就是由冰晶增大而形成的。由于冰晶是六边形的，所以大多数的雪花看起来都有六个花瓣。

这些冰柱就是固体的水，非常坚硬。这里不断有水滴下来，水滴在冷空气下冻结、累积，形成了大小不一的冰柱。

新西兰罗托鲁瓦的间歇泉喷吐着来自地壳内部的沸水和水蒸气。

这个雪人包含数百万个微小的冰晶，但雪人身体里大部分是空气。

细小的水滴形成了雾气，沿着美国瑞尼尔山国家公园的斜坡上下运动。

蒸发的水

水总是持续不断地流动着，不管是海洋、河流、看起来没有一丝波澜的池塘，还是一杯水。水分子以不同的速度保持运动。如果它们运动得足够快，一些水分子就会脱离表面并“逃窜”到空气中，这个过程叫作蒸发。蒸发的水分子有一部分仍会落回水中，而另一部分则会变成水蒸气被气流带走。通过这种方式，一些水逐渐散失到大气中。

如果你将一小碟水放在室内，而且没有封住它，过一段时间你就会发现碟子里的水不见了，这是因为碟子里的水蒸发了。

晾衣绳上的湿衣服在风中会干得很快，因为水分子进入空气中后，很快就会被风带走，而被带走的水分子往往不会再落回到衣服上。

蒸发和冷凝

当水被加热时，所有的水分子都会加速运动，有很大一部分会蒸发。如果水足够热，所有的水分子都会被蒸发，水就会沸腾，这些水就变成了水蒸气。

热量加速蒸发，而冷凝会减慢甚至逆转这个过程，将水蒸气变成水滴。当你洗热水澡的时候，流出的水会在空气中变成水蒸气，而这些水蒸气在接触到温度较低的浴室的墙壁和窗户时就会冷却下来，又变回水滴。因此，洗澡时浴室中的墙壁、窗户和镜子都会变得雾蒙蒙的。

出于相同的原理，下雨天，窗户玻璃的内面有时会变得模糊。在温暖的室内，水蒸气分子四处运动，其中一些就接触到了被室外的雨冷却过的窗户玻璃，水蒸气流失了热量，就变回了水。如果晚上的温度足够低，窗户上的水还会结成冰，等你醒来的时候就会发现，窗户玻璃的内面已经结了霜。

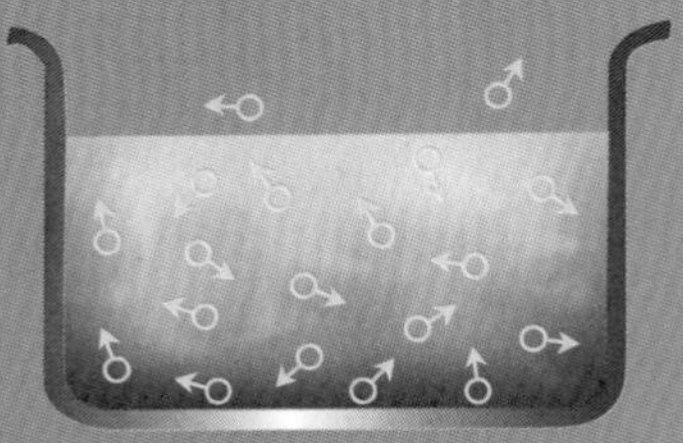

当水冷却时，水分子很少会蒸发。

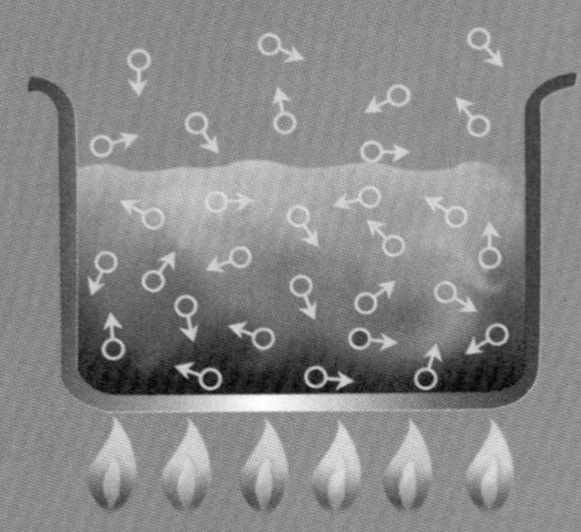

当水被加热时，水分子很快就会“逃窜”到空气中。

湿衣服在有风的地方会干得很快，水分子会在空气中蒸发，然后被风带走。

加热的水

烧水的时候，观察一下水壶出水口会发生什么。注意与正在烧水的水壶保持一定的距离，因为开水可能会烫到你。然后，看看水壶的出水口，看似空的出水口里面充满了水蒸气。

水蒸气是气态的水，它是无色的。当壶嘴处的水蒸气离开水壶，很快就会冷却并变回细小的水滴，此时水蒸气便凝结了。水蒸气冷凝后，我们会看到一团团的白云，这些是水滴云，而不是水蒸气。

水通常会在100℃时沸腾，这个温度叫作水的沸点，沸点的变化取决于所处的海拔高度。在高山上，空气很稀薄，因此对空气中的水分子的阻力也较小，水就更容易沸腾成水蒸气。所以，在海拔较高的地方，水在100℃以下就会沸腾。

水蒸气

⚠ 小心沸水，保持距离。

不要靠近水壶，观察一下沸腾的水是什么样子。你能看到水蒸气凝结成白云了吗？

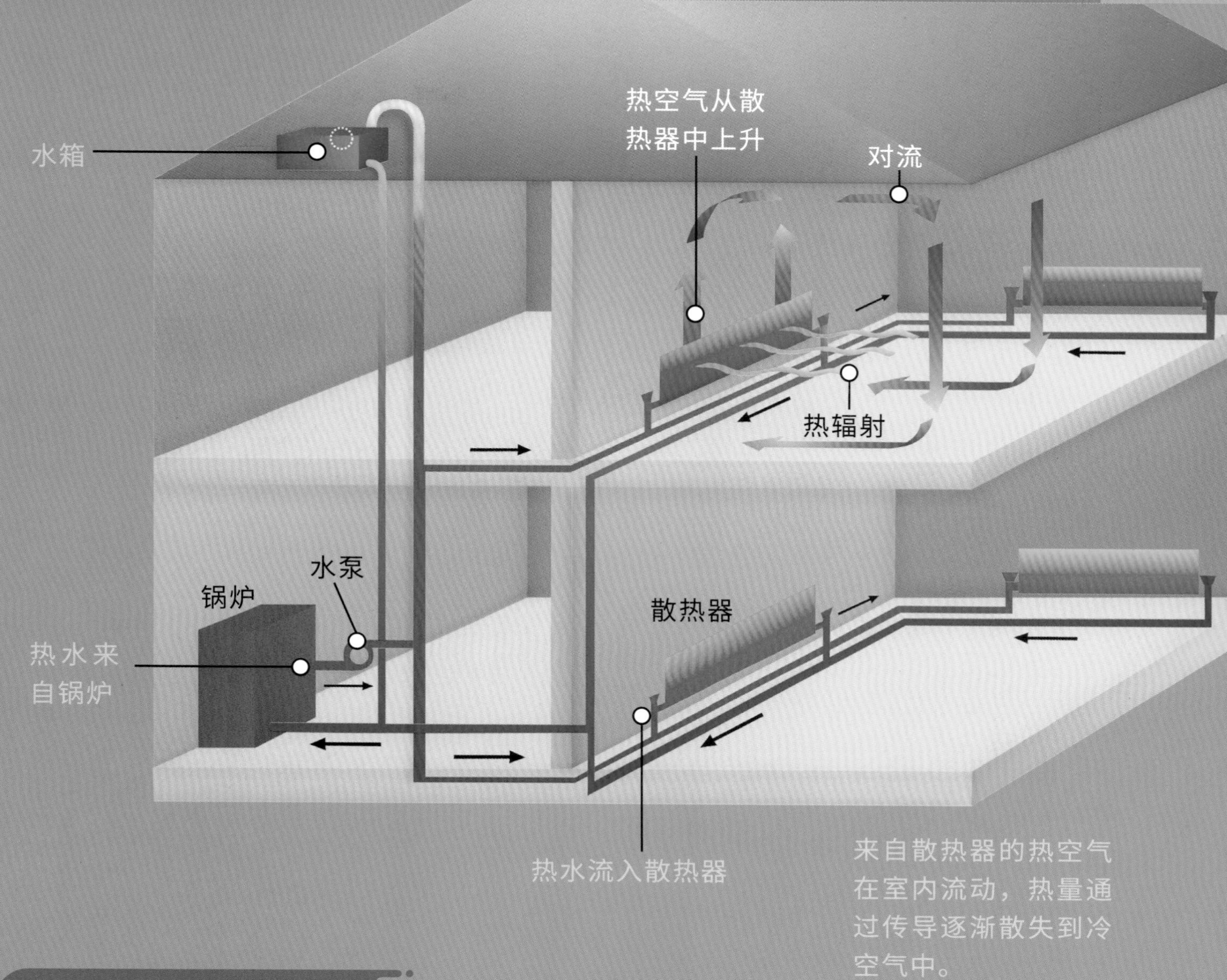

来自散热器的热空气在室内流动，热量通过传导逐渐散失到冷空气中。

用水供热

因为有中央供暖系统，所以管道中的热水和水蒸气在建筑物间传导热量十分便捷。水会在锅炉中加热并通过管道泵送至每个房间的散热器，热量再从水中传到散热器的金属中，用这种方式将热量从一个物体转移到另一个物体的过程叫作传导。

之后，热量便会从散热器散出，给室内的空气加热。它的原理是一种叫作对流的运动：散热器加热周围的空气后，热空气上升，冷空气冲进来取而代之。热空气沿着天花板远离散热器，将较冷的空气推向散热器周围。这种对流使室内的空气沿着与散热器相对的墙壁向下移动，再沿着地板返回到散热器周围。

散热器的工作原理和太阳一样，是通过散发热量来实现的，这称为热辐射。

固态的水

位于南极的南极洲大陆，被平均厚度为2200m的冰盖覆盖。在海岸附近，冰层较薄，碎片经常脱落，逐渐形成冰山，然后漂走。

水的冰点是0℃，低于这个温度，地面周围的水蒸气会变成霜，而空气中的水蒸气会变成雪花。液态的水会变成固体，比如冰和冰雹。如果是流动的水，使它结冰就需要更低的温度，所以静止的湖水会比流动的河流结冰的速度更快。

“长大”的水

水是一种神奇的物质，当它变成冰时，体积会增大。水结冰时，水分子以某种形式锁在一起，会比液态水占据更多的空间。当一整瓶水结冰时，你会发现里面的冰会顶出来，甚至冲破瓶子。

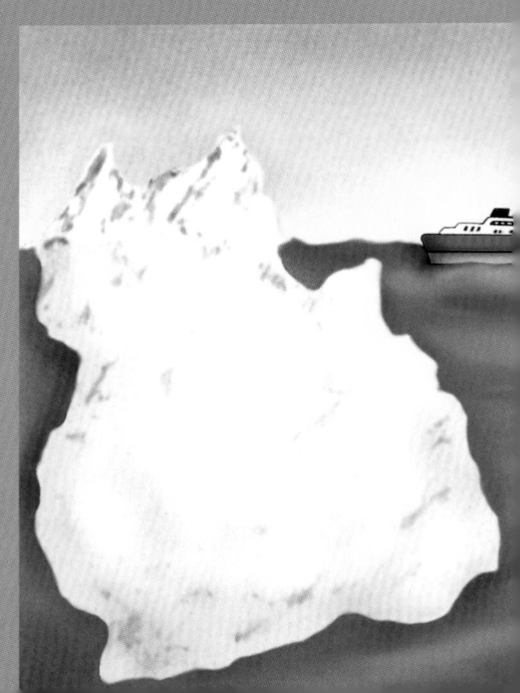

如果你见过漂浮在海面的冰块，以为它只有你见到的那么大就错了。其实这些冰块的四分之三都藏在水面以下。冰山对船舶来说很危险，主要是因为大部分的冰山都隐藏在我们看不见的水面下。

如何让冰融化

要让冰融化，可以把它放在温暖的地方。还有一种方法是挤压它，或者给冰施加一些压力。你滑过冰吗？当你滑冰的时候，所有的重量都会压在冰鞋的薄刀片上，体重对冰面上那块小的区域施加很大的压力，而这种压力会使冰面融化。在滑行的时候，刀片下方的冰会马上融化，就如同在很薄的水面上滑行一样。随着你继续向前滑行，冰面上的水会再次结冰，释放压力。

化学与生物学小百科探索

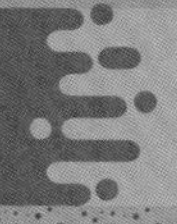

冰的实验

这里有一些关于冰的实验等你来完成。

想了解更多，请看本书第22和第23页

请准备

- 1个冰块
- 1个小而结实的塑料瓶

- 1只手套
- 1把钢勺和1个碟子

2 把碟子放进冰箱冷冻一晚，第二天早上拿出来，一只手戴上手套把冰块放在冷冻过的碟子上面。

1 将塑料瓶装满水，把它放在冰箱里冷冻一晚。第二天早上，水就会结冰，里面的冰块会从瓶子顶部冒出。那么，此时的冰和之前的水相比，体积增加了吗？

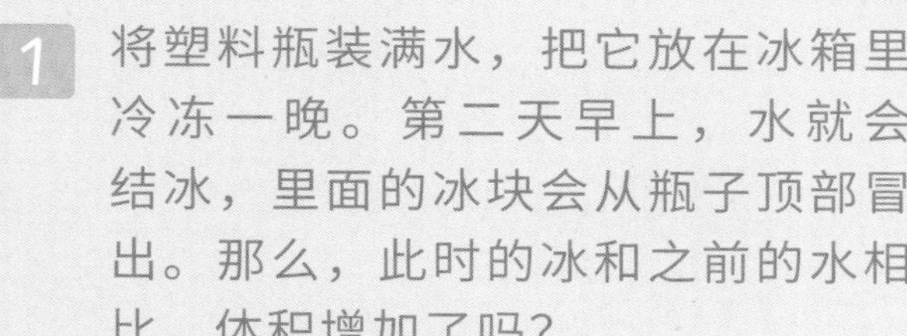

3 然后用钢勺在冰块上方按压，你会发现此时冰块下面出现了一些水。通过实验观察，你认为压力会使冰融化得更快吗？

水和植物

当你看到花的种子，往往很难想象它会长成包装袋图片上那样的美丽花朵，种子似乎根本没有生命。然而，种子具备了生长所需的核心条件。那么为什么种子不能在包装袋里生长呢？因为种子的生长需要在有氧气、水和温暖的环境下，三者缺一不可。满足这三个条件，种子就会开始生长了。种子利用内部储存的养分、从土壤中吸收的水分和从空气中吸收的氧气存活。有些种子在开始生长前会进行长达50年的休眠，然后在生长条件合适的情况下生长。

每颗种子中只有少量的营养成分，当这些养分全部用完时，植物就必须从其他地方摄入营养。

种子必须等到合适的条件才能生长

种子+日照+氧气+水=健康生长的植物

土壤中的养分

植物之所以能从土壤中摄取养分，是因为植物通过根部在土壤中汲取水分，这些水分里溶解了营养物质。但是，并非所有的土壤都含有植物所需的养分，有时农民或园丁需要在土壤中加入矿物质或有机肥料。这些矿物质肥料来自矿物或化学品，而有机肥料则来自腐烂的动植物。施肥后，肥料会被雨水冲进土壤中，然后被植物的根吸收。

农民在土地上施肥，将更多的养分注入土壤，然后他们就可以种植出更茁壮的作物。

沙漠种植

大多数植物会在其根、茎、叶中存储水分，每次下雨，它们都可以重新装满自己的“小仓库”。但在沙漠中，可能几个月甚至几年都不下雨。沙漠中的降雨往往是猛烈又急促的阵雨。下雨时，仙人掌浅而发达的根部总是可以在水分蒸发前迅速地吸收水分，所以我们看到仙人掌的叶子厚厚的，就是因为它的叶子里面储满了水。此时仙人掌的叶片会充当一个“水库”，好为其他部分提供所需的水分。除此之外，其他沙漠灌木的根会深深地扎入地表以下，以汲取地下水。

还有一些植物，比如非洲南部西海岸纳米布沙漠中的百岁兰，它会捕获沙漠雾气凝结时形成的微小水滴，存储在叶片上，再滴落到根部。

观察根的生长

找一个罐子并装满水，再将一颗洋葱放在罐子的上方，确保它的底部泡在水中。

观察洋葱根的生长。

沙漠植物有特殊的根系，可以应对降水较少的情况，或到达地下深处汲取地下水。

想了解更多，请看本书第32和第33页

仙人掌的根系较浅

这种灌木有着发达的根系

这种灌木的根较深

百岁兰通过叶片收集水分

水的供给

当我们感到口渴时，我们会直接喝水，但是植物不会“喝水”，它们是怎么吸收水分的呢？其实，在植物的根部有一些细小的根毛，植物通过根毛吸收水分和养分，这个过程就是渗透作用。

渗透作用是液体从一种溶液通过半透膜进入另一种溶液的运动。溶液是液体和一些溶解物质的混合物，而半透膜相当于一层薄薄的皮肤，允许某些物质通过，但不允许其他物质通过。

在渗透作用过程中，含有养分的水从土壤中通过覆盖根毛的半透膜进入根部。半透膜允许水渗入根毛，并能防止富含营养的液体离开根部。

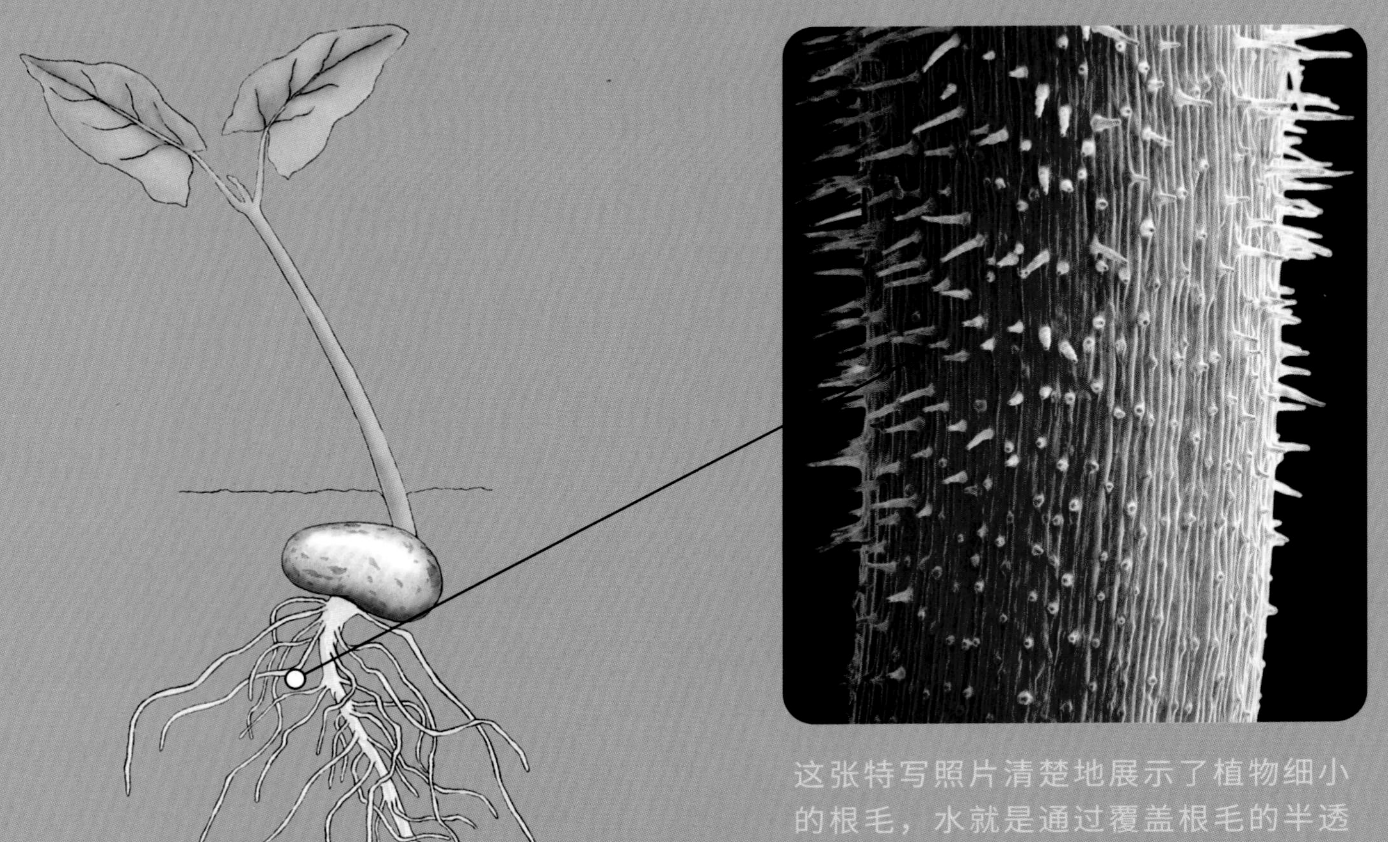

这张特写照片清楚地展示了植物细小的根毛，水就是通过覆盖根毛的半透膜经过渗透作用进入植物根部的。

汁液

水通过根毛进入植物根部，再向上进入植物的茎或树干，此时的水会变稠，变成一种营养丰富的液体，为植物提供养料，我们称之为汁液。

如果割开一些植物的茎，比如甘蔗，你就会看到割口处的汁液。甘蔗的汁液含有滋养植物的糖分，所以也可以用它来制糖。有些植物含有我们可以利用的其他液体，比如可以用橡胶树渗出的乳白色液体制造橡胶。

天然乳胶，取自马来西亚的橡胶树。胶乳从树皮里流出并被收集在下方的杯子中。

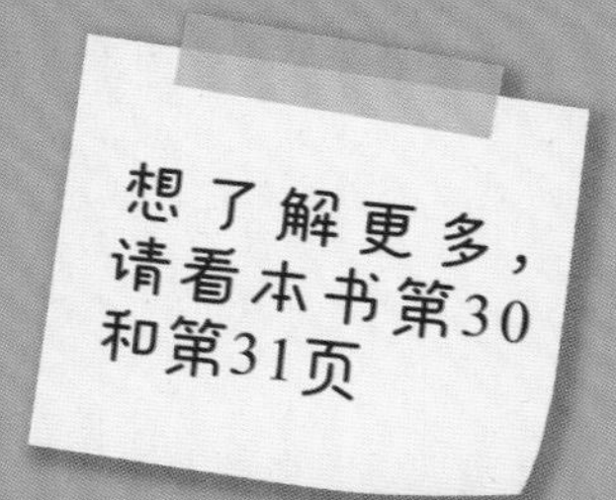

想了解更多，请看本书第30和第31页

化学与生物学小百科探索　观察渗透作用

渗透什么时候起作用？你可以用一些根茎类的蔬菜，如土豆或山药来做实验并观察。

请准备

- 1把刀
- 1大块根茎类蔬菜
- 1把钢勺
- 一些糖
- 1个玻璃杯
- 1个带盖的浅底盘
- 水

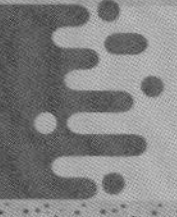

1. 请成年人用刀把蔬菜切成厚块或切成两半，然后在中间挖出1个2.5cm深的凹槽。
2. 往玻璃杯里倒4勺冷水，再倒入1勺糖搅拌均匀，此时的水变成了浓度较高的含糖液体。用这种液体填满准备好的一半蔬菜的凹槽，再用冷水填满另一半。
3. 将它们放入浅底盘，再将冷水倒至盘中1cm处，盖上盖子。
4. 1天后再来观察，能看出它们的水位有什么不同吗？含糖的液体水位会升高，因为水通过渗透作用进入含糖液体。

水的张力

如果小心地将针放在水面上，猜猜会发生什么？你可能以为它会下沉，但它没有——它漂浮在了水面上。为什么会发生这种情况呢？

针停留在水的“隐形皮肤”上。这种“皮肤”是由附着在表面的水分子构成的，科学家把这种现象叫作表面张力。要想让针下沉，必须对针施加压力，把它压入水中。

水中所有的分子都会相互粘连。如果你观察过一个滴水的水龙头，就会发现水滴呈圆形，当水滴坠落的时候，并没有向四处飞溅。这是因为水滴中彼此粘连的分子及表面张力将其拉成了圆形。

由于水的张力，水黾可以在水面上行走自如。

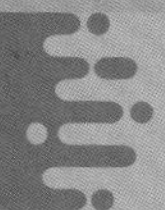

化学与生物学小百科探索 测试表面张力

请准备

- 1根针
- 1小块纸巾
- 1杯水

1 用手指摩擦针头，让它不那么干燥。

2 将纸巾小心地放在水面上。

3 在纸巾还漂浮在水面上的时候，将针轻轻放在纸巾上，过一会儿纸巾会吸水下沉，而针受张力支撑会留在水面上。

“粘住”的水

不仅水分子之间会相互粘连，水分子还会和一些固体的分子粘在一起。如果你将有色液体倒入玻璃杯中，就会看见一些水分子附着在玻璃杯的边缘，玻璃杯边缘的水面也因此稍稍变得弯曲。如果将透明的塑料吸管插入水中，可以更清楚地看到这一点。捏住吸管的顶端，将它抬高到与眼睛齐平，仔细观察，吸管内部的水面是弯曲的。这是因为水分子被吸管吸住，所以水面边缘会上升。

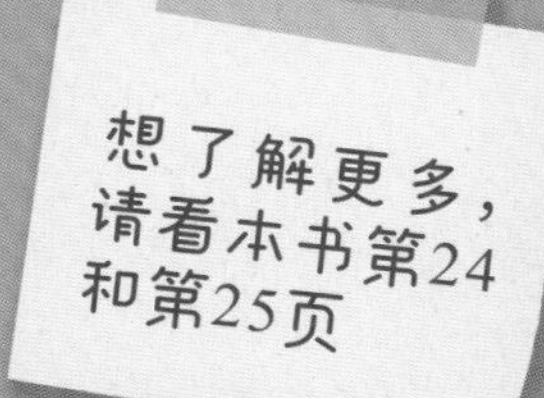

想了解更多，请看本书第24和第25页

会“爬”的水

剪下一条比较薄的纸或吸墨纸，然后将纸的末端浸入水中，你会发现水从纸的末端一点一点“爬”上来了。这是因为纸上面有一些缝隙，水分子被纸上的分子吸引，这种吸引力促使水分子向上蔓延并填满这些缝隙。水分子的这种运动叫作毛细作用。

仔细观察玻璃杯和吸管中的水面形状，描述一下你看到了什么变化。

制造海浪

你也许记得我们前面曾说过——水总会流向地面最低的位置，但这并不意味着水总是在平坦处静止不动，水的平静很容易受到干扰。在你喝水时，试着轻轻吹一下水，看看会发生什么。再尝试坐在浴缸里，让水保持静止，此时你会发现，你根本动弹不得，因为最轻微的动作都会搅乱水面的平静。而当你从浴缸中站起时，水面的动荡就像海上的风暴。说到海浪，它其实主要是由风和来自月球、太阳的引力引起的。

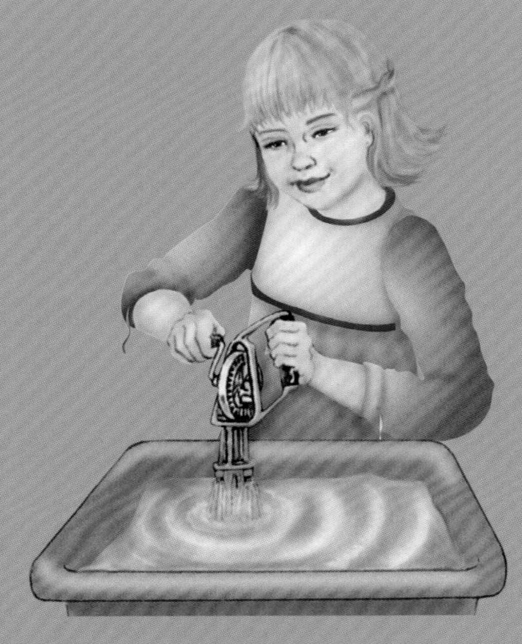

用打蛋器轻轻搅动一碗水，你能看到水流动时的波纹吗？

水纹

如果你把一块石头扔进池塘，波纹就会在石头击中水面的地方扩散开，也就是我们说的涟漪。这些波纹就像圆形的山脊，以越来越大的圆圈扩散到池塘的边缘。

虽然表面上看起来水好像在向外流动，但事实并非如此，只是表面上的波浪在移动。

当你把一块石头扔进水里，波纹就会像这样荡漾。

浮动的软木塞

你可以先让软木塞浮在水面上，再扔入石头来演示石头落入水中的真实情况。当波纹推到软木塞的位置，软木塞其实并没有移动，只是在波纹经过它的下面时简单地上下浮动。

软木塞在水面上下浮动，但不会向边缘靠近。

海上的船在恶劣天气下会遇到巨浪，这些船必须足够坚固，才能抵御风浪。在设计之初，人们就会考虑这样的问题。

强力海浪

海上风暴的力量非常强大，海浪可以达到12m高。众所周知，这种海浪会使船只沉没。而在海岸附近，海浪还可以卷起巨石把它们甩到陆地上，海浪也会使船只撞向岩石，将其摧毁。

海上的波浪就像波纹一样，当波浪向前传播时，水其实不会跟着移动，它会以环形滚动的方式运动。

想了解更多，请看本书第6，7，38，39页

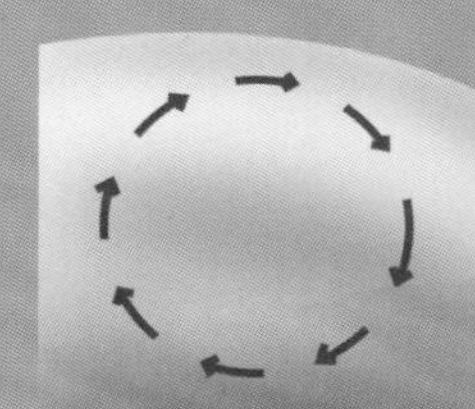

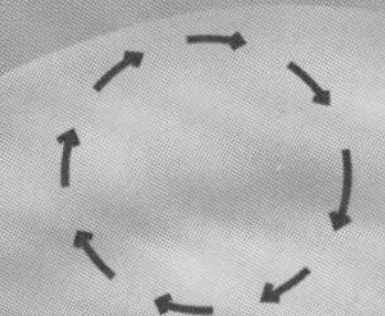

水中潜行

什么形状的物体在水中穿行的效率最高？当诸如冲浪板或独木舟之类的物体在水上划行时，水会被推到一边，它会先在物体周围流动，然后在物体滑过后再次汇聚。如果水能在这种物体周围流畅地滑过，我们就说该物体的形状是流线型的；如果物体的形状不是流线型的，它周围的水流就会受到干扰，受到干扰的水流叫作湍流。流线型的物体一般前面是圆形的，后面是尖的。

工程师可以通过向水中添加染料条纹来展示水如何围绕不同形状的物体流动。开始时，水中的染料会匀速流动，直到遇到物体，便会在物体周围流动。染料条纹展现了水在围绕物体流动时水流的形状。通过这种方式，工程师可以判断某处是存在湍流，还是存在流线型水流。

我们可以从下面的形状看出流线型和非流线型物体之间的差异：流线型的物体能很轻松地在水中前行，非流线型的物体则会因为湍流而受阻。

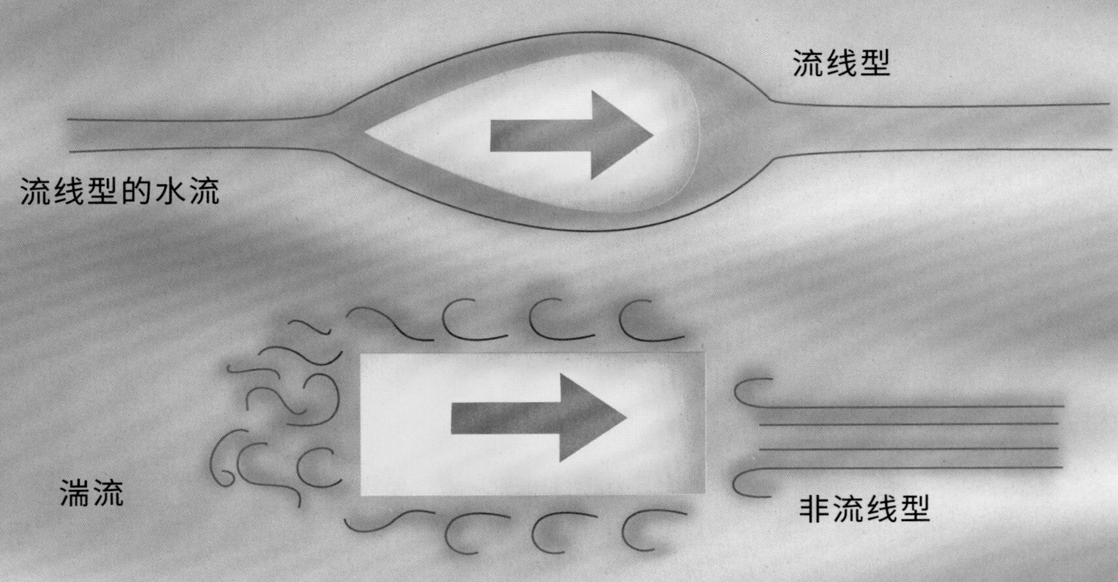

船舶和潜水艇

了解流线型原理对设计船舶和潜水艇来说十分重要。当一艘船或潜水艇向前移动时，水会被推到一边。如果船舶或潜水艇设计良好，它周围的水流就会呈流线型，可以有效地利用能源。而设计不当的船舶或潜水艇则会引起湍流，在水中前进时会消耗更多的能量。

这艘潜水艇的流线型设计有助于它轻松地在水中前行。

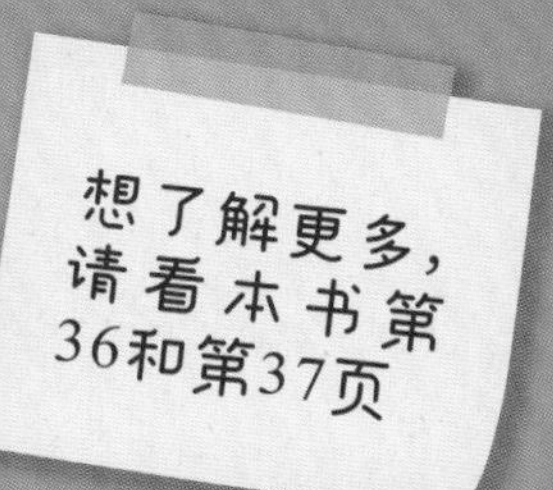
想了解更多，请看本书第36和第37页

流线型的鱼

鱼的流线型身体为自身带来了诸多便利。当它们平稳地在水中游动时，所消耗的能量非常少。流线型的水流几乎不会扰乱水面，鱼的猎物也因此不会意识到攻击者就在附近，直到身至鱼腹，为时已晚。

这条加勒比礁鲨在游动时几乎不会影响周围的水流，因此它的猎物难逃鲨口。

物体的漂浮和下沉

你学过游泳吗？能不能漂浮在水面上？刚开始学习游泳的时候，每个人都以为自己会沉入水底，很难相信水可以在下面托住我们的身体。

化学与生物学小百科探索 下沉还是漂浮

找出下列物品中哪些会浮在水面上，你可能会有惊喜发现！

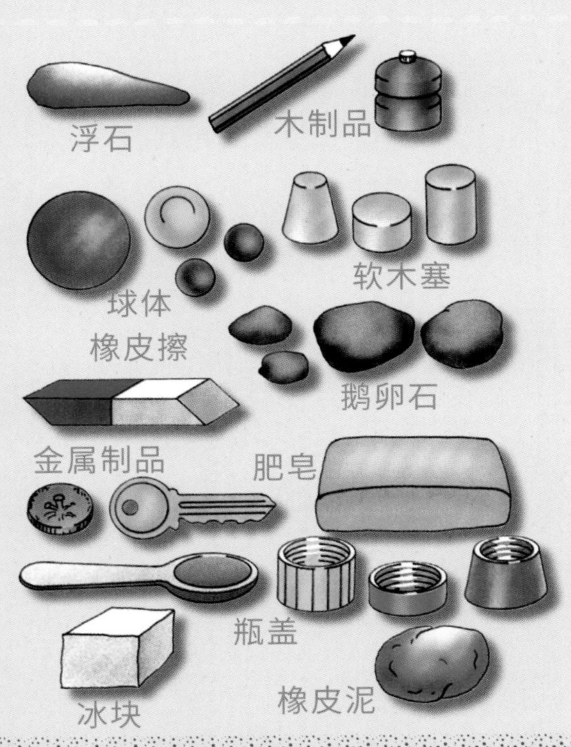

请准备

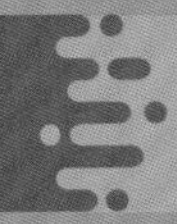

- 1盆水
- 一些不同材质的物体（如冰块、鹅卵石、橡皮擦、不同材料和大小的球体），以及一些金属制品（如钥匙或硬币）

想了解更多，请看本书第8，9，42，43页

将上述物体依次放入盆中，列出下沉或漂浮的物体表单。

密度

你知道为什么有些物体在水中会漂浮，而有些物体会下沉吗？这不仅仅是因为它们的大小或质量不同。你游泳时可以漂浮，为什么小石子在水中却会下沉呢？答案是物体的漂浮或下沉取决于物体的密度，如果物体的密度比水大，它就会下沉；如果物体的密度比水小，它就会漂浮。

如果一个物体的质量大于相同体积的水，这个物体的密度就比水的密度大。鹅卵石由砂砾颗粒组成，这些颗粒非常紧密地聚积在一起，其密度比水的密度大，所以鹅卵石在水中会下沉。

船为什么会浮起来

钢铁的密度比水的密度大，为什么由钢铁制成的船不会沉下水呢？答案是船的内部是空心的，充满了空气，船身还包含了很多其他密度小于水的材料，所以整艘船的密度是小于水的密度的。你可以通过下面的实验进行验证。

化学与生物学小百科探索 水的承重实验

了解一下水是如何承受重物的。

请准备

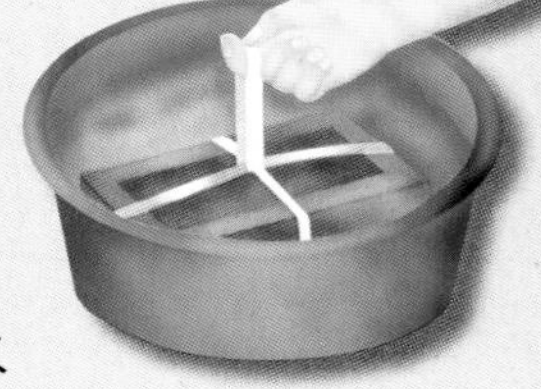

- 1块砖或1块大石头
- 1条细绳
- 1根橡皮筋
- 1盆水

1. 如图，把绳子绕着砖块系起来，再将绳子系在橡皮筋上。
2. 用橡皮筋连接砖块，然后手提橡皮筋将砖块放入水中。和砖块进入水里之前相比，橡皮筋的长度有变化吗？
3. 将砖块放入水中后，橡皮筋的拉伸量会减少，这是因为水的浮力抵消了砖块所受的一部分重力。

化学与生物学小百科探索 密度测试

人的身体的大部分的密度都比水的密度大，但因为我们的肺里充满了空气，所以身体整体密度与水的密度大体相当。这就是人体可以在水里漂浮的秘密哦！

在这个实验中测试船的密度。

请准备

- 1大块橡皮泥
- 1盆水

1. 把橡皮泥团成一个球，再把它放到水面上，看看发生了什么？
2. 取出橡皮泥，把它捏成船的形状，再把它放在水面上，这回发生了什么？你手中的橡皮泥是同一块，请解释其中的奥秘。

水和盐

将两到三撮盐放入半杯水中，再用勺子搅拌，会发生什么？盐似乎消失了，但事实上这些盐仍然存在，只不过是溶解在了水中，和水形成了溶液。盐是晶体，是一组按规则排列的粒子，水分子会将晶体分解成单独的粒子，而因为这些粒子太小无法用肉眼看见，我们就以为盐“消失”了。

为什么海水是咸的

地球表面的大部分都被溶液所覆盖，我们把这种溶液叫作海水。有很多物质会溶解在海水里，最常见的是一种叫作氯化钠的化学物质，我们熟悉氯化钠，因为它是食盐的主要成分。因为含有氯化钠，所以海水尝起来是咸的。

把盐放在水里搅拌后，你可能以为盐已经消失了，但是尝尝水，你就会发现盐还在水里。你之所以看不见盐，是因为它已经溶解了。

海里的盐

我们的一部分盐来自海洋。首先，我们会让海水流入大型浅水池，再通过太阳的热量使水蒸发，从而留下盐分。

过多的盐

能溶于水的物质称为可溶性物质，我们可以通过搅拌、摇晃或加热的方式使可溶性物质更快地溶解。如果不断往水中放更多的盐会发生什么？一段时间后，无论你如何搅拌、摇晃或加热，它都不会继续溶解了。因为此时的溶液已经饱和，饱和的溶液不能容纳更多的可溶性物质。

在墨西哥的巨大盐田中收集盐。

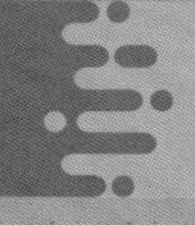

化学与生物学小百科探索　会溶解吗

有些物质不溶于水，是哪些呢？

请准备

- 1个玻璃杯
- 1个玻璃碗
- 1把钢勺
- 一些不同的粉末状物质（如糖、沙子、烤面包屑、胡椒粉）

1 玻璃杯中倒入干净的水，测试每种物质，一次一种。

搅拌水中的物质，看看是否可以制成溶液。如果几分钟后没有任何粉末沉入底部，则该物质是可溶性物质。每换一种物质就要换一杯水。

2 现在尝试将一些不溶解的物质混合在一起，将它们放入一碗清澈的水中搅拌均匀，然后让混合物静置1h。然后你会发现，较重的颗粒已经沉到了底部，较轻的颗粒则需要更长的时间才能下沉，此时你会看到不同的层次。

水的密度

我们已经试验过哪些物体会在水中漂浮，哪些不会，如果物体的密度小于水的密度，它就会漂浮。但是我们也可以让一些通常会下沉的物体漂浮在水上。怎么做到呢？让我们先从鸡蛋的实验里找一下答案。

新鲜鸡蛋的密度比水的密度大，所以会下沉。

新鲜鸡蛋和不新鲜的鸡蛋

你怎么分辨鸡蛋是否新鲜呢？这很简单，把它们放在一碗水里，新鲜的鸡蛋会下沉，不新鲜的鸡蛋会浮起来。

新鲜的鸡蛋会下沉，是因为它们的密度比水的密度大。而当鸡蛋不新鲜时，鸡蛋内部可能会产生一些气体，气体的密度比水的密度小，于是不新鲜的鸡蛋就会浮起来了。

还有一种方法，你可以通过在水中溶解大量的盐让一个新鲜鸡蛋浮起来。盐溶解后，会使水的密度变大，新鲜鸡蛋就会浮起来。如果在水中只放入一点盐呢？这种情况下，新鲜鸡蛋上浮还是下沉取决于放入了多少盐。

不新鲜的鸡蛋里面会有气体，其密度比新鲜鸡蛋的密度小，所以会上浮。

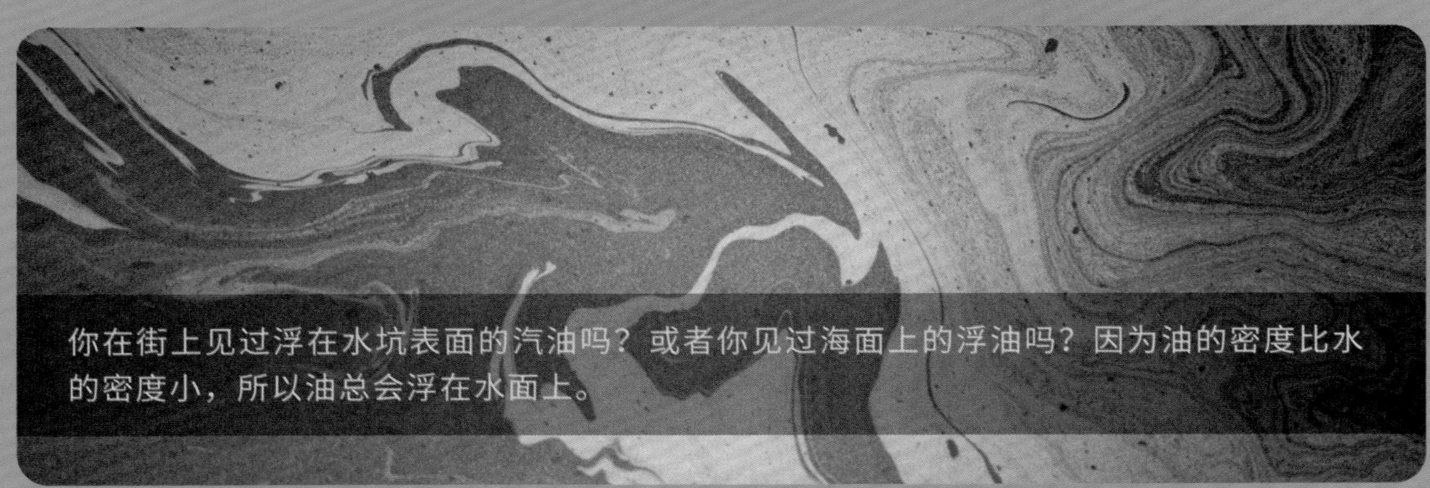
你在街上见过浮在水坑表面的汽油吗？或者你见过海面上的浮油吗？因为油的密度比水的密度小，所以油总会浮在水面上。

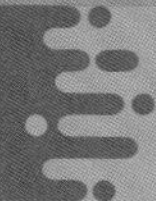

化学与生物学小百科探索　更强的浮力

用橡皮泥制作一艘船完成实验。你可以通过观察橡皮泥船在沉没前能承受的重量来了解清水和盐水的区别。

请准备

- 1盆干净的清水
- 1盆放了很多盐的水
- 橡皮泥
- 一些回形针或硬币

1. 将橡皮泥捏成小船的形状。
2. 将橡皮泥船放入有清水的盆中。
3. 将回形针或硬币一个一个地装入船中，数一数船在沉没前能装多少个回形针或硬币。
4. 将船放入有盐水的盆中。
5. 重复步骤3，看看船在沉没前能装多少个回形针或硬币。

视频演示

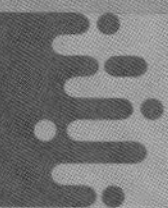

化学与生物学小百科探索　漂浮的液体

淡水的密度与盐水不同。事实上，所有液体都有不同的密度。如何确定一种液体的密度比另一种液体的密度大或小？

请准备

- 1个较高的广口玻璃瓶或塑料瓶
- 半杯糖浆，如金黄糖浆或枫糖浆
- 1杯水
- 1把钢勺
- 半杯食用油
- 1枚金属硬币
- 1根牙签
- 1块水果

视频演示

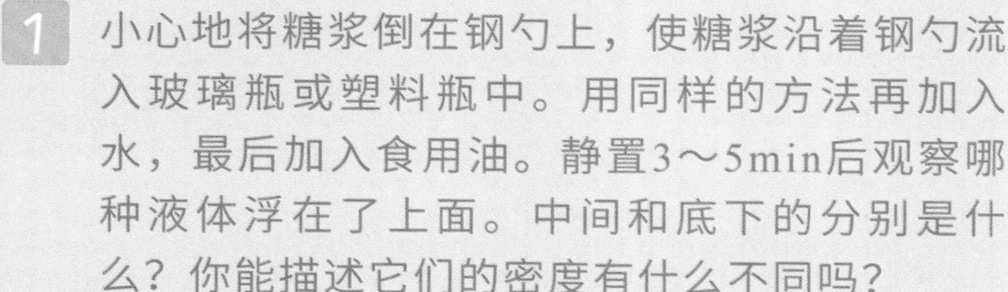

1. 小心地将糖浆倒在钢勺上，使糖浆沿着钢勺流入玻璃瓶或塑料瓶中。用同样的方法再加入水，最后加入食用油。静置3～5min后观察哪种液体浮在了上面。中间和底下的分别是什么？你能描述它们的密度有什么不同吗？
2. 现在将硬币、牙签和水果都放进玻璃或塑料瓶里，猜猜它们分别会浮在哪一层。

硬水和软水

你生活的地方的水是“硬”的吗？辨别方法很简单：硬水会使经常烧水的水壶内壁形成白垩层。这种白垩层也会在水槽的排水管周围堆积，因为水常在那里存留。白垩层常被称为水锈或水垢，科学家叫它们碳酸钙。

水在浸入白垩、石灰岩或白云石等软岩时会变硬，这些岩石中的化学物质溶解在水中，当水沸腾时，溶解的物质发生变化，就留下了固体碳酸钙。

石灰岩是一种软岩，浸透石灰岩的水会逐渐溶解它，经过数千年就可以形成一个洞穴。

水垢和浮垢

硬水在很多方面给人们造成了困扰。硬水中的矿物质会积聚在热水箱和管道中，长此以往，水箱和管道很容易堵塞。此外，当我们使用硬水时，很难将肥皂揉出泡沫，反而会在水中留下一些浮渣。

出于这个原因，制造商会在洗衣粉中添加软化水的化学品。这些化学品之一就是碳酸钠，或叫作洗涤苏打，它去除了那些使水变硬、使去垢剂无法发挥清洁作用的矿物质。

化学与生物学小百科探索　制作硬水

小苏打会使水变硬，以下就是制作硬水的方法。

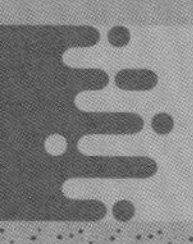

请准备

- 2盆水
- 小苏打
- 1把钢勺
- 肥皂

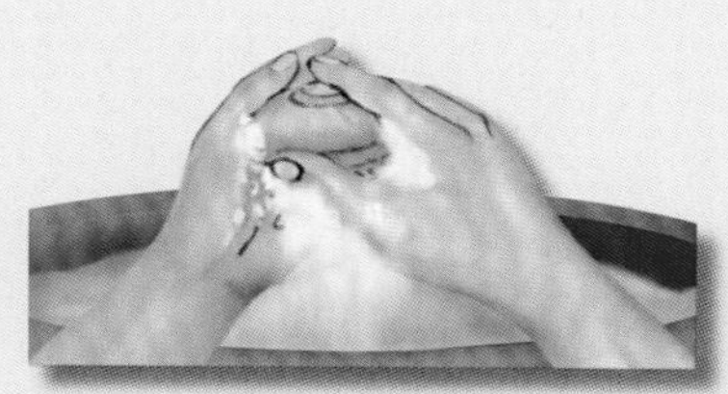

1 在一盆水中溶解几勺小苏打。

2 用肥皂和盆里的水洗手。你能揉出泡沫吗？如果能，水就不是太硬。

3 现在用小苏打溶液洗手，注意到有什么不同了吗？这是为什么呢？

水的腐蚀作用

汽车在任何天气下被暴露在外，搁置时间长了都会生锈。海边的汽车更容易生锈。做一些相关的实验，并找出原因。

如果在雨中留下一颗闪亮的新铁钉会怎样？一两天后，铁钉上面就会出现褐色的斑点，这些斑点叫作锈斑。随着时间的推移，锈斑会扩散到整个钉子上，钉子就生锈了。

什么是生锈

很多金属都会生锈，以铁为例，当铁暴露在空气和水蒸气中时，铁的表面会生成一种叫作氧化铁的化学物质。氧化铁的另一个名字是铁锈。铁锈不会紧紧附着在铁上，也没有铁那么坚固。空气和水可以继续在铁锈上发挥作用，在铁的表面产生更多的铁锈。锈可以继续扩散到铁的深处。

腐蚀作用

当金属受到化学品作用的影响时会发生腐蚀。前面说的钉子和汽车生锈就是腐蚀。但也不是所有的腐蚀都是有害的。潮湿的空气会很快腐蚀铝，产生一种叫作氧化铝的化学物质。与铁锈不同，氧化铝会紧贴金属表面，而空气和水就无法从金属表面渗入了，因此腐蚀层保护了金属。

化学与生物学小百科探索 生锈实验

你可以做一些实验来看看生锈需要什么条件。

视频演示

请准备

- 4个玻璃瓶
- 水
- 食用油
- 盐
- 4个铁钉

- 1把钢勺

1. 将一个玻璃瓶底部注入水，把钉子放在水里，钉子的顶部略高于水面。
2. 把钉子放在第二个空玻璃瓶里。
3. 请成年人帮你烧一些水，在第三个玻璃瓶里注满开水，完全浸过钉子，用一把钢勺抵住瓶壁，沿着钢勺的柄倒入一些油，尽量使油浮于水面，以防止空气进入水中。

4. 在第四个玻璃瓶的底部注入水，倒入大量的盐，用钢勺搅拌，制成浓盐溶液，再放入钉子。

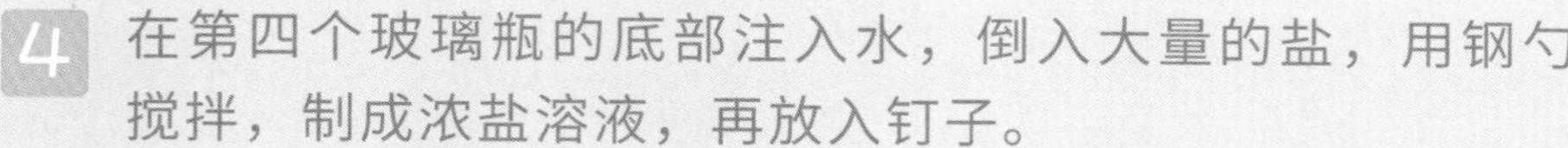

几天后，这些钉子会有什么变化

带左侧警告标志的实验需要成年人参与。

1. 钉子会生锈，因为玻璃瓶里有空气和水。

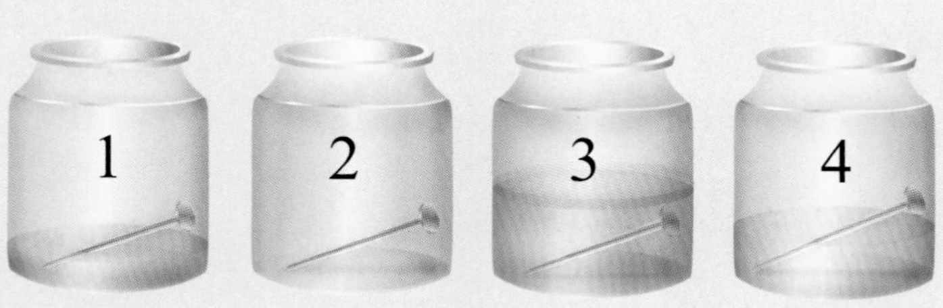

2. 钉子生锈不明显，因为玻璃瓶中没有水。
3. 钉子生锈不明显，因为油隔绝了空气。
4. 钉子会生锈，因为玻璃瓶中有水和空气，水中的盐会加速钉子生锈。

防水外套和防水雨伞有助于我们在雨中保持干爽。

防水材料

我们需要水才能生存，但有些时候我们根本不想要“水”，比如我们不想让身上的衣服被打湿。在阴雨天外出时，我们会穿由特殊面料制成的防水衣，我们叫它雨衣。除此之外，我们也会穿防水的鞋子，比如雨靴。木材用于建造房屋或船只时必须是防水的，我们可以在木材表面涂上橡胶或油，或涂上其他的防水材料。你可以尝试一下将自己的物品进行防水处理。

化学与生物学小百科探索 防水材料

怎样才能防止一块普通的棉布吸水呢？

请准备

- 2块约5cm×5cm的棉布
- 1截蜡烛
- 水

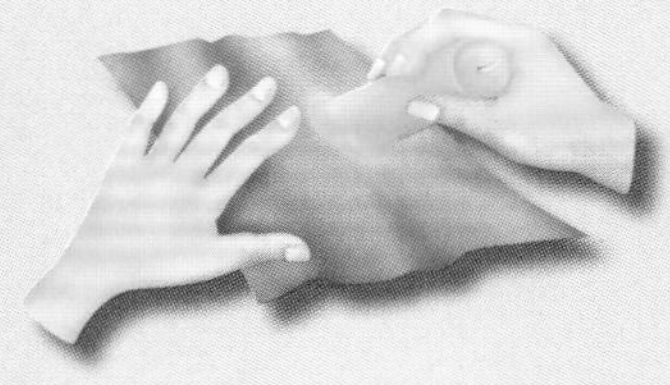

视频演示

1 取其中一块棉布，另一块先放在一边。用蜡烛小心涂抹棉布两面，不要忘记涂另一面。如果使用的是彩色的蜡烛，更不容易漏涂。

2 将两块棉布并排放在桌子上，把水滴上去。

没有打蜡的棉布会吸水，而打过蜡的棉布，水滴只会停在表面，不会渗下去。蜡可以防止水渗入棉布。

水的喷射力

消防员在扑灭大火方面经验丰富，他们训练有素，知道火势通常会如何蔓延，以及如何控制火势。大多数火焰都是被强力的喷射水柱扑灭的，一般需要两名消防员来控制消防水带，水会从水带中挤压出来，并最终从喷嘴中喷出。

水带很难控制，有两个原因：第一，水在向前喷出时会对水带产生强大的反作用力；第二，当水快速冲过水带的弯曲处时，会把弯曲处拉直，这会导致水带大幅度抖动，因此很难控制。所以消防员必须紧紧抓住水带，才能准确地引导水流的喷射。

一名消防员正在用强力的水流喷射火焰。水带的喷射力非常大，水可以到达30m外的火源。

牛顿与喷射力

喷射力是300多年前英国科学家艾萨克·牛顿在总结一个重要的科学定律时所举的例子。牛顿发现，当一个力向一个方向推进时，会有一个相等的力向反方向推回。牛顿叫这两种力为“作用力”和“反作用力”。

消防艇

你见过消防艇吗？这些消防艇在宽阔的水面上巡逻，随时准备扑灭仓库、码头和港口或船只的大火。它们有强力的泵，可以将河水等泵入消防水带，然后直接喷向火焰。

消防艇有时会参加河上嘉年华，它们向各个方向喷水，做出精彩的表演。这时候，消防艇会用来自水带的喷射力推动自身滑过水面——水带向后喷射，就会产生一个相等的力把消防艇向前推进。

消防艇喷射水流演示喷射力。

园丁的喷水器

园丁们经常会利用水的喷射力浇灌草坪，使用的就是旋转草坪喷水器。当水流通过喷头时，向前的力会使旋转头向后转动，这样就可以浇灌到喷头周围各个方向的草坪。

水的能量

你见过湍急的山间小溪吗？水流有时会冲走一些树枝，甚至冲走巨大的岩石。流水是一种重要的能量来源，我们可以利用水来生产对我们有用的能源。

水车

几千年前，人们学会了制造水车。有些水车的轮圈周围装上了桨，当水流通过时，桨就会转动轮子。另一些轮圈则会被装上水桶，随着水流入水桶，水桶装满了水，于是水桶变得足够重，并向下沉，同时也转动了轮子。

水车通常与磨盘相连，可以将小麦或玉米磨成粉，我们叫它水磨。直到大约200年前，水磨还被用来驱动工厂的机器。之后，它们逐渐被蒸汽驱动的发动机所取代。

水能

如今，水车的原理仍然适用。在水力发电站，水被用来驱动一种被称为水轮机的现代水轮。来自河流和山间溪流的水被储存在大坝后方，再通过管道输送到水轮机。储有大量水的大坝总能为水轮机提供源源不断的水源。

除此之外，我们还有一种方法从水中获得能量。每当水与地表下的热岩石接触时，就会产生地热能。因为岩石会散发出热量，使水变成蒸汽，再通过电力公司钻的探井把热水或蒸汽泵送到地表，就可以使热水或蒸汽产生能量。

水存储在斯里兰卡马哈威利河上的维多利亚大坝后方，水流出的时候通过水轮机，可以使水轮机转动并进行水力发电。

这座位于叙利亚哈马的著名水车已经有700多年的灌溉历史。

水路运输

几千年来，人们一直通过水路运输货物，小船和轮船载着货物漂洋过海或沿河而行。在一些国家，原木可以顺流而下，从一个地方运到另一个地方。

原木在拖船的引导下顺流而下。

致谢

《少年科学家》出版者为在本书中使用的照片向以下摄影师、出版商、代理机构以及公司表示诚挚的感谢。

封面	© Anna Illarionova, Dreamstime; © Saiva/Dreamstime
6	© Getty Images
12	© Getty Images
15	© Getty Images
19	© Getty Images
22, 23	© Getty Images
25	© Shutterstock
28	© Getty Images
30	© Getty Images
32	© Richard Kessel & Gene Shih/Visuals Unlimited/Getty Images
33	© Getty Images
34	© Shutterstock
37	© Getty Images
39	© Joel Sartore/National Geographic/Getty Images; © Getty Images
41	© Getty Images
42, 43	© Getty Images
45	© Getty Images
46	© Getty Images
48	© Getty Images
50, 51	© Getty Images
53	© Getty Images
54, 55	© Tony Wheeler/Lonely Planet Images/Getty Images; © Getty Images

插图绘制人员

Martin Aitchinson
Nigel Alexander
Hemesh Alles
Martyn Andrews
Sue Barclay
Richard Berridge
John Booth
Lou Bory
Maggie Brand
Stephen Brayfield
Bristol Illustrators
Colin Brown
Estelle Carol
David Cook
Marie DeJohn
Richard Deverell
Farley, White and Veal
Sheila Galbraith
Peter Geissler
Jeremy Gower
Kathie Kelleher
Stuart Lafford
Francis Lea
John Lobban
Louise Martin
Annabel Milne
Yoshi Miyake
Donald Moss
Eileen Mueller Neill
Teresa O'Brien
Paul Perreault
Roberta Polfus
Jeremy Pyke
Trevor Ridley
Barry Rowe
Don Simpson
Gary Slater
Lawrie Taylor
Gwen Tourret
Pat Tourret
Peter Visscher
David Webb
Gerald Whitcomb
Matthew White
Lynne Willey